GUANG HUA
LAW REVIEW

光華法学

第十二辑

《光华法学》编委会　编

法律出版社
LAW PRESS · CHINA

集之文选
聚内精华

西南财大法学院
光华法学题之

江平
2005
12月

《光华法学》（第十二辑）编委

西南财经大学法学院简介

西南财经大学法学院是学校“211 工程”和“985 工程”优势学科创新平台重点建设学院。

西南财经大学前身院校之一的正阳法商学院，其前身是创建于 1946 年的重庆朝阳学院，1949 年更名为私立重庆正阳法商学院。当时的院长、院董事长均为国民政府“司法院”院长居正兼职，副院长由国民政府“司法行政部”次长、“最高法院”院长夏勤担任。同样为西南财经大学前身院校之一的、创建于 1946 年 8 月的相辉文法学院也设有法律专业。1987 年 5 月，在原学校基础部经济法教研室和人口研究所基础上组建法学系，开设经济法专业和人口学专业。1992 年，西南财经大学法学系在企业管理专业下招收经济法方向硕士研究生；1998 年，法学系本科经济法专业调整为法学专业；2001 年 10 月，组建法学院。

西南财经大学法学院是学校“211 工程”重点建设学院，经 2010 年国务院学位委员会第二十八次会议审议获批成为法学一级学科博士学位授权点，招收民商法学、经济法学、刑事法学、理论法学专业博士研究生；拥有法学一级学科硕士学位授权点，有权招收法学各专业硕士研究生，目前招收民商法学、经济法学、刑事法学、国际法学、法律经济学、法学理论、诉讼法学和法律硕士专业学位(J.M) 8 个专业硕士研究生。法学学科整体实力连续多年稳居全国财经院校前列，在 2012 年教育部公布的学科评估排名中，法学一级学科在全国 600 多所法学院中并列排名第 21 位。学院先后获得教育部应用型复合型卓越法律人才培养基地、国家级大学生校外法学实践基地、教育部法学专业综合改革试点项目和国家级特色专业(法学)等一系列省部级以上教育教学改革项目。2014 年，据武汉大学中国科学评价研究中心(RCCSE)和中国科教评价网评级，法学院在 2014～2015 年中国法学类专业大学竞争力排名第 16 位。

西南财经大学法学院的法学专业为国家级特色专业、省级教学质量工程项目及省法学本科人才培养基地，法学一级学科是省级重点学科，经济法教学团队为省级优秀教学团队。法学院拥有经济法、民法、刑法、国际经济法、商法五门四川省精品课程。学院现有学生 1400 余人，其中，全日制在校本科生 700 余人，硕士研究生700余人，博士研究生60余人。二十年来，学院累计培养毕业生近四千人，并为全国党政系统和金融系统完成研究生课程等各类培训上万人。

西南财经大学法学院一贯坚持"人才兴院"的发展战略，大力引进海内外优秀人才。截至2016年5月，有专职教师51名，其中教授21人，副教授29人；有博士生导师20人；50岁以下的中青年教师占教师总人数的90%；已获得博士学位及在读博士的占全院教师的85%左右。学院教师中有数名教师分别担任国务院部委的顾问、教育部高等学校法学学科教学指导委员会委员，以及中国商法研究会、中国刑法学研究会、中国经济法学会、中国国际经济法研究会和中国劳动法学研究会的常务理事、理事等学术职务。同时，法学院还聘请了二十多名国内外知名的法学专家担任特聘教授或兼职教授。

西南财经大学法学院设有法学系、法经济学研究所、经济法学研究所、民商法学研究所、刑事法学研究所、国际法学研究所、欧盟法律研究中心。此外，学院与教育部人文社会科学重点研究基地西南财经大学中国金融研究中心、财税学院合作设立金融法研究所、中国税法研究中心。西南财经大学法学院还成立了全国首家以信息工程学和统计学进行法治理论与应用研究的四川省高校"法治量化与信息工程重点实验室"，国内唯一的金融法省部级哲学社会科学重点研究基地"中国金融法研究中心"，四川省高校人文社会科学重点研究基地"中国经济法治研究中心"，四川省高校"环境与资源法学"科研创新团队。

西南财经大学法学院始终坚持"科研强院"的科研发展思路，实施科研精品工程，强化科研激励机制，学院教师科研水平和科研成果质量稳步提高。截至目前，学院教师在《中国社会科学》《法学研究》《中国法学》《经济研究》《管理世界》及 *Economic Inquiry* 等中外权威期刊发表论文600多篇，并在中国、德国、日本等中外知名出版社出版专著90余部（并在法律出版社等知名出版社出版专著80余部）。迄今为止，本院教师主持国家社科基金重大招标课题、国家社科基金重点课题及省部级社科课题百余项，获得省部级以上奖励70余项，先后获得中宣部"五个一工程"奖、全国青年优秀社科成果奖、教育部、司法部以及四川省哲学社会科学优秀成果奖等省部级以上奖励，学院教师的博士论文还成为全国首篇获得优秀博士论文提名的经济法博士论文。

Introduction of SWUFE Law School

The development of the Law School has been a key effort of Southwestern University of Finance and Economics (SWUFE) since it was listed in both "Project 211" and "Project 985" of the Chinese government as part of the national endeavor to build world-class universities in the 21st century.

The predecessor of SWUFE Law School was the former Chongqing Sunrise College founded in 1946 which later changed its name into Zhengyang Business and Law School in 1949. The president and director of the college at that time was Ju Zheng, President of Judicial Department of the Republic government and the deputy president was Xia Qin, the vice minister of the Judicial and Administrative Ministry. Xianghui College of Humanities and Law, which was one of the predecessors of SWUFE, also had its own law department. In May 1987, the Department of Law was established with staff from the Teaching and Research Office of Economic Law and Institute of Demographics from the university and it offered two bachelor's degree programs, i. e. —Economic Law and Demographics. In 1992, a master's degree program in Economic Law was offered as a branch of the Corporate Management major. In 1998, the bachelor degree program of Economic Law was adjusted into a bachelor degree program in law. In October 2001, the SWUFE Law School was formally founded.

SWUFE Law School was the key part of the university's endeavor in the "Project 211". It was authorized, by the Degree Commission of The State Council in its 28th annual meeting in 2010, to award doctoral degrees in four disciplines. At present, SWUFE Law School enrolls doctoral candidates in Civil and Commercial Law, Economic Law, Criminal Law and Jurisprudence. It is also authorized to award master's degrees in eight disciplines [that is, Civil and Commercial Law,

Economic Law, Criminal Law, International Law, Jurisprudence, Law and Economics, Litigation Law and a Jurist Master (JM) program]. For years, it has been ranked as one of the best law schools in universities and colleges of finance and economics. In the Discipline Assessment Rankings released by the Ministry of Education in 2012, the discipline of law was ranked 21st among more than 600 law schools throughout the country. In January 2013, SWUFE Law School was selected into the first batch of National Education and Training Base for Outstanding Legal Talents. Update in 2014, SWUFE Law School increased by 16th among law school in China according to RCCSE of Wuhan University.

Law discipline in SWUFE Law School was accredited as the National-Level Featured Major. It is also a provincial-level key talent training base for educating and training undergraduate law majors in Sichuan Province. Its courses of Economic Law, Civil Law, Criminal Law, Commercial Law and International Law are among the best college courses of Sichuan Province. At present, it has an enrollment of more than 700 undergraduates, more than 700 post-graduates and more than 60 doctoral candidates. For twenty years, SWUFE Law School has trained nearly four thousand graduates, and also has offered master level training courses to tens of thousands of people for the national party and government system and the financial system.

SWUFE Law School always sticks to the strategy of development through Human Talents and brings in talents from home and abroad. By May 2016, among the total 51 faculty members, 21 are professors and 29 associate professors, 20 doctoral advisors. Over 90% faculty members are below 50 years of age and about 85% of them have obtained or are studying for doctoral degrees. Several faculty members are advisors of different ministries of the State Council, commissioners of the Guidance Commission on Legal Education of Law Schools under Ministry of Education of P. R. C, executive members of China Commercial Law Association, China Criminal Law Association, China Economic Law Society, China International Economic Law Association, and China Labor Law Association. In addition, SWUFE Law School has invited over 20 famous experts of law from home and abroad and lawyers with high theoretical levels and extensive practical experiences as visiting professors or guest professors.

SWUFE Law School has established the Department of Jurisprudence, Institute of Law and Economics, Institute of Economic Law, Institute of Civil and

Commercial Law, Institute of Criminal Law, Institute of International Law, Institute of European Union Law. Through cooperation with China Financial Research Center (which is a key research base in social sciences and humanities as recognized by the Ministry of Education) and the College of Finance and Taxation, SWUFE Law School established Institution of Financial Laws and China Research Center of Taxation Laws. As a pioneer of empirical legal studies and justice statistics, Quantitative Law and Information Technology Laboratory was created and sponsored, which is the first in the nation to study legal theories and applications using information engineering and statistical methods. What's more, it's famous for the China Financial Law Research Center, which is the only provincial and ministerial level key research base in the field of philosophy and social sciences, and the China Economic Law Research Center, which is a provincial level key research base for Social Sciences and the Humanities. SWUFE law school also established the the Scientific Research and Innovation Team of Environmental and Resources Law.

SWUFE Law School has always adhered to the principle of "emphasizing research" and gives great effort to the development of outstanding projects. It has strengthened the incentive mechanism for research. As a result, the scientific research level and the quality of Law School faculty have been making steady progress. Up to now, over 600 thesis have been published in such authoritative periodicals as *Social Science in China*, *CASS Journal of Law*, *China Legal Science*, *Economic Study*, *Management of the World*, *Economic Inquiry* and over 90 books have been published by such well-known press as the Law Press. Since 2000, faculty members of Law School have organized 100 research projects of national and provincial levels. They have won the Award of "Five Ones" Project, the Award of Outstanding Social and Scientific Research Result, Outstanding Philosophy and Social Science Research Result of the Ministry of Education and the Ministry of Justice, National Outstanding Social Scientific Research Award for Young Scholars and other 70 some provincial and ministerial level awards. The doctoral thesis of one of Law School teachers was the first on economic law to be nominated for National Excellent Doctoral Theses award.

寄　语

《光华法学》是法学院老师和研究生共同编辑的出版物。在世界上,法科学生编辑高水平的学术出版物已不乏其例,饮誉全球并成为世界法学研究水平代表的《哈佛法律评论》就是其中的佼佼者。就这些出版物为法学研究所做的卓越贡献而言,它们至少是世界法律学说与法律制度发展历史的一个见证。在各种数据与现实面前,人们已经相信法科学生完全有能力办好一份学术出版物。西南财经大学法学院经过二十年的开拓与发展,或许也应该有一份法科学生自己编辑的出版物。但是,由于众所周知的各种原因,创办《光华法学》这项工作是难能可贵的。

在首卷的编辑过程中,主持编辑的老师和我谈及了他们办《光华法学》的思路、其所承载的学术理想、具体的制度建设等方面的设想,我觉得他们对《光华法学》的出版已经做好了准备,并且非常重视《光华法学》的发展。创办之后,在老师和学生编辑的辛苦努力下,《光华法学》已经顺利出版了10辑,取得了良好的社会评价。本辑也经过艰辛的组稿和编辑工作,即将在法律出版社出版,我希望《光华法学》能越办越好!

令人欣慰的是,我在交谈中发现同学们以能成为一名《光华法学》的编辑而自豪,并深深感受到了责任感。我既为他们这些初生牛犊所特有的创新精神与严谨的工作态度而高兴,也为他们高涨的学术热忱与踏实的工作作风而感动。我相信学子们的这种自豪与追求是发自内心的,也坚信他们能够以学术为乐趣,以《光华法学》为寄托,珍惜自己的"羽毛",呵护《光华法学》。

西南财经大学法学院已成为首批国家卓越法律人才培养基地,我相信我们的学生编辑团队能发扬学院的学术和科研精神。学生编辑具有流动性,《光华法学》可以经常获得新鲜的"血液"补充,而有利于保持学术与"世俗"之间的适当距离,从而有利于学术的净化与健康。与此同时,每届编辑部都有可能出于对学术的高尚情感而产生超越前辈的思想,从而为《光华法学》的发展提供了源源不断的动力。如若达此境界,学子们便在编辑《光华法学》的过程中实现了自我价值与社会价值的统一,这正是法学教育的基本诉求。从而,《光华法学》的问世对于提升西南财经大学法学院的研究水准和学术影响，对于进一步提高法学院的教育水平都具有重要的意义。

《光华法学》的编辑一再要求我在首卷为他们写点东西，我却唯恐自己的语言给《光华法学》造成某种选择的偏好，而一直有所踌躇。然而，内心的感动使我不能自已，很想借此对学子们创办《光华法学》的努力和精神表达鼓励与赞赏，于是应允下来。“千里之行，始于足下”，我希望《光华法学》在不断的学习与反思中创造奇迹，在不懈的努力中追求卓越，我更期待《光华法学》最终能够为中国的法治建设与社会进步作出应有的贡献。

高晋康

卷首语

自英伦以利器叩开中国大门以来，泱泱大国竟为列强争相鱼肉，令人黯然神伤。炎黄子孙为中华之崛起而上下求索，从救亡图存到求富求强，"革命"、"改革"与"社会转型"简约为中国近代的符号。民族革命的胜利开辟了华夏复兴的道路，制度变迁与社会转型迎来了中国空前的繁荣。尤其是随着市场经济理念与法治精神的传播，社会、政治与经济所取得的进步更今非昔比，这为中国法学研究带来了前所未有的机遇，但挑战更甚。公平与效率、个人与社会、国家与市民、本土与国际化这些问题日益成为国人关注的焦点，亟需更多的志士努力以解决此中冲突、争端。

中国正重新赢得世界尊重，现代化、全球化与本土化的激荡编织成当下的语境，为学术研究提供了丰富的场域，也是我国学术繁荣的契机。因为社会转型和制度变迁为我们的研究提出了许多新的课题，为解决这些重大问题而进行的探究注定会为知识积累作出贡献，并由此推动法学理论的进步。

法学的语境依赖性决定了法学研究需要对社会现实更为密切的关注。作为法学灵魂的公平与正义，也只能在特定的语境中才获得实效。但是法学精神时刻以特有的保守消解着所在语境的不谐音符，并最终消融于该语境中。或许，法学由此而有别于其他学科，我们大抵也由此找到了法学研究分为自然法学、纯粹法学与实证法学等诸多学术之根源。这或许还是法学富有吸引力而值得我们为之倾洒热血的重要缘由。

然而，由于众所周知的一些原因，中国法学在相当长时期内对社会现实的回应不够，法学的特性没有得到很好的彰显，甚至在一段时期仅为注脚。法学研究受到了或多或少的束缚，甚至法学本身的独立性都曾受到质疑。是故，致力于中国法学进步的学人理应承担更多的责任，在回应中国现实需求的基础上不断夯实法学之基础，张扬法学之特质，推动法学研究方法之创新。

《光华法学》以此为宗旨，"点滴之光、聚而为华"，以期在社会进步的大潮中略尽绵薄之力。我们感念于"图大学问、治万世平"，以积累知识、解读社会与关涉民生为目标。为此，我们将格外关注现实与前沿的法学理论，积极倡导多种学科的融合与方法的创新，力求为法学研究方法与学术范式的转换和积淀提供一块兼容并蓄的"试验田"，并在同仁的宽容与支持中获得进步，共同为推进中国法学研究的鼎兴作出应有的贡献。

《光华法学》编辑部　谨记

编者按

在法学研究逐步进入精细化阶段的新时代，法律制度需要进行准确解释和理解，法律适用需要在主体互动中进行博弈和整合。因此，对于法学研究逐步产生了两种重要的探索进路，一是法学研究的教义学正在逐步深化，对于法律条文、司法解释、程序运作等法律专业槽内的知识进行深挖，探究法律与法律之间、法律与司法解释之间、实体法与程序法之间的协同关系和完善思路；二是法学研究的社科法学审思也在进一步探索，对于法律职业共同体、法律逻辑、法律思维、法律方法等法学智识进行"思想开放"意义上的拓展，通过跨学科思维和方法突破法律专业槽标签的限制，进一步促使法学回归社会科学的"港湾"。

在本辑中，编辑部特组织专题研究，以"司法责任制与检察制度改革"为主题选取三篇文章，对我国司法官惩戒体系、检察机关内设机构设置与运行以及"枫桥经验"与检察机关主责主业的关系互动等三个具体内容进行较为深入的研究，以探究和深化当前司法体制改革与法学研究之间的良性互动关系。

在《论我国司法官惩戒体系的重构——以司法责任制与国家监察体制改革为中心的分析》一文中，张承思博士指出在司法责任制改革和国家监察体制改革前，我国司法官惩戒体系存在责任体系混乱、惩戒主体内部化、程序模式行政化等问题。两大改革对整个惩戒体系进行了全方位改革，却并未完全消解原惩戒体系的这些弊端，又由于改革侧重点的不同而致制度衔接不畅，使惩戒体系在建构理念、权力分配、程序设计等问题上出现新的矛盾。为此，作者从五个方面对司法官惩戒体系进行重构，提出了较为独到的见解：明晰体系建构理念、厘清责任分类标准、合理适用归则原则、确保主体行权独立、完善惩戒及衔接程序。在《检察机关内设机构设置与运行探究》一文中，范思力检察官和蒋炜法官指出，检察机关内设机构设置是基于我国管理体制，受制于规格、职务、名称、职能、数量；内设机构的运行，在司法体制改革后呈现司法规律与行政规律分化趋势。长远看，为实现司法体制改革的目标，可将省以下检察机关人事权适当划转，分类设置业务部门、检察辅助部门、行政部门，同时提升办案团队的综合业务属性。

在《“枫桥经验”在检察机关主责主业中的运行机制研究》一文中，四川省成都市金牛区人民检察院课题组指出，“枫桥经验”是成功化解基层社会矛盾的本土经验典范，发挥“枫桥经验”是我国政法条线机关的一项基本任务。但检察机关应如何运用发扬这一经验，尚存在诸多理论与实践困境。文章以G基层人民检察院为分析样本，分析了检察工作主责主业开展“枫桥经验”的创新实践，明确以下一些基本问题：理论认知不足、主责主业切入困难、多元力量发不足等。课题组从完善路径的角度进一步提出，以提升检察工作综合能力为抓手，推动矛盾多元化解以落实主责，深化法律预防机制以构建综合治理机制等，以期为检察机关践行“枫桥经验”提出可资借鉴的实施路径。

延续之前的板块设计，我们设置了“法学制度与理论”和“实证法学”两个专栏。在“法学制度与理论”专栏中，我们选取了四篇涉及不同主题的部门法学文章，既有基于规范构造的刑法解释和民法体系研究，又有实体法与程序法互动开放意义上的程序改革问题的创造。

任跃进博士在《刑法中扩张解释的规范构造》一文中指出，刑法中的扩张解释存在中日理论界“肯定说”和德国刑法学界“否定说”之不同立场，但双方均认可“文字可能的含义”是刑法解释的界限。建立在“扩张解释”概念上的界限论不同于德国语言学上的界限论。文章进一步认为，在扩张解释的规范化构造这一中国问题中，扩张解释的存在是立体的，与类推解释的界分也需以实质的“文字可能含义”和形式的“推论形式区别”进行双层考察，在扩张解释规则上应遵循文义阈界的限定、体系的限定、法益衡量选择的限定三重阶层规范化的限缩。莫志在《论遗产管理人制度适用之边界——兼评民法典草案三审稿第1145～1151条》一文中指出，遗产管理人通过协调遗产处理以达到任何继承人单独行动所无法实现的遗产顺利分配的目的，其是民事继承法律发展中的重要制度。遗产管理人的制度构建应以“管理”为核心，通过在立法上对行动宗旨、选任资格、行为限度以及适用情形予以必要的规定，从而确立制度的边界。为了遵循“管理”之内在要求，遗产管理人应当区别于遗嘱执行人，适用于无遗嘱或无继受人的情况，否则将会在民法典中出现其与后者概念的混淆，进而限制遗嘱信托的发展与被继承人的遗嘱自由。杨杰在《家事案件调审模式的选择：调审合一的证成与构建》一文中指出，调审关系是家事调解制度的重要内容，主要包括调审合一与调审分离两种典型模式。文章进一步认为，基于家事案件的特殊性以及我国的司法传统，对我国家事调解的现状进行分析后，可以发现调审合一具有诸多优势，“以判压调”等推论更多是一种假象，调审合一才是我国家事调解制度中调判关系的应然路径。向东春在《论继续履行合同判决的类型化执行》一文中指出，实质意义上的继续履行合同判决是一个双务判决。合同双方权利义务在判决生效后都须依照合同内容履行,任何一方违反约定的,都可能作为被执行人。对继续履行合同判决的执行内容需要化解为金钱履行行为、物之交付履行行为、作为或不作为履行行为进行类型化执行。李昌超博士在《〈高等学校课程思政建设指导纲要〉实施背景下高校课程思政建设的问题及对策》一文认为,各高校应设立常态化的激励机制与保障机制;加强对课程思政的学术研究、理论探讨、教改立项等。而高校教师应当精进课程思政能力、提升课程思政本领并深入落实在教学的各个环节。

在"实证法学"专栏中,我们选取了三篇文章。袁继红教授和赵一鸣在《从于欢案到昆山案谈正当防卫制度的反思与重构——以浙江法院712份裁判文书为视角展开》一文中指出,于欢案和昆山案的相继出现使正当防卫制度再次活跃在大众的面前,激发了民众与不法侵害作斗争的维权意识。随着最高人民检察院发布于海明正当防卫案等指导案例用以明确正当防卫界限标准,可以窥见正当防卫制度正随着有关个案的不断发生从而有效地被激活。文章通过对近十年以来,浙江法院司法712份判例的实证调研,来观测正当防卫的适用问题,发现具有对不法侵害的认识偏差、对防卫不适时的裁判争议较大等基本特点。为破解该现实困境,文章进一步指出,需要结合地方司法实践经验和比较法中有关正当防卫制度的借鉴适用,对我国正当防卫制度进行完善和细化。

李凯和黄婷副教授在《四川藏区基层法官队伍建设机制实证研究》一文中指出,四川藏区基层法官队伍还存在专业水平不够、职业积极性不高、办案效率不齐、队伍凝聚力不足等问题,故应构建起以培养"爱岗敬业、审判专业、安居乐业"的法官为工作指引,以"线上线下一体化、培训学习体系化、考评考核本土化、薪酬待遇差异化"为工作指南的立体法官队伍建设机制,方能切实推动四川藏区基层法官队伍建设机制的不断完善。

罗娟博士在《公平竞争审查制度的实证分析与进路优化》一文中指出,公平竞争审查制度在我国"生长"的时日不长,而地方调研分析结果却显现了突出的制度实践难题,体现为集中于适用对象之存量政策的公平竞争性质、增量政策的审查程序、审查后绩效评估体系等具体层面问题。因此,文章进一步认为,这些实证问题与地方政府对政策的选择性执行、政府声誉与民众信任度、地方政府经济增长手段受抑制密切相关。经由优化判断标准、性质判定模式、审查方式、审查主体与制度实践效果监督形式等因子分析,或许将是我国优化公平竞争审查制度实施路径的方略,以实现公平竞争审查制度的法治化进路。

本辑刊发的十三篇文章,既有教义法学意义上对传统部门法学的深耕细作之文,又有社科法学意义上实体法与程序法交错适用的创新之作,虽然分属不同的法学部门，但各具优势和特点。我们相信，法学研究的二重进路，并无优劣之分，法学作为社会科学的一部分，必将在社会科学的滋养下逐步实现中国法学研究者的学术标识和理论贡献。

最后，再次感谢广大读者、各位作者对《光华法学》的大力支持。

法学研究的精进和探索，永远在路上！

《光华法学》执行主编　杨继文

2020年4月20日凌晨于蓉城光华村

目 录

Contents

（第十二辑）

专题研讨：司法责任制改革与检察制度完善

法学制度与理论

实证法学

学术动态

专题研讨：司法责任制改革与检察制度完善

论我国司法官惩戒体系的重构

——以司法责任制与国家监察体制改革为中心的分析

■ 张承思*

[内容摘要] 在司法责任制改革和国家监察体制改革前,我国司法官惩戒体系存在责任体系混乱、惩戒主体内部化、程序模式行政化等问题。两大改革对整个惩戒体系进行了全方位改革,却并未完全消解原惩戒体系的这些弊端,又由于改革侧重点的不同而致制度衔接不畅,使惩戒体系在建构理念、权力分配、程序设计等问题上出现新的矛盾。为此,需从五个方面对司法官惩戒体系进行重构:明晰体系建构理念、厘清责任分类标准、合理适用归则原则、确保主体行权独立、完善惩戒及衔接程序。

[关键词] 司法官惩戒 司法责任制改革 国家监察体制改革 制度重构

《中共中央关于全面推进依法治国若干重大问题的决

* 张承思:四川大学法学院2017级博士研究生,四川省成都市武侯区人民检察院检察官。

定》（以下简称《决定》）提出："非因法定事由，非经法定程序，不得将法官、检察官调离、辞退或者作出免职、降级等处分。"为了进一步完善及落实司法责任制，中央全面深化改革领导小组第二十六次会议审议通过了《关于建立法官、检察官惩戒制度的意见（试行）》（以下简称《建立惩戒制度的意见》），同时《法官法》《检察官法》也相继修改，在国家和省一级分别设立法官、检察官惩戒委员会（以下统称惩戒委员会），我国司法官①专门惩戒制度就此开启。与此同时，国家监察体制改革也开启了对包括司法官在内的公务人员监督的全覆盖；并且，原司法机关监察部门由派驻纪检监察组替代，实现监督执纪的外部化。然而，国家监察体制改革与司法官惩戒制度并未衔接，这对我国司法官专门惩戒制度的运行提出了挑战。现在的问题是，在司法责任制与国家监察体制改革背景下，司法官惩戒体系应如何在遵循制度规律的同时适应两大改革的需求？两大改革在司法官惩戒制度这个交汇点上应如何衔接和转变？为此，本文将试图从司法官惩戒事由、主体、程序入手，分析惩戒制度在双重改革背景下应如何有效克服改革带来的制度运行障碍，并为惩戒体系的重构指明具体路径，以期对制度体系的优化有所裨益。

一、改革前我国司法官惩戒体系的基本特征

（一）惩戒责任类型广泛

我国司法官责任类型十分广泛，存在"办案责任""纪律责任""错案倒查责任""案件质量终身责任""信访责任"等不同的名称，其中责任内容、归责方式、惩戒措施又存在相互包容甚至交织的情况，难以通过一个较为明确的标准将其清楚地界分。经过总结梳理，笔者选择以责任内容为分类标准，大致将司法官惩戒事由分为以下三种类型，以避免大量重合交叉。

1. 办案责任。顾名思义，办案责任就是司法官因在案件办理过程中存在错误而承担的责任，包括实体错误和程序性错误两种责任类型。实体错误通常由"错案追究制"规制：通过对案件办理的实体性结果进行判断，如果存在错误并导致严重后果，司法官则需承担违法办案的责任。"错案追究制"最先在《人民法院审判人员违法审判责任追究办法》和《人民检察院错案责任追究条例（试行）》中正式规定，而后最高人民法院 2009 年颁布的《法院工作人员纪律处分条例》和最高人民检察院 2016 年颁布的《检察人员纪律处分条例》均吸收了"错案追究制"的内容。程序错误即司法官违反办案程序而承担的违法办案责任，其主

① "司法官"是指在司法机关中从事法律业务工作的公职人员。在我国，人民法院和人民检察院都属于司法机关，代表国家行使审判权和检察权的公职人员均可称为"司法官"。为行文方便，如非特别说明，本文所称"司法官"即为法官和检察官（不包括司法行政人员）的统称。

要内容大部分体现在司法官纪律处分条例之中。如法院、检察院的纪律处分条例分别对法官、检察官违反办案纪律行为处分集中规定,其中除少量涉及实体性错误外,对司法官因主观过错违反诉讼法律规定、司法决策程序、办案纪律等行为,造成一定后果的,承担相应责任。

另外,还有一些综合性规范涵盖了实体性和程序性错误责任,如案件质量责任、①案件改发责任、②目标考核责任等。

2. 政纪责任。除办案责任外,司法官对司法职能外的不当行为也需要承担责任。与域外大多数司法官管理模式不同,我国司法官在行政体制内同时属于公务员序列。虽然《公务员法》明确了司法官具有特定的权利义务,但是《法官法》和《检察官法》在司法官惩戒制度上与一般公务员无二。其规定主要集中于相应的纪律处分条例之中,内容涵盖政治纪律、廉政纪律、组织人事纪律、财经纪律、群众纪律、生活纪律等各类情形,是我国司法官政纪责任最主要的惩戒依据。除此之外,还有一些补充规定和单项规定涉及司法官惩戒的内容等。③

3. 党纪责任。党的领导是社会主义法治的基本原则,我国司法官也大多具有党员身份,因此,司法机关和司法官都把坚持党的领导作为基本遵循,违反党纪则会受到处分。《中国共产党纪律处分条例》是对党员惩戒的最主要依据,惩戒措施包括警告、严重警告、撤销党内职务、留党察看和开除党籍五种。虽然党纪责任独立于办案责任、政纪责任的责任类型,但它们在惩戒效用上是相互联动的。具体而言,违反党纪的司法官除受到党内处分外,还有可能受到组织处理④和政纪处分;⑤

① 案件质量责任是指在司法机关内部案件评查过程中,发现办案质量达不到既定标准的,案件承办人应依质量问题大小而承担相应责任。案件质量评查的范围十分广泛,几乎涵盖案件办理各个方面。如《人民检察院案件质量评查工作规定(试行)》规定,对办案质量的评判着重从证据采信、事实认定、法律适用、办案程序、文书制作和使用、释法说理、办案效果、落实司法责任制等方面进行。另外,案件质量责任的方式也多种多样,如四川省高级人民法院发布的《全省法院案件质量责任追究办法(试行)》规定,案件质量责任承担方式分为三个层次:情节轻微的采取诫勉谈话、责令书面检查、通报批评等;情节较重的按照违反审判或违反办案纪律给予纪律处分;涉嫌犯罪的,移送司法机关依法处理。

② 案件改发责任是法官惩戒体系中的一种责任,是指上级法院发回重审、二审或者再审改判的案件被确认为错误判决后,原审案件承办法官应当承担的责任。参见周长军:《司法责任制改革中的法官问责——兼评〈关于完善人民法院司法责任制的若干意见〉》,载《法学家》2016年第3期。

③ 如最高人民法院《关于人民法院落实廉政准则防止利益冲突的若干规定》《关于贯彻执行〈关于规范公务员辞去公职后从业行为的意见〉的实施意见》《最高人民检察院贯彻落实〈十八届中央政治局关于改进工作作风、密切联系群众的八项规定〉实施办法》等。

④ 组织处理,是指党组织按照干部管理权限,对涉嫌违犯党纪的党员干部,进行必要的岗位、职务调整的组织措施。组织处理的方式有三种:(1)停职,即暂时停职履行职务,检查反省问题;(2)调整,即调离现工作岗位;(3)免职,即免去或建议免去担任的党内外领导职务。参见中纪委、中组部《关于在查处违犯党纪案件中规范和加强组织处理工作的意见(试行)》。

⑤ 参见《中国共产党纪律处分条例》第9条、第10条、第11条。

违法犯罪的党员司法官也必然受到党纪处分。① 这体现了党纪在司法官司法外行为惩戒中的主导作用，也是司法官政纪处分规定将党纪作为主要渊源的重要原因。②

概言之，司法官惩戒责任类型从内容上界分就存在办案责任、政纪责任和党纪责任三种。另外，不同的责任类型中还有细分，且存在诸多补充和单项规定，体系十分复杂。

（二）惩戒主体多元

由谁对司法官进行惩戒至为关键，这是惩戒制度能否实现既定目标的重要保障。由于我国司法官惩戒责任类型十分庞杂，致使在惩戒主体的设置上存在多元性。

1. 司法机关。在法律层面，我国司法官的惩戒主要框架由《法官法》、《检察官法》和《公务员法》规定，但都仅对惩戒事由作了原则性分类，没有规定惩戒主体和程序。由于司法官的管理还需考虑司法权的独立行使和去行政化，在惩戒权配置上不宜与一般公务员惩戒模式相同或类似（由独立的专门监察部门作为惩戒主体），亦不宜统一适用针对一般公务员的惩戒法规，因此将惩戒权限分配给司法机关自行设置。司法机关内部惩戒权限的分配主要由最高人民法院《人民法院监察工作条例》（以下简称《法院监察条例》）和最高人民检察院《人民检察院监察工作条例》（以下简称《检察院监察条例》）规定，其原则是：对本级非院领导司法官和下级领导司法官的处分，由该级司法机关作出；基层司法机关无权处分本级院领导。

2. 党的纪律检查机关（以下简称纪委）。党员司法官违反党纪的行为，由纪委机关或派驻纪检组按照党员干部的管理权限给予党纪处分。原则上，本级法院院长、检察院检察长由上级纪委机关处置；本级党员副院长、副检察长或其他副院级司法官由本级纪委机关处置；本级其他党员司法官由本级纪委或派驻纪检组处置。

3. 人民代表大会及其常委会。在域外，剥夺司法官的职位是一项十分严重的惩戒措施，往往需要通过弹劾程序，而弹劾权一般属于议会而非司法机关。我国各级人民代表大会及其常委会也有类似的权力——罢免权和撤职权。其中，罢免权由各级人民代表大会行使，针对本级法院院长和检察院检察长；③撤职权由各级人大常委会行使，针对除本级法院院长、检察院检察长以外的司法官。罢

---

① 参见《中国共产党纪律处分条例》总则第四章。

② 如《检察人员纪律处分条例》第1条明确规定，该条例系参照《中国共产党纪律处分条例》等党内法规，结合检察机关的实际制定。《法院工作人员处分条例》虽未明确其系参照党内各类惩戒法规制定，但是其体例和内容均与《中国共产党纪律处分条例》高度相似。

③ 根据我国《地方各级人民代表大会和地方各级人民政府组织法》的规定，罢免地方各级人民检察院检察长，还须报经上一级人民检察院检察长提请该级人民代表大会常务委员会批准。

免和撤职都是人民代表大会及其常委会行使监督职权的重要方面,它们与免职不同,具有惩罚性质,即当其任命的人员有违法、违纪或者失职、渎职行为时可依法解除其职务。因此,人民代表大会及其常委会罢免或撤销司法官职务亦是一种惩戒行为。与其他惩戒方式不同的是,罢免和撤职不仅仅具有法律性,还具有一定的政治性。

(三)惩戒程序模式单一

通过怎样的程序让司法官得到惩戒,不仅能够体现司法官惩戒活动是否良好运转,更重要的是能够检验惩戒活动是否符合正当程序原则和独立司法原则。域外国家或地区主要通过"弹劾程序"和"一般性的纪律惩戒程序"来惩戒司法官。在我国,由于惩戒主体的多元化,导致惩戒程序也各有不同。

在以司法机关为惩戒主体的模式中,惩戒程序由《法院监察条例》和《检察院监察条例》具体规定。基本程序是:司法官触犯惩戒事由的行为,由内部纪检监察部门立案,开展调查核实并提出处分意见。在处分决定程序上法院与检察院稍有不同:对法官惩戒决定的程序依据处分轻重区别对待,轻处分(警告、记过、记大过)由院长批准下达,重处分(降职、撤职、开除)由院长办公会议批准下达;[①]对检察官惩戒决定的程序权限依据干部管理权限而定,对检察长、副检察长进行处分需要上一级检察院检察长办公会议审议决定,对其他检察人员进行处分由本院主管副检察长或者检察长审查或者提交检察长办公会议审议决定。[②] 在救济程序的设定上,亦与行政监察复查、复核程序类似:被惩戒司法官不服惩戒结果,可向作出惩戒决定的司法机关申请复议(复查);仍不服的,可向作出复议决定的上一级司法机关申诉(申请复核)。

在以纪委为惩戒主体的模式中,惩戒程序主要由党章和《纪律检查机关案件检查工作条例》、《中国共产党纪律检查机关监督执纪工作规则》等党内法规规制。由于纪委长期以来与行政监察机关合署办公,实行"一套班子、两块牌子",所以,两者在工作模式、惩戒程序上高度相似,均采用"初查(初核)—立案—调查—审理"的模式,审理报告经纪律检查机关主要负责人批准,提交常委会审议后给予决定或建议。在救济程序上,亦采取"复议复核"模式,不同的是被处分人的申诉不受次数与党组织的级别限制。[③]

在以人民代表大会及其常委会为惩戒主体的模式中,罢免案和撤职案程序

---

① 参见《人民法院监察工作条例》第33条。

② 参见《人民检察院监察工作条例》第61条、第62条。

③ 根据《中国共产党党内监督条例》第44条的规定,党员、党组织对处理决定不服的,可以向作出处理决定的党组织申诉。有关党组织应当认真复议、复查,并作出结论。如仍有意见,可以向上级党组织直至中央申诉。

与上述程序有很大不同，其民主性、中立性、平等性较强，相对更强调对被惩戒人合法权益的保护。但是司法官罢免案和撤职案程序的启动多是附随性的，即提起罢免或撤职一般已经纪委或司法机关调查核实，再由它们建议或提起；而由人民代表大会主动提出但罢免或撤职则十分鲜有。因此，罢免案和撤职案的提出、审议和决定几乎没有独立性，更多具有程序性意义。

综上所述，虽然我国司法官惩戒大体存在三套惩戒程序，但是发挥实质作用的是以司法机关和纪委为主体的“一般性的纪律惩戒”程序，而这两种程序均与行政监察的处分程序高度相似。可见，在广泛责任体系和多元惩戒主体的惩戒体系下，惩戒程序的模式设计却是单一的，且司法化程度较低。

二、两大改革对司法官惩戒体系的不同影响

（一）司法责任制改革影响司法官惩戒体系的责任内容

司法责任制改革通过突出司法官办案地位、明晰平衡司法官权责、理顺司法权和管理监督权力关系、制定公平合理的追责机制等措施，解决“谁办案，谁负责”的问题。其中，司法惩戒作为司法责任的重要承担方式，是本次改革的重点之一。为落实十八届四中全会《决定》相关改革要求，司法责任制改革对司法官惩戒制度进行了调整。(1)惩戒事由方面，进一步明确错案责任追究的归责方式：即发生错案，但司法官非因故意违反法律、法规或者有重大过失导致错案并造成严重后果的，不承担错案责任。① (2)惩戒主体方面，在国家和省一级分别设立法官、检察官惩戒委员会，由司法官代表（不少于半数）、其他从事法律职业和有关方面代表组成，②对司法官违法办案行为进行专业化审查。(3)惩戒程序方面，将原有惩戒程序与惩戒委员会对接，实现责任追究调查、审议、执行相分离。其基本流程是：司法机关对所属司法官违反审判、检察职责的行为进行调查核实，提交惩戒委员会审议决定，再交由司法机关按程序执行。

总体而言，司法责任制改革瞄准的是司法官“办案责任”这一司法惩戒体系的核心内容。具言之，一方面，理顺错案责任和违法办案的关系，充分考虑司法办案的客观规律，明确主客观相一致的归责原则；另一方面，为违法履行司法职责行为的审议设置专业的司法官惩戒委员会，以及相对独立和司法性较强的特殊程序。可见，司法责任制改革在有效消减错案责任制“达摩克利斯之剑”效应的同时，赋予司法惩戒委员会对司法官违法办案责任审议和建议的权力，在制度

① 参见中共中央办公厅、国务院办公厅《保护司法人员依法履行法定职责规定》。

② 从各地惩戒委员会组成人员来看，除司法官代表外，从事法律职业的人员有律师、法学专家，有关方面代表包括来自人大、政协、纪检监察、政法委、人社等机关或部门的公职人员。

上有效限制了责任认定的内部化、行政化。

值得一提的是，有论者认为，惩戒委员会的出现并未改变司法机关作为惩戒主体的惩戒模式，司法惩戒的启动、调查权仍在司法机关；同时，惩戒委员会并无惩戒决定权而仅有建议权，因此，其审议行为难以获得刚性保障。但笔者认为，惩戒委员会实质上已取代司法机关成为决定主体，其提出的意见具有相当的拘束力：首先，惩戒委员会的案件来源由司法机关主动移送，其并不直接对外接受投诉和举报，意味着惩戒委员会的事实认定和审议权实际上是由司法机关让渡而来，只要惩戒委员会的审议确认了司法官的违法行为，司法机关必须依次匹配合适的惩戒措施，非经正当程序不得否决、修改；同时，《建立惩戒制度的意见》第 3 条明确规定，司法机关应根据惩戒委员会的意见作出处理决定，充分说明了惩戒委员会意见的权威性。其次，惩戒委员会是按照中央、各省司法体制改革方案要求设立的正式组织，组织机构严密、审议和表决程序规范，由法律规定并确认，因而其提出的惩戒意见具有规范性，与“专家咨询委员会”等非正式咨询机构提出的建议性意见存在本质区别。最后，《建立惩戒制度的意见》明确了对惩戒委员会审议结果的救济程序，变相说明了惩戒委员会意见具有强制性，否则，这一制度设置将失去应有意义。[①] 由此看来，惩戒委员会实质上已取代司法机关成为违法办案责任的审议和决定机构，司法机关的决定权只具有程序上的意义。

（二）国家监察体制改革影响司法官惩戒体系的主体和程序

国家监察体制改革的目的是要形成全面覆盖国家机关及其公务人员的国家监察体系，对所有公职人员行使公权力的行为进行监督。为实现这一目标，国家对现有监察体系作了一系列改革：(1)在中央和各级地方设立监察委员会（简称“监察委”）。一方面，监察委是国家监督机关，由同级人民代表大会产生，对其负责、受其监督。它不再是政府的内设机构，而是“平行”于人民政府、人民法院、人民检察院的国家机关，独立行使宪法赋予的监察权。另一方面，监察委和纪委合署办公，实现党和国家监督、反腐败力量的整合。(2)扩大监察对象范围。原行政监察范围主要限于行政机关工作人员，监督范围相对较窄。为此，《监察法》将监察对象扩展至所有履行公职的人员，明确覆盖人民法院、人民检察院的公务员和参公人员。(3)整合相关职能。为实现反腐职能“一竿子插到底”，监察委整合行政监察、预防腐败和部分检察机关查处贪污贿赂、失职渎职及预防职务犯罪等工作力量，对包含司法官在内的党员干部进行监督，对违纪的依

① 参见葛琳：《检察官惩戒委员会的职能定位及其实现——兼论国家监察体制改革背景下司法责任追究的独立性》，载《法学评论》2018 年第 2 期，第 93 ~ 101 页。

照党纪法规处理，对违法的按照相关规定调查处置。

国家监察体制改革改变了司法官惩戒的主体和程序。具言之，改革前，司法官惩戒主要以司法机关“自治”为主，人民代表大会、纪检机构“他治”为辅；改革后，《监察法》将对职务违法行为作出政务处分纳入职责范围，意味着司法官违反办案责任、政纪责任并可能受到纪律处分的，监察机关（或其派驻机构）均可开展调查和处置。同时，《公职人员政务处分暂行规定》（以下简称《政务处分暂行规定》）保留了司法机关作为惩戒主体的地位，①但如此规定主要是因司法官任免机关的主体责任，而立案、调查和审理均由监察机关作出，因此，司法机关作为惩戒主体不具有法律上的实质意义。监察委作为独立的外部监督机关，依照《监察法》规定独立行使职权，原司法机关内部监察工作程序被新的监察程序所取代。具体到司法官惩戒程序上，虽然惩戒主体发生了转变，但政务处分程序的内容与原内部监察程序相较没有根本上的变化。

可见，国家监察体制改革的重点是创设独立于其他公权力机关的监督机关和设置一套集中、不受干涉的监督、调查和处置程序。对于司法官惩戒体系而言，改革影响的是惩戒主体和程序这一外部“框架”，而不涉及惩戒责任内容。其原因在于，不同职责的国家机关、事业单位、国有企业有不同的工作职能和行为准则，有些又具有很强的专业性（如医疗行业、法律行业），监察机关作为统一行使监察权的专门机关，不可能事无巨细地将它们的工作纪律统一集中规定，而只能提炼归纳其中的共性予以规范。② 这也是《政务处分暂行规定》明确将《法官法》《检察官法》纳入政务处分依据的主要缘由。③

三、改革叠加下司法官惩戒体系的“旧疾”与“新症”

（一）改革前司法惩戒模式的“旧疾”在改革后仍未明显改善

司法责任制和国家监察体制改革对司法官惩戒制度进行了较大幅度的调整，但改革并未明显消除原惩戒模式存在的问题，与改革之初的期望仍存在不小差距。

---

① 参见《公职人员政务处分暂行规定》第 19 条第 1 款：公职人员有违法行为的，任免机关、单位可以履行主体责任，依照《中华人民共和国公务员法》等规定，对公职人员给予处分。

② 朱福惠：《国家监察法对公职人员纪律处分体制的重构》，载《行政法学研究》2018 年第 4 期，第 24 ~ 37 页。

③ 《公职人员政务处分暂行规定》第 2 条规定：“监察机关可以根据被调查的公职人员的具体身份，依照相关法律、法规、国务院决定和规章对违法行为及其适用处分的规定，给予政务处分。”虽然第 3 条列明的依据中没有《法院工作人员纪律处分条例》《检察人员纪律处分条例》及其他具体惩戒规定，但实际上这些规定可以作为监察机关惩戒的依据。

1. 惩戒制度架构的内部化未能消解

改革前,我国司法官惩戒虽然有党的纪律检查机关参与,但是这种监督没有实现全覆盖,只有司法机关党员领导的违法违纪由上级或本级纪委机关调查、审理和决定,而大多数非领导党员司法官的违法违纪则由纪委派驻纪检组和内部监察部门介入调查处置。派驻纪检模式囿于与驻在部门利益关系交织、受到同级党组制约、存在较多利益冲突等问题,其监督关系难以超脱,监督效果十分有限。[①] 除外部监督不足外,内部监督本身独立性不强也加剧了司法惩戒的内部化。"我国司法机关采取集体独立而非个体独立的司法独立模式,并未切断司法机关内部之间的利益联系",[②]内部监察部门的行权行为没有真正实现独立。另外,法院院长、检察院检察长作为司法机关的"一把手",其主体监督责任往往与地方权力机构和上级机关捆绑,因此,一些司法官违法违纪行为实际上并未进入正式惩戒程序,而是被"内部处理"了。

国家监察体制改革和成立司法官惩戒委员会的目的之一就是强化对司法官的外部监督和制约,然而具体的制度设置并未有效抑制内部化问题:一方面,虽然改革赋予了监察委惩戒司法官的权力,但监察委的监督模式与纪委并无二致,依然采取派驻纪检监察组的方式开展工作,监督独立性问题仍未有效解决。[③] 另一方面,虽然惩戒委员会有对司法官违法行为进行审议和决定的权力,但根据《建立惩戒制度的意见》规定,惩戒委员会不直接受理对司法官的举报、投诉,即惩戒程序的启动和调查权仍掌握在司法机关手中。再者,我国实行司法行政事务管理权与司法权"两权混同"模式,由司法机关自行管理司法行政事务,而本次司法改革没有实现两权的分离,司法权运行地方化而导致的内部化问题依然存在。[④]

2. 惩戒主体和程序行政化倾向没有明显好转

我国司法行政化问题长期存在于司法行政管理和司法活动之中,导致了我国司法理念、价值和目的的异化。惩戒主体组织的行政化必然导致其行权方式的行政化,司法官惩戒程序也因此受到影响:违纪违法行为调查者被设计为内部监察部门,惩戒决定者为法院院长、检察院检察长(或分管副检察长)

---

① 潘加军、鞠连和:《纪检监察派驻机构统一管理模式分析》,载《中州学刊》2010 年第 6 期,第 26 ~ 30 页。

② 谢小剑:《人大下设司法纪律惩戒机构的制度架构》,载《广州大学学报》(社会科学版)2013 年第 9 期,第 39 ~ 45 页。

③ 《监察法》第 13 条:派驻或者派出的监察机构、监察专员根据授权,按照管理权限依法对公职人员进行监督,提出监察建议,依法对公职人员进行调查、处置。

④ 徐汉明:《论司法权和司法行政事务管理权的分离》,载《中国法学》2015 年第 4 期,第 84 ~ 103 页。

和院长、检察长办公会，复查和复核主体为本级及上级机关监察部门，这是典型的行政处分程序的制度架构；另外，违纪违法行为审理程序不具有司法化特征，缺乏起诉指控、听证或审理、辩护质证等环节。① 在党纪处分方面，纪委工作模式深受行政监察部门行政处分程序的影响，长期合署办公使二者在线索管理、案件调查、案件审理等职能及组织管理方式上高度相似，行政化特征十分明显。

赋予监察委对司法官政务处分的权力使司法惩戒模式由以同体监督为主变为以异体监督为主，部分克服了司法惩戒的内部化，然而在行政化问题上却没有充分优化。监察委是依据《监察法》成立的全新反腐败机构，但在机构改革时将重心放在了相应机构的合并和人员转隶工作上，并未严格按照《监察法》对监察机关的职能定位来匹配设置内部职能部门，与改革前行政监察部门同纪委合署办公时的职能机构差异不大；②同时，《监察法》对政务处分的规定与原行政处分除在处分对象范围上有所扩大外，其对程序、措施、救济的规定大同小异，因而监察机关对公职人员惩戒没有摆脱行政监察那样的行政化色彩。

与国家监察体制改革不同，司法官惩戒委员会是司法责任制改革的产物，其目标之一就是去行政化，惩戒委员会作为该项改革的重要组成部分同样体现了这一目的。但是，惩戒委员会仅是审议机构，虽然在程序上进行了司法化改造，然而整个惩戒委员会的职能行使被安排在行政化程序的框架下，惩戒活动的司法性也难以完全体现。另外，惩戒委员会委员许多来自党委及其组成部门、人大及政协机关、政府相关职能部门等，他们在案件审议中必然带有行政化的思维模式，这也影响了审议活动的司法性。

3. 惩戒责任类型的设置依然混沌不清

根据上文总结，我国惩戒责任类型存在错案责任、违法办案责任、纪律责任、案件质量责任、信访责任等多种不同的类型，这些责任之间在内容上又存在交叉、竞合甚至矛盾的情况。③ 惩戒责任分类的混沌不仅难以在诸多责任名目中总结提炼出清晰的归责原则并匹配合适的惩戒措施，亦会造成惩戒主体不明和程序适用上的困难。更为重要的是，我国对司法官司法内行为的责任追究一直

---

① 侯学宾：《法官惩戒制度的中国特色》，载《法律适用》2017 年第 7 期，第 7 ~ 13 页。

② 江利红：《行政监察职能在监察体制改革中的整合》，载《法学》2018 年第 3 期，第 80 ~ 89 页。

③ 周长军：《司法责任制改革中的法官问责——兼评〈关于完善人民法院司法责任制的若干意见〉》，载《法学家》2016 年第 3 期，第 94 ~ 104 页。

以“错案责任追究制”为主。[①] 虽然错案追究在对冤假错案的纠正上起到了重要作用,但由于其以“重客观轻主观、重结果轻行为”为导向而备受诟病。[②] 我们并不否认我国司法实践中“错案”的存在和其严重的危害后果,也承认我国司法制度不健全、司法官能力水平不高是导致“错案”的重要原因,但是若非司法官之原因而对其加以惩戒,不符合权责统一原则的基本要求,也徒增司法官的职业风险。一言以蔽之,改革前的惩戒事由叠床架屋、主线不清,虽然在不断补充完善,但似乎陷入了“钱穆制度陷阱”,责任名目越来越多但效果却没有明显改善,反而落下前后矛盾、效率低下的问题。[③]

虽然司法责任制改革明确了“谁办案,谁负责”,但是司法事权和司法职权在改革力度和进度上并不匹配,[④]现有的公务员监督管理模式依然束缚着司法官惩戒制度,致使办案责任没能从党纪、政纪等责任中剥离出来,惩戒责任分类混乱的现状依然没有明显改善。如果不能明确办案责任在法律上属于政纪责任还是司法责任,就不能保证惩戒主体的适格性和惩戒程序的公正性,那么对司法官正当履职行为的保障这一司法责任制改革的核心理念也就难以在司法官惩戒制度中全面体现。

而更令人可惜的是,司法责任制改革没有废黜错案追究制度,致使办案责任这一最为重要的惩戒事由被置于一对矛盾的标准之中。尽管有学者尝试将错案追究制进行法治化改造或实用主义重构,[⑤]但是它和司法责任制在逻辑起点上

---

① 周赟:《错案责任追究机制之反思——兼议我国司法责任制度的完善进路》,载《法商研究》2017年第3期,第3~14页。

② 如陈瑞华指出,“错案责任制”系司法行政化的必然产物,是因司法官素质不高、司法腐败频发、社会舆论和政治压力下的应激措施,但其违背了错案在客观上无法彻底避免这一司法规律,且法律已经通过司法救济程序作出了防范并给予受害者补偿,因而在这种情况下再惩戒司法官既无意义,又无必要。又如,周长军认为,“错案责任”不仅违背司法规律和逻辑,又会阻碍司法权独立行使,而更为可怕的是会让社会公众染上“只要案件改判,被告人被冤枉,司法官就应当承担责任”的思维色彩。再如,周赟认为,由于事实生成过程以及法律适用结论的可错性,我们不可能设定出逻辑圆洽的错案实体标准,遂“错案”无法作为一个法学或法律专业术语而成立。因此,相应司法责任追究机制的设置不仅仅是一种制度建设浪费,更是一种逻辑上无法成立因而应当予以摒弃的司法改革举措。

③ 以法院错案追究责任为例,先后有多个法律规定对此进行了规定,如《法官法》、中央政法委《关于切实防止冤假错案的指导意见》、最高人民法院发布的《人民法院审判人员违法审判责任追究办法(试行)》、《人民法院工作人员处分条例》、《关于完善司法体制改革的若干意见》,甚至在案件质量责任和信访责任规定中,都有涉及错案追究的内容。这在一定程度上造成了立法冗余和浪费,其中也不乏规定之间存在相互矛盾的情况。

④ 李敏慎:《司法改革客体和改革路径之反思——以司法事权改革为视角》,载《法学家》2018年第2期,第106~117、109页。

⑤ 参见詹建红:《我国法官惩戒制度的困境与出路》,载《法学评论》2016年第2期,第189~196页;蒋银华:《法官惩戒制度的司法评价——兼论我国法官惩戒制度的完善》,载《政治与法律》2015年第3期,第21~28页;张玉洁:《错案追究终身制的发展难题——制度缺陷、逆向刺激与实用主义重构》,载《北方法学》2014年第5期,第153~160页。

的针锋相对是无法调和的，即到底是因错案的“客观存在”就倒查司法官，还是遵循司法官“依法履职受法律保护”而免其责任？可能连制度设计者都难以自圆其说，而这样混沌的双重标准是无法指导一套逻辑严谨的司法官惩戒制度的。

（二）两大改革在司法官惩戒制度上未能有效衔接的“新症”

两大改革为司法官惩戒体系设置了新的主体，监察机关、司法机关、惩戒委员会三者均具有惩戒司法官的权力，形成了“两外一内”的格局。为避免混淆，我们有必要理顺三种惩戒权之间的关系，以检视各主体的惩戒权有无清晰划分和有效衔接。

司法机关的惩戒权源于其司法行政事务管理职能。在两大改革之前，司法机关具有完整的惩戒权，包括立案、调查、审议和决定四项权能。司法责任制改革基于司法机关“同体惩戒”模式带来的内部化、行政化等问题，同时考虑到司法责任认定的专业性，将司法官涉嫌违反司法职责行为的审议和决定职能交由惩戒委员会行使，惩戒委员会因此获得部分惩戒权。需要注意的是，该惩戒权并非来自权力机关的授予，而是司法机关的分权；同时，惩戒委员会的设立没有改变原惩戒模式的程序构造，立案和调查职能仍由司法机关行使。国家监察体制改革后，司法机关惩戒权整体移转由监察机关实施，监察机关因此获得完整的司法官惩戒权。在此背景下，惩戒委员会制度将面临一个重大问题：不具有完整惩戒权的惩戒委员会在司法机关内部监察体制改革后无法独自行使职能，那么惩戒委员会还有没有存续的必要？答案是肯定的。一方面，司法责任制是司法官在统一的公职人员惩戒体系下的必要履职保障，两大改革在维护司法权正常运行和违法履职必究的目标上并不矛盾；另一方面，惩戒委员会仅作用于司法官违反司法职责行为惩戒活动的审议环节，只要做好制度衔接，其存在不影响新的监察体系的构建。但是目前，二者在衔接上还未做好准备，主要体现在以下两点：

1. 两大改革在惩戒体系的建构理念上没有解决好“效率”与“公平”的调和。司法责任制改革以追求公正公平为核心，目标是构建公正的司法权运行机制和公平的责任认定、追究机制；国家监察体制改革主要追求监督过程效率和监督结果的统一化，构建集中统一、权威高效的国家监察体系，实现对所有公职人员监察全覆盖。[①] 相较可知，两大改革的核心理念并不一致，特别是落脚到司法官惩戒体系的构建上，冲突矛盾尤为明显。国家监察体制改革并未将司法官这一特殊公职人员独立出来，在监察程序设置上亦没有针对司法官的特殊之处，与司法责任制改革恢复和遵循的司法规律的逻辑前提不相一致。并且，国家监察体制

① 参见袁曙宏：《深化国家监察体制改革的四重意义》，载党建网，www. wenming. cn/djw/djw2016sy/djw2016xx11/201803/t20180322 - 4628524. shtml，2019 年 3 月 15 日访问。

改革在处置程序上依然采取以往行政监察“控审合一”的方式，这样“效率优先”的制度安排也与司法责任制强调的“公平”理念存在矛盾。两大改革的目的不同导致理念不相一致，不存在孰对孰错的问题，关键在于体系建构如何克服这种冲突，如何在同一制度下统筹不同的目标和价值并找到平衡。

2. 两大改革在具体制度上没有解决好各主体惩戒权的分配。一是司法官违法办案审议主体的确定存在矛盾。《法官法》和《检察官法》作为监察机关给予政务处分的依据，包含了违法办案这一惩戒事由，但按照《保护司法人员依法履行法定职责规定》要求，司法官履行法定职责的行为非经惩戒委员会审议不受追究，那么违法办案责任究竟是监察机关一体调查处置抑或须经惩戒委员会审议？这一点仍不明确。另外，虽然《政务处分暂行规定》规定政务处分的内容、期间、适用规则可以根据被调查的公职人员的具体身份等情况适用相应的法律、法规、国务院决定和规章，但是，惩戒主体和程序是否也要因惩戒对象的不同而有所区别同样不明确。二是监察机关查处司法官违法办案责任不能保证专业性。对司法官违法办案责任的认定，需要专业性判断，不能简单通过常识或遵照宏观价值取向就得出结论。监察机关的外部监督虽可克服监督的内部化和低效率，但其专业性不足显然不利于惩戒的公平公正，有违司法责任制改革设置司法官惩戒委员会的初衷。因此，监察机关依据独立于司法机关的惩戒委员会提出的惩戒建议应是最能维护公正的选择，但目前还缺乏监察机关和惩戒委员会在程序上的对接机制。

四、司法官惩戒体系重构的具体路径

基于上述分析可知，司法责任制改革对司法官惩戒体系的改造并不彻底，国家监察体制改革偏重监督的外部性而忽视惩戒的司法性，且两大改革在司法官惩戒制度兼容和衔接也存在多方面问题。笔者认为，司法官惩戒体系的构建需要考虑我国政治制度和法治环境与西方法治国家的差异，也须遵循现代司法制度的通识与公理，如要达到对司法官保障履职、有效监督、公正惩戒的理想效果，那么就需要对司法官惩戒制度进行必要的重构。具体而言，可以从以下五个方面着手：

（一）明确司法官惩戒体系建构的理念

一般而言，司法官惩戒制度的终极目的不在于对某一犯错的司法官进行惩罚，而在于“保持司法体系的公正和公众对司法体系的信任”，[1]在此理念下，选择由司法机关主导或专业化的独立机构行使惩戒权似乎更为妥当，这也是法治

---

① 怀效锋主编：《司法惩戒与保障》，法律出版社2006年版，第193页。

发达国家的共识。然而，我国司法现阶段的特殊情况在于，公众对司法的信任没有完全建立，司法不公和司法腐败的现象还存在，仅靠司法体制改革和司法机关自我监督是无法解决这一问题的，必须引入外部力量。国家监察体制改革对司法官一体监督正是为此而立。因此，司法官惩戒制度的建构不能跳出中国当下的司法实际，否则，脱离现实基础而一味追求司法独立，反而会成为司法公正实现的障碍；但是，在着力于解决司法腐败问题时，也不能不顾及宪法对司法机关独立行使审判权、检察权的要求和社会对司法改革的期待。解决司法腐败和建立维护独立行使审判权检察权的机制并不是矛盾的，正如冯军教授所言："这两件工作应当并且只能同时进行"，①司法的功能和价值才能得以发挥和实现。所以，司法官惩戒应当同时体现两大改革的优势，既要实现纪检监察对司法的外部监督，又要充分尊重司法职业特点和司法权运行规律，才能让这一体系有效且稳定。

（二）建立清晰的惩戒事由分类标准

将司法官的行为分为司法内行为和司法外行为已是法治国家司法官惩戒制度的通例。② 但我国并未把惩戒事由按此标准进行划分，而是将办案责任这一司法内行为责任嵌套在党纪政纪责任框架下，与司法外行为责任糅合于同一惩戒体系之中，这势必会导致适用上的混乱。③ 笔者认为，按照通例将惩戒事由进行两分也应该成为我国司法官责任体系的基本原则。前文提到，司法官惩戒的目的在于维护司法公信力和遵守独立行使司法权的原则，这一分类就是践行以上原则的基础。司法公信力是司法公正的基本要求，维护司法公信力是司法官的天职，凡是有损司法公信的行为，行为人都应当承担不利责任，因此，需要对司法官司法外行为加以适当规范。同时，独立行使司法权也是实现司法公正的基础，这其中的必然性是不言而喻的，司法官惩戒同样需要遵守独立行使司法权的原则，不能干涉司法官的内心确信和自由裁量。但是，对司法内行为的规范并非禁区，如果司法官执法办案时故意或因重大过失违反法律法规，则应受到处罚。

---

① 冯军：《关于司法独立与中国司法改革的思考》，载张明杰主编：《改革司法——中国司法改革的回顾与前瞻》，社会科学文献出版社 2005 年版，第 534 页。

② 参见严仁群：《美国法官惩戒制度论要——兼析中美惩戒理念之差异》，载《法学评论》2004 年第 6 期，第 119～134 页；郑曦：《司法责任制背景下英国法官薪酬和惩戒制度及其启示》，载《法律适用》2016 年第 7 期，第 117～121 页；蒋银华：《法官惩戒制度的司法评价——兼论我国法官惩戒制度的完善》，载《政治与法律》2015 年第 3 期，第 21～28 页。

③ 例如，《法官法》《检察官法》均将"徇私枉法"、"刑讯逼供"、"拖延办案"与"泄露国家秘密"、"从事盈利性经营活动"在"惩戒"一章中作为同一类型的禁止性行为。又如，《法院工作人员纪律处分条例》和《检察人员纪律处分条例》都将"违法办案行为"和"违反政治纪律的行为"、"违反组织人事纪律的行为"等同纳入纪律责任的范畴。

可以看出，司法官惩戒对司法外行为和司法内行为的规范原则差异很大，这也是我们需要为这两种惩戒事由匹配不同的归责原则、惩戒主体、惩戒程序及惩戒措施的原因。同样，在司法体制与监察体制改革的影响下，我国的司法官惩戒权已变为由监察机关、司法机关和惩戒委员会共享，同样需要明确与不同惩戒事由相对应的惩戒主体及程序。

司法官一般司法外行为责任（政纪责任、党纪责任）是司法官作为党员、公务员必须遵守的纪律，对这些行为的监督、调查和惩戒统一归由监察机关行使应是理所当然；而对于司法内行为责任的惩戒，应当严格按照《建立惩戒制度的意见》和《保护司法人员依法履行法定职责规定》交由惩戒委员会审议和决定，排除监察机关的参与，形成监察机关负责立案和调查、惩戒委员会负责审议和决定这种“各管一段”的模式。之所以如此设置，既是出于对专业性的考虑，同时也是为避免非司法机关对司法活动的过多干预。“司法惩戒活动是司法活动，而不是司法行政活动，更不是行政机关的行政活动”，[①]监察机关虽然不是行政机关，但其对公职人员违反职责行为的处置具有明显的行政权性质，不宜作为司法内行为违法与否的判断主体，否则司法改革祛除司法机关行政化的努力又将无功而返。

（三）合理适用主观和客观的归责原则

法治发达国家普遍对司法官司法外行为要求十分严格，对司法内行为往往给予较大程度的豁免。我国则恰恰相反，对司法官违纪违法办案责任的规定繁复严厉，对司法纪律和伦理道德的规范反而较为宽松。因而，许多学者都对“错案追究制”提出批评，并建议司法官惩戒的重点应当从“结果责任”转向“行为侧重”，即摒弃“以结果论英雄”的责任认定导向，转而以司法官有无违法违纪办案行为来判断应否予以惩戒。[②] 笔者同意这一观点，因为错案追究制度客观归责模式不符合“法律不强人所难”的原则，违背“有行为才承担责任”的法律常识，极易让司法官蒙受不白之冤。

然而我们也应该认清这样一个事实：法治发达国家对司法官司法内行为的信任是建立在其极为严格的选任制度为保障的情况下，但我国的司法官选任与普通公务员无太大差异，法官、检察官员额制改革也刚施行不久，司法官的整体素质与法治发达国家有较大差距，因此，笔者并不主张在司法内行为责任上给予

① 蒋惠岭：《论法官惩戒程序之司法性》，载《法律适用》2003年第9期，第5~7页。

② 如陈瑞华认为，未来的司法官责任制度应当彻底抛弃将司法官判断或认识作为处罚对象的做法，将追责的对象转向不当司法行为，这既符合责任自负的原则，也有利于维护司法的独立性。又如魏胜强建议，司法官责任应从内心主观过错转向外在行为失当，摒弃当前错案追究制度中单纯强调主观过错的做法，改为强调行为的规范性，并制定统一的行为规范准则进行约束，对于违反者追究相应的责任。

司法官过多黯免。例如，我们可以在程序性错误责任上适用严格责任标准，即如果程序违法与造成的严重后果存在因果关系，就可推定司法官存在主观过错；又如，在实体性错误责任的主观故意或重大过失的认定上采相对严苛的标准，只要不突破“依法履职行为不受追究”这一底线，则既能达到有效规范司法办案行为的效果，又能在一定程度上防止错案发生。而对于司法外行为责任认定则可以采用“结果责任”模式，因为公众对司法的信赖与否有时并无“逻辑”可言，只要司法官的行为在社会中产生不良影响，必然损害司法公信力，这也倒逼司法官必须谨言慎行。

（四）保证惩戒权行使的独立性

导致司法惩戒内部化的最主要原因是惩戒主体独立性不足，而保证惩戒权行使的独立性又恰恰是整个惩戒体系能否有效运转、惩戒活动能否落地落实的关键所在。改革前“同体监督”的模式导致惩戒效果不佳，改革后虽然司法机关的内部监察体系大改，但在内部化问题的消解上并不彻底。因此，笔者建议从以下两个方面加以改善：

1. 违法违纪行为调查的独立。监察机关可对司法外违法行为开展调查，但对司法内违法行为，监察机关单独作为调查者显然是不合适的；惩戒委员会作为审议机构也不应该直接介入调查，否则将有违“诉审分离”的原则。笔者认为，司法内行为的调查可以采取混合模式，即由监察机关主导调查工作，同时吸纳司法官（当然应符合回避规则）、律师、法学专家等法律工作者参与调查，这样既能维持调查的独立性，亦能保证专业性。

2. 案件审议的独立。司法内违法行为的审议由独立的惩戒委员会实施，而司法外违法行为惩戒则缺乏这样的独立审理机制，监察机关内部虽然强调调查和审理的分离与制约，但是，党对纪检监察的集中统一领导更多是为内部的相互支持和协调衔接，审理部门的独立性实质上是难以保证的。因此，在司法外违法行为惩戒的审议上，可以借鉴惩戒委员会的设立模式，上提由省级监察机关统一行使，这样既能解决诉审合一的弊端，又可矫正惩戒主体与地方政治机关利益捆绑的问题。

笔者主张，司法官惩戒活动作为司法官违法违纪履职处分的正式程序，应当排除司法机关独立或主导惩戒的启动、调查和审议程序，避免其不愿惩戒、不敢惩戒而造成对司法公信力的减损。但在正式惩戒程序之外，大量存在一些非正式的处置措施，如谈话、劝告、诫勉等处置方式，并且这些处置方式的使用频率远远大于正式惩戒活动。[①] 对于这些手段运用，则没有必要排除司法机关的参与。

---

① 参见全亮：《域外法官惩戒制度基本架构比较》，载《社会科学家》2013 年第 11 期，第 98 ~ 101 页。

一方面,非正式处置方式不产生法律规定的惩戒后果;另一方面,这也是预防司法官违法违纪行为的有效措施和落实司法机关主体责任的重要途径。

(五)厘清、完善司法内和司法外行为责任的惩戒程序

1. 建立惩戒活动调查、审理和决定环节的衔接机制。根据《建立惩戒制度的意见》规定,惩戒委员会只接受司法机关的审议提请,但该机制应根据调查主体的转变而调整为由监察机关提请。同理,惩戒委员会审议后给予纪律处分建议的应改为交付监察机关执行;给予停职、延期晋升、免职、责令辞职、辞退等处理建议的仍由司法机关执行,但监察机关应对执行情况进行监督。在具体的衔接机制设计时,还应当注意维护惩戒委员会的权威性,一方面要防止"调查中心主义"过于强大而造成审议的虚化,另一方面要保证决定机关对惩戒建议的执行而避免惩戒委员会被架空。

2. 对惩戒程序进行适当的司法化改造。党的十八届四中全会《决定》明确指出,司法官惩戒应当经过法定程序。而更为准确地讲,这个"法定程序"不能是一个行政化的程序,而应是符合正当程序原则的、法定的司法性程序。这不仅仅是国际上的通行做法,①也是我国司法制度下的内生要求,特别是在惩戒主体的权力运行机制存在行政化特征时,更要坚持惩戒程序的司法化,以避免整个惩戒活动陷入行政化的泥淖。笔者认为,惩戒程序司法化至少包括两方面:

其一,审议程序的司法化。一是在司法外行为惩戒方面,监察机关政务处分程序在审议上体现出单方审、书面审、非公开审的行政化特征,虽然其不涉及司法权运用的审议,但是对司法官的干预必然间接作用于司法内行为,因而在程序上体现出司法责任制对司法官保障的精神是必要的;同时,也应当充分遵循政务处分程序的效率性和统一性原则,不宜严格按照诉讼的方式进行。因此,在具体程序设计上,可采取听证这一"准司法"模式,既能维护被惩戒司法官权益,彰显对司法权的尊重,亦可保证监察目标公开公正地实现。二是在司法内行为惩戒方面,审议程序的设计应更为审慎。《建立惩戒制度的意见》已经构建了司法化的审议模式,但是,制度设计仍然相对粗疏,在审议流程、证据规则、表决形式等具体程序规范上不够严谨甚至缺失,以至于一些地方在落实细化惩戒制度中出现了改变既定规则的情况。当然,我们不能要求审议活动完全比照诉讼模式进行,但也应当明确审议程序至少遵循听证程序的基本要求,体现一定程度地对审

---

① 例如,美国法官的惩戒(无论一般纪律处理或弹劾)采用"控审分离"模式,赋予涉嫌违纪违法司法官充分的辩护权;德国对司法官的大多数惩戒都采取开庭审理的模式,并对证据、证明等都有十分严格的规定;日本对法官的惩戒由其宪法规定,且惩戒程序完全按照司法审判程序进行;我国香港特别行政区法官的惩戒由《香港特别行政区基本法》和香港《司法人员(职位任期)条例》规定,虽然惩戒决定由行政长官作出,但是审理程序则由司法人员审裁处按照司法审判程序进行。

化、言词化和公开化。

其二，救济程序的司法化。司法责任制对司法内行为惩戒审议程序进行了司法化改造，对应的救济程序依然是行政化的，采用的行政式的复议及申诉模式。而问题在于，复议和申诉审议机关有无权力审查惩戒委员会的惩戒意见？如果可以，并且如认为其存在错误还可撤销或改变，那么惩戒委员会将沦为决定机关的附庸。因此，救济程序的设计也必须遵循司法原则。对此，笔者认为，司法官惩戒程序应设立上诉程序，对不服原惩戒决定的上诉进行二审，方能保证惩戒委员会的独立和权威。

Reconstruction of the Law-officer Disciplinary Punishment System

—A Discussion Centered on the Reform of Judicial Accountability and the Reform of the National Supervising System

Zhang Chengsi

Abstract: Before the reform of judicial accountability and the reform of the national supervising system, the disciplinary system for judges in our country harbored such problems as confused responsibility system, internalized main body of disciplinary punishment, administrated procedures, etc. The two reforms have reformed the disciplinary system in an all-round manner; yet these drawbacks of the original disciplinary system were still not cleared up. In addition, for poor system linkage caused by the difference in the focuses of the reforms, new conflicts arose in construction concept, distribution of power, procedural design and other aspects of the disciplinary system. Therefore, we had to reconstruct the disciplinary system for judges from five aspects: clarifying the concept of system construction, explaining the standard for classification of responsibility, reasonable applying the principle of culpability, guaranteeing the subject's independent exercise of right and improving the disciplinary and connecting procedures.

Key words: the reform of judicial accountability　the reform of the national supervising system　the disciplinary system for judges　reconstruction of the system

检察机关内设机构设置与运行探究*

■ 范思力** 蒋 炜***

[**内容摘要**] 在探究检察机关内设机构设置与运行的规律时不难发现,内设机构的设置基于我国管理体制受制于规格、职务、名称、职能、数量,内设机构的运行在司法体制改革后呈现司法规律与行政规律分化趋势。长远看,为实现司法体制改革的目标,可将省以下检察机关人事权适当划转,分类设置业务部门、检察辅助部门、行政部门,同时提升办案团队的综合业务属性。

[**关键词**] 检察机关 内设机构 设 置 运 行

出于权力制衡和工作效率需要,设立不同国家机构以实现国家权力的分类和配置是目前世界各国的通行做法。将这一逻辑贯彻至某类国家机关权力的权能配置时,便会产生内设机构这一承载不同权能的组织形式。就我国检察

---

* 基金项目:本文系贵州省法学会2019年度省级法学课题研究资助项目。

** 范思力:贵州省人民检察院法律政策研究室检察官助理,全国检察调研骨干人才。

*** 蒋炜:贵州省高级人民法院研究室主任,三级高级法官。

机关而言，目前对外彰显各类检察权能属性的依然是内设机构而不是检察官。检察权的不同权能，如刑事检察、民事检察、行政检察、公益诉讼检察等权能依然依附于内设机构。同时，为便于检察机关内部运转高效顺畅，涉及经费使用、人事管理、办文办会等综合行政工作，往往也会单设若干内设机构专职负责。对这样的组织结构和其应有的运行状态，学术界和实务界更多从检察改革角度进行探讨，对当中蕴含的原理和规律很少探究。从检察机关内设机构发展历程看，机构变化既有自上而下，又有自下而上，既有集中调整，又有各自为战，其中的缘由并非检察改革所能涵盖。本文试从检察机关内设机构设置和运行的角度探讨相关规律性问题。

一、检察机关内设机构设置一般需要考虑的因素

检察机关的机构设置作为一项常规人事工作，并不完全对应检察改革时间周期，也并非完全自上而下或以点带面进行。从 1949 年出台《中央政府最高人民检察署试行组织条例》开始，到 2018 年 12 月最高人民检察院（以下简称最高检）下发《关于推进省以下人民检察院内设机构改革工作的通知》为止，以中央和最高检出台相关法律文件为线索，检察机关的内设机构设置至少经历过八次较大变化。这些变化的标志性事件分别为：1949 年开始，最高检设立业务一、二、三处；1955 年开始增设一般监督部门、侦查监督部门、审判监督部门、劳改监督部门；1979 年开始按对象调整内设业务机构，分为刑事检察部门、经济检察部门、法纪检察部门、监所检察部门、信访部门等；1982 年开始再次按数字顺序命名业务部门，如最高检设一、二、三、四厅等；1989 年开始恢复 1979 年设置方式，同时成立反贪部门，实行捕诉分设；2001 年开始，各地反贪、政工部门规格得到提高，反渎职侵权、案件管理、职务犯罪预防等部门相继成立；2014 年开始，中央要求基层检察机关整合减少内设机构数量，原则按 5 个、8 个、10 个的标准整合内设机构；2018 年开始，最高检要求省以下检察院按案件类型和业务性质为基础设置业务部门，同时业务部门再次调整为按数字命名，捕诉再次合一。①

---

① 参见《中央政府最高人民检察署试行组织条例》（1949 年 12 月颁布）；《各级地方人民检察署组织通则》（1951 年 9 月颁布）；《最高人民检察院组织条例（草稿）》（1954 年 11 月起草）；《人民检察院组织法》（1979 年 7 月颁布）；《最高人民检察院机关机构改革方案》（厅字〔1995〕45 号）；《关于地方各级人民检察院机构改革意见的实施意见》（高检发〔1996〕16 号）；《地方各级人民检察院机构改革意见》（中办发〔2001〕9 号）；《最高人民检察院政治部关于地方各级人民检察院机构改革组织实施过程中几个问题的意见》（高检政发〔2001〕90 号）；《关于在检察官办案责任制改革试点中推进内设机构整合的指导意见》（高检政〔2014〕150 号）；《省以下人民检察院内设机构改革试点方案》（高检会〔2016〕10 号）；《关于加强法官检察官正规化专业化职业化建设全面落实司法责任制的意见》（厅字〔2017〕44 号）；《关于推进省以下人民检察院内设机构改革工作的通知》（高检发政字〔2018〕66 号）；孙谦主编：《人民检察制度的历史变迁》，中国检察出版社 2009 年版。

简单归纳这些变化不难发现,检察机关的内设机构设置至少考虑三个因素。一是机构名称。纵向考虑,机构名称在上下级之间究竟是按“科、处、局、厅”命名,还是按“厅、部、室、组”命名?横向考虑,部门究竟是选择按“一、二、三”等数字序号命名,还是按刑事执行检察、民事检察、侦查监督等职能属性命名?学术界也比较关注该问题。在名称方面,有学者就建议变更我国检察机关内设机构的名称,仿照日本、韩国等国做法,改称为“部”,或者借鉴我国台湾地区的做法改称为“组”。[①] 二是机构和人员数量。要杜绝一人或二人机构现象就必须考虑内设机构究竟保持多少数量为宜,单位有多少人才可以设多少机构。目前关于机构和人员数量的研究较为集中于基层检察院。如有观点认为,区县检察院应予以裁撤,按社区、乡村委单元设立由一名检察官负责的独立办案单元。[②] 无论认为基层检察院机构和人员数量增加适宜还是减少合理,可以预计下步省级、地市级检察院机构和人员的数量问题也会纳入理论与实务的视野。三是机构职能。内部机构设置需适应特定检察职能、组织特点和业务发展需要。[③] 无论是业务意义上还是行政意义上的职能,检察机关内设机构一直在职能的分离与整合中徘徊,比如审查逮捕与审查起诉、财务资产管理与行政办公、控告检察职能与申诉检察职能的分合。总的来说,检察职能与机构设置关系的理论研讨主要集中于诉讼与监督、批捕与起诉、分工与制约等问题。

其实检察机关的组织结构本质上并没有异于现行其他国家机关组织结构。现在关注的理论问题既不影响检察权行使,也不影响检察机关的政治地位。正如有学者所言:“在内部治理形态上,我国的组织人事制度并不将法院与其他机关区隔开来,而是对党委、人大、政府、法检两院、国有事业单位等进行一体化纳入,适用齐一的管理工具,各机关仅在细部有所不同。”[④]奉行检察一体原则的我国检察机关在组织结构上更缺乏异于其他国家机关的空间。受制于科层与绩效的关系,实践中各级检察机关在内设机构设置上其实更关注另外两个因素,即规格、职务。这两个因素与名称、职能、数量共同影响着各级检察机关领导管理层的核心资源——人事。一是机构规格问题。规格直接决定各级检察机关的人事空间。单位级别受省、副省级、地市级、区县级等行政区划限制,其内设机构规格也会在此之下按“处、科、股”设置。例如,基层检察院为正科级单位,内设机构

---

① 参见万毅:《检察机关内设机构改革的基本理论问题》,载《政法论坛》2018 年第 5 期,第 6 页。

② 参见孙皓:《论检察权配置的自缚性》,载《环球法律评论》2016 年第 6 期,第 72 页。

③ 参见龙宗智:《检察机关内部机构及功能设置研究》,载《法学家》2018 年第 1 期,第 143 页。

④ 刘忠:《格、职、级与竞争上岗——法院内部秩序的深层结构》,载《清华法学》2014 年第 2 期,第 147 页。

规格一般只能到正股级。但同法院一样，检察机关得到中央人事上的重要倾斜政策，[①]从检察长到检察员得到超越机构规格的高配。可这种状态并不稳定，除检察长外，其他干部的行政职级还受地方整体编制空间影响，还要靠地方党委政府调剂。为扩大人事空间，各地检察机关还会采取机构升格的方式。所谓升格，就是突破行政区划对内设机构规格一般限制，将内设机构规格升级，如将省级院的处级机构升格为副厅级机构，随之称为“局”或“部”。[②] 反之，若内设机构设置没有处理好规格问题，人员士气和机关地位就会受到影响。二是机构职务问题。科层制组织中若没有职务等级会难以识别上下级，难以形成实质管理层。在机构规格较为合理、人员编制整体变化不大的情况下，内设机构数量背后是领导职务的数量。按国家机关职务设置原则，机构数量关系正职数量，正职数量和机构人员数量则直接关系副职数量。[③] 对大多数基层检察人员而言，内设机构正副职是其成长为检委会委员、副检察长、检察长的必经之路。即便实行检察人员分类管理、公务员职务与职级并行后，职务数量仍是内设机构设置时不可回避的问题。对业务部门而言，机构正副职依然是员额检察官成长为检委会委员、副检察长、检察长的阶梯。对行政部门而言，机构职务多少直接决定司法行政人员职业预期。

若将规格、职务、名称、职能、数量共同作为考量检察机关内设机构设置的因素，就不难发现，目前效仿日本淡化省以下检察院内设机构甚至“去部门化”，将检察官视为“独立官署”或“独任制国家机关”基本不可能。难度在于：第一，内部专业壁垒难以消除。目前我国所有检察权能及其附属的各类内部和外部工作程序，从熟练到精通所要积累培养周期并非当前司法环境所能承受。大部分检察官不可能在一两年内同时精通刑事、民事、行政、公益诉讼、控告申诉等领域的实务操作技巧，并具有办理相应领域重大、疑难、复杂案件的经验。为满足基层办案一线的人力需求和当前社会对司法质量的要求，现在只能尽量专人专职。第二，干部管理成本太高。按日本赋予的检察官权限，个案中检察官实质等同我国各级检察院检察长。在现行干部管理体制没有大幅变化情况下，检察官均按地方机关一把手来管理显然成本太高，无论是地方党委组织部门、人大，还是检

① 参见《中共中央组织部关于迅速给各级司法部门配备干部的通知》（〔79〕组通字44号）；《中央办公厅关于加强地方各级法院、检察院干部配备的通知》（中办发〔1985〕47号）等。

② 参见《最高人民检察院政治部关于省级人民检察院政治部、反贪局机构规格、领导干部职级设置以及省级院厅级非领导职务干部配备情况的函》（高检政发〔1995〕56号）。

③ 例如，《国家公务员制度实施方案》（国发〔1993〕78号）中规定：“三人以下的处（科）设一职；四至七人的处（科）设一正一副；八人以上的处（科）设一正二副；人数特别多、下设科（股、队）室的处（科）级机构，副职可适当增加，但最多不得超过四人。”

察机关自身均难以承受。第三,政法战线意义上的检察官角色定位决定检察机关的组织结构不能异于其他政法机关。无论是为便于干部交流还是为便于党委的组织领导,检察机关的机构名称、规格设置、职务设计至少应与其他政法机关保持一定融通性。在目前政法委、法院、公安机关、司法行政机关科层结构没有质变的情况下,检察机关变化的空间和可能性很小。从制度设计上也可看出,新修订《人民检察院组织法》第18~19条对机构设置持保留态度,并没有明确基层检察院可不设业务机构。

二、司法体制改革过程中检察机关内设机构运行模式的变化

自2014年启动司法体制改革以来,"去地方化"和"去行政化"的改革目标屡被实务界和学术界提及。何为"去行政化"?有学者认为,"去行政化"就是破除司法机关行政化结构和行政式运行弊端,体现的是对司法机关内部关系的调整。[①] 现实是法院仍然被视为地方的一个部门,不仅没有杜绝行政权对司法权的干预,而且行政管理体制不断渗透到司法管理体制之内,导致司法行政化的后果。[②] 在"去行政化"对象选择上,有观点认为,部门内部行政化是司法行政化的具体表现,如案件办理过程中机关内部各种请示汇报和审批。[③] 似乎是为回应这些观点,在随后检察机关推行的司法责任制改革中,一个重大变化就是取消业务部门负责人的案件审批权,对于部分业务如侦查业务,业务部门负责人也仅保留审核权。随后,最高人民检察院在《关于完善检察官权力清单的指导意见》中进一步明确:"基层人民检察院业务部门负责人的审核权原则上应严格限制并逐步取消。"出现这些变化后,目前需要关注的是,"去行政化"后检察机关业务部门该如何运行,行政部门运行是否受影响。要回答这些问题,应先梳理检察机关内设机构运行的过去和现在。

(一)司法体制改革前内设机构的运行特点

司法责任制改革前,业务部门运行主要靠部门负责人行使审核审批权。无论是行政事务还是业务工作,业务部门负责人通过行使审核审批权能起两个作用。第一,程序流转控制。通过审核审批把住"入口",集中管理分配人员和部门工作;同时可以把住"出口",随时根据各项工作进度适当安排调整。这样部

---

① 张建伟:《超越地方主义和去行政化——司法体制改革的两大目标和实现途径》,载《法学杂志》2014年第3期,第41页。

② 黄桂晗、李晓东:《法院队伍职业化建设问题研究——以完善职业保障为重点》,载《光华法学》2014年第1期,第62页。

③ 郭利纱:《论我国司法改革的去地方化与去行政化》,载《烟台大学学报》(哲学社会科学版)2019年第1期,第51页。

门人员与负责人之间的联系就会变得频繁，负责人的地位和作用就得到体现。第二，监督各项工作特别是案件。即便持批判案件审批制立场的学者也不得不承认，行政化审批模式中的审核亦或审批都是监督制约机制，[①]行政审批制所带来的权力集中更有助于实现对检察权运作的管控。[②] 就司法办案活动而言，事中介入比事后监督更重要，错案造成的损失有时即便事后发现也很难挽回。在审批审核权的加持下，部门负责人的权力一般大于承办检察官，相应责任也大于承办检察官。按科层制逻辑，部门负责人的行政职务级别自然需要高于其他人员。

人员分类管理改革前，由于检察官与非检察官界限较为模糊，检察机关的行政部门运行类似于一种体内循环。除后勤保障、公文往来、档案管理、工资核算等一般性行政事务，很多关系检察工作发展的重要性、全局性综合事务实际是以人员流动轮岗的方式完成，如人大报告、宣传报道、经验材料等全院全区域的大型材料撰写并不完全靠行政部门。越是重要、综合性强的材料，越需要业务部门与办公室、宣传部门等行政部门共同完成。在涉及检察机关人财物保障协调、重大舆情处理等全局性工作时更是如此，背后原因其实很简单：这类工作既有普遍性又有特殊性，普遍性表现为流程行政化，特殊性表现为这类行政工作与检察业务的相辅相成。检察工作越专业化，与之相关的行政工作就越要考虑专业因素。不懂、不精检察业务很难在对外协调沟通中表达清楚意见、说清楚道理，提出符合检察工作发展规律的方案或意见建议。有观点对过去“办案人员—办公人员—领导干部”成长路径提出批评，认为这种“办而优则仕”的现象加深检察机关的行政化色彩，却没有辩证地看到检察院的人才需求。业务能力与管理能力毕竟存在一定差别，业务素质高是检察院领导干部的必要条件，但不是充分条件。[③]

（二）司法体制改革后内设机构的运行现状

司法责任制改革后，虽然业务部门负责人的案件审批审核权被弱化甚至取消，但部门内的行政事务，如外出培训、数据统计、调研宣传、政治学习、党风廉政等工作依然按审批审核方式运行。与过去相比，业务部门运行的最大变化是，部门负责人对业务工作一般承担组织协调职责。例如，根据《关于完善人民检察院司法责任制的若干意见》规定，业务部门负责人除办案外，主要负责调整随机分

---

① 参见董玉庭：《检察机关去行政化审批模式改革探析》，载《吉林大学社会科学学报》2015 年第 6 期，第 48 页。

② 参见杜磊：《检察官办案责任制改革探索》，载《环球法律评论》2015 年第 3 期，第 55 页。

③ 参见高继明等：《检察机关内部层级权限的优化配置》，载《人民检察》2017 年第 5 期，第 51 页。

案结果、组织研究业务问题、组织对下指导、召集检察官联席会议等。业务部门的司法办案活动主要由部门内办案组织独立负责,部门负责人不仅不能干涉具体办案事项,而且在组建办案组织时也没有指挥分配人员的权力,[①]更没有职务收取和转移的权力。在监督管理方面,业务部门负责人主要通过听取案件进展情况,依职权召集检察官联席会议等控制力较弱的方式履行监管职责。相比过去,司法办案活动中业务部门负责人与部门内检察官地位实际平等,没有清晰上下级之别,也没有可依托的办案事项形成"命令—服从"关系。部门负责人的政治地位和经济待遇更多依赖检察官等级而非行政职务级别。

人员分类管理改革后,行政部门已不能像过去般随意流动轮岗。原因在于:第一,流动的主观能动性不足。员额制实行后,原先具有业务能力的司法行政人员主动选择大量回流至办案岗位,遴选为检察官或转任为检察辅助人员,行政部门岗位内部吸引力降低。在一份司法改革后对自身岗位预期的调查问卷中,55.2%的受访对象选择了员额检察官,34.3%选择了检察辅助人员,仅有10.5%选择了司法行政人员。[②] 第二,检察官实行单独职务序列后与司法行政人员交流存在障碍。从检察官转任司法行政人员容易降低经济待遇,而且中央明确要求检察官不能配置在综合行政岗位。[③] 除检察长、副检察长因职务需要可分管行政工作外,由检察官专人专岗负责综合行政工作至少在政策上不提倡。从司法行政人员转任检察官则要经过遴选或重新计算业务工作年限,难度大、周期长。人力资源的重新分配客观造成检察机关行政事务压力增大。岗位职业预期的变化则导致行政部门吸引力大不如前。现只能采取两种方式缓解,一是将原先没有法律职业资格的人员调配至行政部门;二是通过外部交流渠道,从党政部门、人大、政协等途径调任部分人员从事综合行政工作。长此以往,行政人员不懂检察业务、不愿长期在行政岗位将逐渐成各地普遍存在的新问题。基层院原先政工、计财、宣传、文秘等重要行政岗位将缺乏合理有序的人才梯队,不利于今后检察工作全面协调发展。

三、当前检察机关内设机构设置与运行存在的问题

(一)内设机构设置难以保障检察人员内部流动顺畅

在实行检察官单独职务序列后,一个明显变化是检察官职务晋升不再依赖

---

① 《人民检察院组织法》第28条第2款规定:"由检察官办案组办理的,检察长应当指定一名检察官担任主办检察官,组织、指挥办案组办理案件。"

② 参见孙洪坤:《检察院司法行政事务管理权和检察权相分离研究——基于实证考察的分析》,载《东方法学》2018年第2期,第121页。

③ 参见《关于加强法官检察官正规化专业化职业化建设全面落实司法责任制的意见》(厅字〔2017〕44号)。

行政职级，等级设置和晋升方式已突破现有机构甚至机关规格限制。如基层院检察长的检察官等级经择优选升后能达到二级高级检察官，在经济待遇上已相当于甚至高于副厅级干部。从公务员分类管理制度看，建立检察官单独职务序列在现行干部管理体制下已是很大突破，在行政职数核定上很难另辟蹊径。既然检察官实行单独职务序列，检察官任命前的行政职务职级必然无法随检察官等级晋升并行调整。在一级高级以下检察官工资结构与行政职级工资结构无法对应情况下，[①]原先中央对检察官实行的干部职级高配政策已没有继续实行的必要。随之而来的便要考虑是否将部分地方检察机关内设机构的规格“打回原形”，严格对应“处、科、股”。此时，大体有两种人事方案可供选择。一种是按检察机关“科、处、厅”规格和内设机构数量重新核定领导职数和职级数。这样势必减少各地检察机关的领导职数和职级数。职务职级数减少后，无论是检察官转任退休，还是检察辅助人员、司法行政人员的职业发展，相比以前，可使用资源明显会减少。另一种是现有领导职数予以保留。该方案看似可行，其实缺乏操作性。一旦机构数量大幅减少，检察官等级与行政职级完全脱钩，业务部门领导职数即便保留，也不能全部用于检察辅助人员、司法行政人员的职务晋升。另外，受制于机构职能，检察辅助人员和司法行政人员也缺乏足够职位匹配领导职务，如现在检察官助理无法提拔至原先检察长、副检察长、检委会专职委员、政工科长所对应的领导职务级别。即便不做“减法”、升格行政部门，基于机构数量限制，行政部门能承载的领导职数也很有限，基层院领导职数必然闲置。总体来看，目前检察官单独职务序列还停留在经济待遇方面，暂没有波及其他人事政策。[②] 检察官等级和行政职级还将长期在检察机关并存，如何取舍还难以定论。大体上，无论最终选择何种方案，检察官单独职务序列越深入，检察机关内设机构设置的空间就越会受到限制。

（二）内设机构设置与人员分类定岗不够协调

从目前检察机关内设机构设置思路看，业务部门大体按照业务类别划分，如最高检设第一至第十检察厅，其职能大体按刑事、民事、行政、公益诉讼、控告申诉等类别来划分。行政部门的设置思路变化不大，大体还按机要、人事、宣传、财务等传统行政事务类别来划分。从人员分类管理改革设计看，目前检察人员分为检察官、检察辅助人员、司法行政人员三类，检察辅助人员又可分为检察官助

① 参见《法官、检察官单独职务序列改革试点方案》（中组发〔2015〕19 号）。

② 退休政策便是一个例证。参见《中共中央组织部 人力资源社会保障部关于实行单独职务序列后法官、检察官退休年龄问题的通知》（人社部规〔2017〕15 号）。

理、书记员、司法警察、检察技术人员四类。[①] 为达到人员分类管理应有效果，就要通过内设机构实现人员岗位意义上的分类，如检察官不能配置在综合行政部门，司法警察按编队管理等。但目前部门设置并没有完全考虑人员类别，业务部门中人员类别比较混杂，检察官、检察官助理，书记员、司法行政人员均可配置。在人员定岗上也没有体现出分类定岗、专人专职，如将检察官助理和司法行政人员混用在业务部门和行政部门。这样容易造成：第一，人力资源配置不够优化。如有的业务部门检察官多，检察官助理、书记员少，检察官与检察官助理、书记员之间难以同时形成多个办案组织，部分检察官要么单打独斗，要么共用检察官助理、书记员。有的业务部门检察官少，检察官助理、书记员多，只有一两名检察官，同样无法同时形成多个办案组织。第二，检察官助理各自为政，没有形成专门队伍管理机制。按目前部门设置思路，分散至部门的检察官助理相比检察官、司法行政人员并没有专属职业发展阶梯。与书记官室、技术部门、司法警察大队等平台和部门相比，也没有单独的部门或管理平台。检察官助理能否担任业务部门领导职务还缺乏法律政策指引，职业预期不明。在行政部门，检察官助理受身份所限，不能成为部门负责人。检察官助理作为检察机关体量较大、长期存在的职业群体，如果没有长效队伍管理机制，其稳定性、工作积极性容易受影响。

（三）办案团队与业务部门之间的运行关系没有理顺

司法责任制改革带来的变化不单是检察官个体权力的变化，还引发各地对组建新型办案组织的探索。除经《人民检察院组织法》确立的办案组织形式外，还出现了办案团队这一新型组织形式。办案团队追根溯源，应是从法院开始。不同于检察机关，法院的审判组织本就有合议庭和独任法官两种基本办案单元，均以庭室内法官为基础组建。在司法责任制改革中，法院的改革举措主要在两种基本办案单元的基础上组建审判团队。按《关于完善人民法院司法责任制的若干意见》中表述："基层、中级人民法院可以组建由一名法官与法官助理、书记员以及其他必要的辅助人员组成的审判团队，依法独任审理适用简易程序的案件和法律规定的其他案件。"也就是说，基层、中级法院的办案团队一般是指"法官＋法官助理＋书记员＋其他必要的辅助人员"。《人民检察院组织法》《关于完善人民检察院司法责任制的若干意见》虽没有就"办案团队"进行表述，但检察机关的独任检察官模式一般也是"检察官＋检察辅助人员"，从人员结构上看与法院的办案团队类似。司法实践中基于各业务部门人员配置比例不同，独任检察官不一定能配备检察辅助人员，或者配备的检察辅助人员实际与其他检察官共用。在没有新的官方概念之前，检察机关的办案团队理论上应指固定配备

① 这里的书记员一般指不占政法专项编制的聘用人员，不包括工勤人员。

必要检察辅助人员的独任检察官。相应地，中央要求科学组建新型办案团队，实现“术业有专攻”，赋予检察官对检察官助理的工作分配权、考核评价权、奖惩建议权也就有了着力点。明确检察机关办案团队基本结构后，反观办案团队与业务部门关系目前还有以下问题需要厘清：第一，办案团队与业务部门的隶属关系。按上述理解，办案团队应隶属于业务部门。但有的地方是将多个业务部门人员甚至不同检察院人员整合为办案团队，业务部门负责人只作为团队成员，实际变成业务部门隶属于办案团队。第二，办案团队负责人与业务部门负责人的关系。办案团队中若赋予检察官对检察官助理的工作分配权、考核评价权、奖惩建议权。如前所述，这些权力原属部门负责人，与其控制力密切相关。比如考核评价涉及德、能、勤、绩、廉五个方面，考核内容不光有司法办案工作，还有其他工作完成情况、廉洁自律表现等。现在部门负责人与办案团队负责人对团队内检察官助理的管理究竟是平行关系，还是“部门负责人—办案团队负责人—检察官助理”的层层把关关系，仍需要加以研究。

（四）行政部门的运行仍需要调整

目前，检察机关业务部门行政性的削弱与行政部门业务性的削弱似乎暗合现在我国司法行政事务管理权改革的方向。《中共中央关于全面推进依法治国若干重大问题的决定》中也提出：“改革司法机关人财物管理体制，探索实行法院、检察院司法行政事务管理权和审判权、检察权相分离。”从现在世界各国的司法行政管理权配置现状看，大体有三种模式：一是由政府的司法行政部门来管理；二是由司法机关自身来管理；三是由独立于政府和司法机关的第三方来管理。① 那么，可否专门设立机关负责检察机关的司法行政管理事务？如有学者建议，应当在中央和省级层面设立司法保障委员会，相对独立统筹法院预算拟定编制权。② 检察机关可否如法炮制，会同法院将司法行政事务按“外部剥离”模式管理？其实寄希望于外部专业部门支持司法机关依法独立公正行使权力的设想并没有回答好一些现实性问题，如“外部剥离”效率会更高吗？“外部剥离”能减少不当干预吗？如果没有解决这些问题，改变的只是检察机关对外协调联系的形式，在减轻检察机关行政事务上并无意义。一个例子便是当前全国各省市设立的法官检察官遴选委员会。新成立的人事组织并没有减少各级检察院人事工作量，反而在初任检察官遴选、逐级遴选、各级院员额比例调整等程序中，法

① 参见谢鹏程：《司法行政事务管理模式比较研究——司法委员会制度的宪法文本分析》，载《人民检察》2016年第12期。

② 参见李志明：《司法行政事务管理权配置——历史沿革、现实困境与发展趋势》，载《甘肃行政学院学报》2017年第1期。

院、检察院还有不少新增工作。[①] 在"去行政化"方面意义也不大,以人事和经费干涉检察权在世界各国检察制度本就是一个比较难解决的问题。对检察机关行政部门可能干涉业务部门的质疑并不能成为"外部剥离"模式合理的理由。在由专门部门负责检察院人事经费管理的国家,同样有质疑司法行政部门利用职权干涉检察权的争议。[②] 1949 年至 1958 年期间,我国也曾有过"外部剥离"短暂尝试,但没有积累足够经验。其实在我国,无论最终司法行政事务管理权是"内部分离"还是"外部剥离",只要司法机关(包括检察院和法院)政治地位相当于同级党委政府部门,司法机关主官不是地方核心领导层人员,[③]在人事经费等重要地方事权上就不会有主导权、话语权。司法机关争取支持的立场必然大于协调沟通立场,因为下级服从上级依然是天然的组织原则。

四、今后检察机关内设机构的设置与运行建议

检察制度法治化本就是中国特色社会主义检察制度的唯一选择,其机构设置与运行也必须顺应我国机构管理法治化的大势。根据《机构编制法制建设中长期规划(2009 年—2020 年)》《中共中央关于深化党和国家机构改革的决定》等文件要求,机构管理法治化目标主要针对几个突出问题:一是编制管理和机构设置缺乏刚性制约的问题;二是领导职数、机构规格和编制种类不统一问题;三是编制膨胀问题。一旦确立机构管理的法治框架,过去各地超职数配备领导干部、机构升格等管理乱象势必得到根治。检察机关内设机构的设置与运行也要迅速调整思路,分类调整内设机构设置,规范内设机构的运行。

(一)将业务部门与检察官单独职务序列深度融合

如前文所述,规格、职务、名称、职能、数量共同影响着检察机关内设机构的设置。为将检察官单独职务序列顺利融入业务部门建设,现阶段业务部门的设置因素应做部分调整。一是从职业发展角度,将业务部门规格置换为检察官等级。当前业务部门已难以按行政机构组建。检察官等级与行政职务职级脱钩后,业务部门已没有按规格设置的意义,部门内检察官交流转任为检察辅助人员或司法行政人员后不可能继续在业务部门担任领导职务,交流至其他国家机关任职时比照的也不是担任检察官之前的行政职级。检察官单独职务序列建立

① 2019 年修订的《中华人民共和国检察官法》第 16 条第 3 款规定:"省级检察官遴选委员会的日常工作由省级人民检察院的内设职能部门承担。"

② 参见施鹏鹏:《司法行政事务管理权与司法权的独立运行——法国模式及其批判性思考》,载《江苏社会科学》2016 年第 5 期。

③ 《全国人民代表大会常务委员会关于地方各级人民法院院长、人民检察院检察长可否兼任各级人民委员会的组成人员问题的决定》(1955 年 11 月 10 日)。

后，即便部门有规格，也无法限制检察官的等级晋升。比如，正科级业务部门内检察官依然可能晋升至四级高级检察官甚至三级高级检察官。反之，三级高级检察官担任基层检察院检察长也不应视为超规格配备干部。从完善检察官单独职务序列角度看，单是明确检察官的法律职务与等级还不够。以突出检察官办案主体地位为导向，至少应建立担任各级检察院业务部门领导职务条件与检察官法律职务、等级的对应关系，比如明确什么等级检察官可以担任省、市、县检察机关业务部门正职或副职，基层院副检察长是否可以担任地市级检察院业务部门负责人等。二是增加考虑人员类别因素，成立检察官专属的业务部门。不同检察人员身份和工作关系的变化将直接影响业务部门的人员配置和职务、岗位、职能的设计理念。从检察官和检察辅助人员配置现状看，除司法警察和检察技术人员大体按部门集中管理外，检察官和检察官助理均分散配置在各业务部门。检察官与检察官助理之间的配置始终难以做到比例均衡，检察官调用人员范围受制于部门检察官助理数量，“官多兵少”“案多人少”等现象再次出现。部门内各类人员关系交叉重叠，不易理顺。上下级关系不够明显，容易降低工作效率。最好的解决办法就是以检察官为主，将各部门人员类别单一化。业务部门按检察官等级高低在业务部门内重新构建“命令—服从”关系，实现部门事务“检察官管检察官，检察官指挥检察官”。同时，以不同类别检察辅助人员为基础，分类组建新的检察辅助机构。行政部门不再配置检察官和检察辅助人员。按上述调整，检察机关业务部门将类似于检察官集中管理使用平台，在组织形态上既异于行政机构，又能体现检察一体化精神。

（二）设立专属于检察官助理的检察辅助机构

从目前的机构设置趋势看，检察机关内设机构在类别上无疑将按《人民检察院组织法》第18～19条规定分为三类，即业务部门、检察辅助部门、司法行政部门。三类部门中，业务部门受检察官单独职务序列影响最大，检察辅助部门和司法行政部门的组织结构基本没有变化。从职业发展角度，在淡化业务部门行政色彩的基础上，今后“股、处、科、厅”规格的意义应更多指向检察辅助部门、司法行政部门。但操作时需厘清两个问题。一是内设机构数量与领导职数的关系。原先检察机关内设机构数量与领导职数呈对应关系，内设机构数量少，领导职数就会少。依前文所述，若以检察官类别和等级为核心组建业务部门，在核定领导职数时已没有必要将业务部门数量考虑在内。在未来进行三定时，只需建立检察辅助部门、司法行政部门数量与领导职数的对应关系即可。有观点认为，检察机关争取领导职数是一种“官本位”的表现，没有突出检察机关的司法属性。其实，“司法管理权＋检察权”才能真正体现检察机关的政治地位。一个国家的司法体制是由司法管理体制和司法运行体制构成的。[①] 从世界各国经验看，检察机关被称为“准司法机关”，虽在机构上隶属于司法行政机关，但在管理上许多国家特别是大陆法系国家都与司法机关相同或者相近。[②] 司法管理体制按行政科层模式管理并无不妥，司法管理部门依靠行政职级体现人员地位高低并不会影响检察机关的政治地位。反之在司法管理权与检察权集于一体的国家，如澳大利亚、加拿大、美国等国家，检察机关的政治地位并不低。二是应将检察官助理部门化作为突显检察机关司法管理权的重点，实现辅助办案事项“集中受理、轮流分配、事随人走、量化评价”。从四类检察辅助人员身份和配置现状看，检察技术人员和司法警察实际已实现单独部门化管理；书记员由于以聘任制为主，只需搭建集中管理平台即可，无需占用机构编制；唯独检察官助理没有单独部门化。其实，将检察官助理进行单独部门化管理并无制度障碍。目前，检察官助理实际参照综合管理类公务员职务职级确定等级，本就具备担任检察辅助部门正副职的资格。无论是司法办案活动还是处理其他事务，组成办案组织时，检察官助理与检察官依然是一种上命下从的指挥关系。将部门活动与办案组织活动分开，设置检察官助理专门部门并按行政机构模式管理早已在东亚地区盛行。在我国台湾地区，与检察官助理身份、职能类似的检察事务官也是集中运用，并非直接配给检察官。简单来讲，每一个检察官并没有确定的检察事务官，检察事务官也不专属于某一具体检察官。[③] 设立以检察官助理为主的单独部门，能在规格、职务、数量上完美承接原先检察机关业务部门的组织框架，盘活检察机关领导职数存量；在职务设计上与检察官助理等级序列、公务员管理制度相互对应，有效打破检察官助理职务晋升的“天花板”；在人员流动上为检察官助理提供更明确、多元的职业预期，引来“一泉活水”。

（三）加强办案团队的综合业务属性

若套用法院的办案团队组建思路，现阶段检察机关组建办案团队的意义并不大，将“独任检察官＋检察辅助人员”办案模式实行到位即可。按目前检察机关业务部门和行政部门的运行现状，办案团队的组建应立足于磨合处理两类部门之间的交叉性工作。与办案组织不同，办案团队还要负责协调处理综合性业务，工作范围可适当扩展至单纯的司法办案之外。与业务部门不同，办案团队结构较为松散、功能较为综合，属于以处理临时性业务工作为主的专班。这样定位

---

① 参见莫纪宏：《论我国司法管理体制改革的正当性前提及方向》，载《法律科学》2015 年第 1 期，第 27 页。

② 参见谢鹏程：《论我国的二元司法体制》，载《光华法学》2009 年第 2 期，第 136 页。

③ 参见万毅：《检察事务官：台湾检察系统的“王朝、马汉”》，载《检察日报》2015 年 4 月 7 日，第 3 版。

的好处在于，作为一种协调性组织，办案团队与业务部门、办案组织之间不会产生职能交叉冲突，更多以补位为主。作为一种临时性组织，办案团队也不会凌驾于业务部门之上，造成内部组织结构搭床叠架。另外，基于检察工作类别包括案件和业务事项的特点，组建办案团队可以摆脱单纯办案的束缚，有利于高效调动不同部门的人力。在团队结构上，首先，团队负责人应是经检察长指定的副检察长。《人民检察院组织法》第36条明确副检察长协助检察长领导本院检察工作，管理本院行政事务。任何一名副检察长本应同时分管部分司法事务和行政事务，副检察长应具有司法办案能力和行政管理能力。例如，某项临时性业务工作同时涉及刑事检察工作和计划装备工作，可由检察长指定一名副检察长负责统筹两个部门人员。检察长指定的事务范围不限于该名副检察长的分管范围。其次，团队的组成人员不限类别。涉及多个业务部门、行政部门组成的办案团队在协调处理相关事项时，相关部门人员可自由调度，任何人不得以岗位职责为由推托。例如，某办案团队由民事行政检察部门和办公室人员组成。团队负责人为处理具体事务可直接从民事行政检察部门和办公室抽调检察官、司法行政人员参加。在团队职责上，办案团队负责协调处理的事项不包括办文办会、资产核算、党风廉政建设等党务行政工作，必须兼具行政性和业务性。这类业务事项一般包括：向党委、人大、政协、上级检察汇报检察专项工作开展情况；迎接上级单位的专项督查、检查、督导，配合开展专项调研；本单位需要每年接受上级检察机关、地方党委考核检查的全局性、战略性工作任务，如全面深化改革、检察改革、依法治省（市、县）、综合治理、平安创建等；以单位名义开展舆论应对或类案指导工作，[①]包括发布典型案例、报送备选指导性案例、涉检舆情应对等。

（四）探索省以下检察机关人事工作派驻管理模式

司法行政事务管理权的独立性与司法权的公正性并不是绝对的正比关系。易受不当干预的司法权（地方各级领导干部利用权力不当干预司法）与专断的司法权（检察长利用权力不当干预下属办案）同样易陷入腐败和不公正。相反，司法行政事务管理权与司法权之间存在制约关系更有利于司法公正。《2018—2022年检察改革工作规划》中提出："完善市地级、基层检察院检察长由省级党委（党委组织部）管理、其他领导人员可委托当地市地级党委管理制度。"在推行人事省级统管或"省级托管＋市级统管"过程中，应更重视此项改革举措在提高司法管理效率上的作用。无论司法权属于中央还是地方，最关键的是确保各种

① 参见费元汉：《非程序性审判监督的反思与改善——以现行司法改革背景为视角》，载《光华法学》编委会编：《光华法学》2014年第1期，第62页。

势力不得干涉司法,无论其是否能够控制司法机关的人财物。① 若以效率为导向,人事统管制改革就必须要考虑如何高效地完成倍增的日常工作。比如各基层检察院检察长的选拔任用,省委组织部门或地市党委组织部门如何与省级检察院、地方人大形成常态化的工作机制,确保党管干部原则能落实到位。这里涉及改革的系统性、协调性问题,涉及人事的司法行政管理事务并没有进行大规模体制更新,实际变化的只是部分权力主体,大量的人事制度、组织程序、地方惯例并没有随之调整。如前文所述,基于地方检察院的政治地位,检察院的人事管理体制不可能做脱胎换骨式调整。但可以肯定的是,人事统管制改革越是落实到位,省级或地市级组织部门人事权越是会延伸扩张,省以下检察机关在人事上将越没有话语权。现在需要考虑的是,如何在人事统管制改革落实后让各级院日常人事工作更高效地流转。可借鉴纪检监察机关的派驻模式,以分散化的方式加强集权,实现集权与分权间的动态平衡。② 省级或地市级组织部门要想有效管理基层检察院干部、高效办理日常事务,可设置若干派出组织代表上级单位行使权力。具体可根据统管层级将原先检察机关政工部门人员的编制划转至省级或地市级组织部门,再根据各地工作情况派遣本单位人员或商各级党委、政府选调部分组织系统人员调入派驻机构。各地派驻机构与派驻纪检机构一样,专门代表省级或地市级单位开展日常人事工作,行使部分省级或地市级人事权力,有条件的省份或地市还可定期轮换工作人员。这样做的好处在于:第一,地方各级领导干部、各级检察机关检察长利用人事权不当干预司法的可能性会更低。第二,地方各级检察机关人事工作的协调成本大幅降低。第三,便于省级或地市级组织部门与各级检察机关党组沟通,能相对中立客观地了解评估派驻单位的人事状况,便于开展干部日常管理考核工作。

Probing the Establishment and Operation of Institutions Within the Procuratorial Organs

Fan Sili　Jiang Wei

Abstract: The establishment of internal institutions is subject to rank, duties, names, functions, and quantities based on China's management system when setting up the rules for the establishment and operation of institutions within the procuratorial organs. After the reform of the judicial system, the internal

① 参见姚国建:《中央与地方双重视角下的司法权属性》,载《法学评论》2016 年第 5 期,第 94 页。

② 参见董娟:《当代中国政府行政派出组织研究》,人民出版社 2015 年版,第 286 页。

organization shows a trend of differentiation of judicial and administrative. In the long run, in order to achieve the goal of judicial system reform, the personnel rights of procuratorial organs below the provincial level can be appropriately transferred, and case handling department, procuratorial auxiliary departments, and administrative departments can be classified and set up, while improving the comprehensive business attributes of the case handling team.

Key words: procuratorial internalinstitutions establishment operation

"枫桥经验"在检察机关主责主业中的运行机制研究
——以某G基层人民检察院为分析样本

■ 四川省成都市金牛区人民检察院课题组*

[内容摘要] "枫桥经验"是成功化解基层社会矛盾的本土经验典范,发挥"枫桥经验"是我国政法条线机关的一项基本任务,但检察机关应如何运用发扬这一经验,尚存在诸多理论与实践困境。以G基层人民检察院为分析样本可知,围绕检察工作主责主业开展"枫桥经验"创新实践已有了一定的突破。但是,当前仍然存在理论认知不足、主责主业切入困难、多元力量发挥不足等突出问题。完善路径在于,以提升检察工作综合能力为抓手,推动矛盾多元化解以落实主责,深化法律预防机制以构建综合治

* 基金项目:本文系四川省成都市人民检察院2018年度检察理论研究课题"新时代枫桥经验与社会治理创新"(CDJC2018C02)的最终成果,课题组成员为秦宗龙、李薇薇、黄俊杰、任柏圯。
秦宗龙:四川省成都市金牛区人民检察院副检察长。
李薇薇:四川省成都市金牛区人民检察院检察委员会专职委员。
黄俊杰:四川省成都市金牛区人民检察院员额检察官。
任柏圯:四川省成都市金牛区人民检察院干警。

理机制等，以期为检察机关践行“枫桥经验”提出可资借鉴的实施路径。

[关键词] 枫桥经验 检察职能 主责主业

一、问题的提出

20世纪60年代初，浙江枫桥创造了“发动和依靠群众，坚持矛盾不上交，就地解决，实现捕人少，治安好”的“枫桥经验”，于1963年11月得到毛泽东同志的批示“要各地仿效，经过试点，推广去做”，从而在全国推广。① 随后“枫桥经验”率先提出社会治安综合治理的口号，就地调解了大量矛盾纠纷和一般治安问题，实现“小事不出村，大事不出镇，矛盾不上交”，将矛盾纠纷化解在基层，致力于达到“捕人少、治安好、产量高”的效果，开创了“机制好，防范早，矛盾少，民安民乐民富”的新时代。②

习近平总书记在浙江工作时就强调，要充分珍惜、大力推广、不断创新“枫桥经验”，最大限度发挥“枫桥经验”的积极作用，促进经济、社会和人的全面发展；后又要求各级党委和政府要充分认识“枫桥经验”的重大意义，把“枫桥经验”坚持好、发展好，把党的群众路线坚持好、贯彻好。③ 2018年中央政法工作会上提出，政法机关要对新时代“枫桥经验”进行总结、提炼，推动其由促进乡村治理体系建设向促进城镇、社区治理体系建设延伸，提升城乡基层社会治理现代化水平。

可以说，“枫桥经验”是我国政法综治战线的一面旗帜和社会治理的金名片，是不断推进和实现市域社会治理现代化、建设社会主义现代化强国的重要法宝。国家司法机关应是传承、创新、发展“枫桥经验”的重要力量，现阶段的研究已经较为集中地关注到党政机关、人民法院在参与、运用、发展“枫桥经验”上的制度实践和理论总结；④但较之于此，检察机关如何运用“枫桥经验”并提升治理效能，却缺乏相应的理论探讨，也困扰着基层实践，这与检察机关作为国家司法机关的角色定位，以及在市域社会治理体系的地位不相匹配。本文拟以我国西部某基层检察机关G院的检察工作实践为立足点，对G院运用“枫桥经验”进行

---

① 参见孟建柱：《加强和创新群众工作为全面建成小康社会创造和谐稳定的社会环境——纪念毛泽东同志批示“枫桥经验”50周年》，载《求是》2013年第21期，第3~6页。

② 参见钱昌夫：《“检调对接”的理性思考》，载《河北法学》2011年第8期，第198~200页。

③ 参见金伯中：《新思想孕育新经验——对新时代“枫桥经验”的一点认识》，载《浙江警察学院学报》2018年第1期，第15~18页。

④ 参见廖万春：《新“枫桥经验”语境下基层司法参与基层社会治理的因由及路径》，载《社会科学家》2019年第3期，第124~132页。

分析和总结,梳理出普遍性问题,并就检察机关如何发扬“枫桥经验”的基本思路进行总结。

二、“枫桥经验”与检察工作的内在联系

“枫桥经验”作为我国非正式法律制度中寻求化解社会矛盾问题的典范,沿着“产生——坚持——创新——发展”的历史轨迹,形成了一套比较成熟的理念和机制。作为一项直接指向矛盾纠纷化解的基层治理经验,其似乎与检察机关作为国家公诉机关、法律监督机关的专业职能并不相关。这似乎也成为当下将“枫桥经验”嵌入检察机关工作的难点所在。然而,细致剖析“枫桥经验”,不难发现其有最为突出的两大制度内涵:一是“坚持群众路线”。作为主体的“群众”既是实际参与人,也是直接受益人。二是“化解矛盾”。这是精髓,更是本质,是“枫桥经验”存在的价值性。事实上,限定在这两大制度内涵之内的“枫桥经验”不仅不会与检察工作相差甚远,甚至还具有相当程度的内在联系。

第一,“枫桥经验”与检察工作理念存在一致性。检察机关在办案主责、监督主业中贯彻的谦抑审慎原则、宽严相济刑事司法理念和认罪认罚从宽制度,与“枫桥经验”所倡导的教育、感化、挽救理念一致,均以人权保障为出发点,是坚持以人民为中心进行司法活动的内在要求,能有效发挥德治教化作用、提升市域社会治理内力。

第二,“枫桥经验”与检察工作职能存在一致性。“枫桥经验”的社教、犯罪防控、矛盾化解、流动人口管理、司法调解等模式,与检察工作在履行办案主责时所采取的刑事和解、法律援助、司法救助、不起诉和社区矫正等工作异曲同工,均遵循明确的主旨,多措并举推动社会善治,达到政治效果、社会效果、法律效果的有机统一。

第三,“枫桥经验”与检察工作方式存在一致性。“发动和依靠群众”表现为检察机关在办案中要加强与各办案单位的沟通并听取意见,认真听取当事人诉求,在履行监督职能时要依靠群众开展检察工作,更多地发挥群众的监督功效,最终使群众认同、配合、支持检察工作。“坚持矛盾不上交、就地解决”表现为履行主责主业遭遇困难时,主动寻求解决之道,努力将矛盾化解在第一线。

这种内在关联性,启示了将“枫桥经验”嵌入检察工作的制度指向:

一方面,宽严相济刑事理念是检察工作必须遵循的应有之意。“枫桥经验”要求综合运用政治、法律、文化、教育等手段,配合打击、防范、教育、预防等工作,避免“治标不治本”,这与检察机关秉承谦抑精神一脉相承。故检察机关要跳出事后惩治犯罪、化解矛盾的传统思路,树立全新治理理念。这既能化被动为主动、从源头上消灭不和谐因素,还能显著提高治理效能,真正实现国家长治久安。

另一方面，调动群众力量化解纠纷是基层检察的职能所系。“枫桥经验”是坚持、贯彻群众路线的实践成果，其发展创新离不开群众参与。检察职能不能仅是司法办案和法律监督，化解社会矛盾、提升社会法治化水平也是检察机关的职责之所在。而“枫桥经验”强调在社会治理中尊重传统乡土社会规则，调动群众自治力量，实现“就地化解矛盾”的目标，给检察机关提供了样板，而这也是发挥自治基础作用的题中之义。近年来各地兴起的“基层检察室”便是最好的借鉴。

三、G院践行“枫桥经验”的运行机制分析

课题组以某基层人民检察院（以下简称G院）为分析样本，详细考察了该院在践行“枫桥经验”中的创新实践，为“枫桥经验”嵌入检察机关工作提供了良好的观测和总结样本。

（一）基本思路：以群众主体立场检视主责主业

G院认为，“枫桥经验”的核心本质是坚持群众路线，将群众主体置于中心地位。围绕检察机关主责主业，践行“枫桥经验”的基本思路，则是立足群众立场，坚持群众路线，促使检察主责主业符合群众的期望与要求。

第一，严厉惩治影响社会稳定的刑事犯罪，保障最广大群众的生活安宁。在扫黑除恶专项斗争、禁毒整治等工作中积极展现检察担当，严厉打击涉黑涉恶案件并深挖彻查黑恶势力背后的关系网和保护伞。依法打击网络传销、“套路贷”等新类型经济犯罪，加大打击合同诈骗、非法经营、强迫交易等破坏市场诚信犯罪的力度，积极参与互联网金融风险防范和处置，从严惩处危害金融安全刑事犯罪和侵犯民营企业财产权、创新权益、自主经营等各类犯罪，为经济高质量发展提供有力司法保障。在打击犯罪的同时注重追赃挽损，努力使群众减少损失，不断提升人民群众的安全感和幸福感。如办理某非法集资案时，G院历时三年共追赃挽损上亿余元。

第二，着重发挥刑事法律监督职能，将加强人权保障纳入检察工作的全域全局。建立健全派出所巡回检察监督机制，通过分片对接、建章立制的方式强化对公安派出所刑事侦查活动的监督，多次纠正不应当立案而立案和应当立案而不立案。强化刑事审判监督，年均书面纠正刑事审判活动违法数十件。[①] 严格贯彻落实宽严相济刑事司法政策，对涉嫌犯罪的外来人员、“三无人员”平等适用非羁押性强制措施，实现对此类人员的逮捕理念从“构罪即捕”向“确有必要才捕”的转变，保障了对于犯罪行为的性质、危害程度等方面大体相同的犯罪嫌疑人不因其社会地位、贫富状况以及地域界限的不同而导致适用法律上的差别，充

① 本文所统计的数据均限于2017年至2019年。

分体现“枫桥经验”所提倡的少捕慎诉理念。

第三，补强民事行政检察监督工作，增强公益诉讼工作效能。G院坚持多元化监督格局，不断强化对法院民事行政裁判结果、审判程序、执行活动的监督和对行政机关行政违法行为的监督。注重向群众宣传民行检察监督职能，依法耐心处理群众申请的监督案件，年均审查处理20余件依申请案件，认真听取当事人意见，并做好不予受理、不支持监督申请案件的服判息诉工作。充分发挥检察机关提起公益诉讼制度效用，稳妥推进公益诉讼工作，聚焦食品药品安全、生态环境和资源保护、国有财产保护、国有土地使用权出让四大领域，会签文件加强协作配合。积极开展“保护千家万户舌尖上的安全”和“扬尘污染”公益诉讼专项监督活动，共摸排行政公益诉讼线索20余件，立案近20件，提出诉前检察建议十余件。

(二)基本方法：围绕主责主业推动矛盾纠纷化解

第一，深入开展刑事和解工作。以“枫桥经验”为指导，坚持矛盾不上交、就地解决，以“检调对接”模式积极开展刑事和解，对符合条件的案件进行调解，引导双方当事人达成和解协议，或鼓励当事双方自行达成和解协议，对经审查认可的，依法作出不批捕、不起诉等从宽处理决定，既充分节约司法资源，也有效地消除案件双方当事人的对立和敌视情绪、缓和矛盾。同时，规范刑事和解案件的告知、审查、处理程序，完善监督制约机制，加强对刑事和解案件的审查监督和跟踪回访。因刑事和解不捕、不诉比例年均上升约20个百分点。

第二，健全释法说理制度。G院在坚持少捕慎诉的同时，强化对不立案、不批捕、不起诉、不支持监督申请的释法说理工作，根据案件需要向相关部门和当事人释明案件事实和法律依据，增强群众对检察工作的信任和认同，减少群众对检察工作的误解和隔阂，最大限度地减少社会对抗、促进社会和谐。年均制发说理书200余份，无一申诉和复议。

第三，开展公开听证和公开答复，提升执法透明度。打造“阳光检察”，将检务公开与羁押必要性审查、刑事和解等具体工作相结合，通过开展公开听证和公开答复接受各方监督，做到以公开促公正，以公开赢公信。进一步完善公开听证制度，将公开听证模式由过去的单向听证转变为双向互动，切实发挥公开听证的作用。对社会关注度较大、当事人反映强烈的案件，坚持公开答复，及时公开执法过程和结果，赢取社会各界信任。仅2018年就组织犯罪嫌疑人家属、辩护人、被害人、诉讼代理人、人大代表、政协委员、社区代表和媒体公开听证十余起重大疑难复杂案件。

第四，创新信访工作解决诉求。一是严格落实首问负责制和承办人全程负责制，主动向申诉人告知案件办理信息，保证申诉人每次来访、来电均能得到及时有效交流，畅通群众诉求渠道。充分利用视频接访系统、电话、微信等便捷方式，及时依法向申诉人通报案件办理情况，所办刑事申诉案件均实现了案结事了，从未发生信访安全事故。二是强化领导担责，创建了科长、副检察长、检察长“三长”接访制度，明确规定首次来访科长参与、二次来访副检察长参与、三次来访检察长参与，有效加大矛盾化解工作力度，协调解决群众诉求。三是加强与辖区司法局和律协的联系，充分发挥公益律师等第三方参与化解和代理检察环节涉检信访案件的优势，提高办案公信力，推动矛盾化解。共邀请公益律师参与20余件涉法涉诉信访案件。

第五，实施分类有效的司法救助，彰显司法温度。一是积极推进国家司法救助，率先在该市执行国家司法救助量化标准和开展公开审查，主动争取地方党委、政府及相关部门的支持，通过建章立制的方式将国家司法救助工作以目标任务的方式分解到相关职能部门，对符合救助条件的申诉人实现“应救尽救”，持续加大支付救助金救助力度。司法救助人数和金额分别年均增长41.4%和63.8%，良好展示了“枫桥经验”化解矛盾、改善民生、促进和谐、维护稳定的内蕴。二是综合运用社会调查、心理矫治、考察帮教、法治教育和强制亲职教育等手段，对涉罪未成年人进行“订单式”矫治，有针对性地开展挽救、教育、帮扶工作，促进涉罪未成年人有效回归社会。共对近20名涉罪未成年人进行矫治，所有附条件不起诉人被作出不起诉决定后无一人再次违法犯罪。同时，依法严惩强奸、猥亵、组织、介绍、容留卖淫等各类性侵害未成年人、危害未成年人健康成长犯罪，综合开展司法救助、法律援助、心理疏导和抚慰等工作，尽力抚平犯罪行为对未成年被害人造成的身心伤害，助其顺利回归生活。对多名未成年被害人开展40余次心理抚慰，发放近20万元司法救助金。

第六，推动检力下沉送法基层。G院于2014年率先在该市成立具有正式编制的街道检察室，采用“院—室—站”工作模式设立4个驻街道检察工作站，全面辐射辖区所有街道。街道检察部门充分发挥扎根基层、贴近群众的优势，始终把排解矛盾纠纷、参与涉检信访、为民排忧解难作为工作目标，将各职能部门检察工作与社会治理紧密联系，以加强基层法律监督，提升检察机关在基层的公信度，真正做到检察服务到基层。三年来走访辖区各街道、社区上百次，每年上门为街道、社区、企业提供专门法律服务40余次，参与化解信访纠纷百余件并协助有关部门妥善应对辖区涉稳事件。

（三）配套机制：以系统思维强化综合治理

第一，延伸办案效果，充分发挥检察建议作用。G院注重立足司法办案本身，加强案件分析、总结、提炼，深入研究相关犯罪特点和规律，排查发现案件背后的社会风险隐患，进一步增加检察建议、纠正违法通知书等监督形式在实践中的运用,及时反映根据案情发现的问题,并针对问题提出对策,防止相关违法犯罪行为的再次发生;同时,以制发检察建议为契机,改变以往邮寄送达的方式,通过当面送达主动与相关单位就发现的问题进行面对面交谈,指明问题的危害性及严重性,要求拿出切实有效的方案,以督促单位能够正确正视、认真整改,减少社会不安定因素,有效提升社会治理法治化、规范化水平。共向党委政府和相关部门、单位提出加强社会治理、防范违法犯罪的检察建议 10 余份,均收到回函,推动从源头上解决了一批影响社会治理的突出问题。

第二,加强决策参考工作效能,做好风险防控。进一步规范和加强决策参考工作,有效发挥决策参考在促进社会治理中的重要作用,促进在更大范围、更深层次解决影响经济发展、社会和谐稳定的突出问题。共撰写决策参考 20 余份,为党委政府决策提供参考。

第三,紧跟全新时代,打造“互联网+”社会治理新模式。(1)依托“立体化网阵”全力推进阳光检务。充分利用移动互联网平台的传播优势,积极打造检察门户网站、官方微博、微信“三位一体”检务公开网络阵地,加大对执法办案信息的发布力度;注重提升官方微博和官方微信公众号的信息原创度和刷新率,坚持每个工作日推送检察动态、每日案讯、法治新闻和犯罪预防宣传信息等内容,重点以通俗易懂的语言对精心选编的、鲜活的常见案例和典型案例进行针对性地宣传,推动阳光检务进入“微时代”,引导培育法治社会新氛围。(2)利用新兴媒体实现网上检察服务。G 院将线下控申业务功能进行整合升级,对控告、刑事申诉、民事行政申诉、国家赔偿和国家司法救助等业务开通网上受理、网上回复等“一站式”服务,方便群众控告、申诉、申请,不让群众“跑空”;利用互联网开展视频接访,配置远程视频接访系统,让群众在家门口就能“一键信访”,真正做到“让数据多跑路、让群众少跑腿”,实现快速集合矛盾各方进行协商、高效有序化解矛盾纠纷、减少当事人诉讼成本、满足群众多元纠纷需求。

四、检察机关发挥“枫桥经验”的现实困境

G 院的制度实践表明,枫桥经验与检察职能的发挥并非是互不相干的,两者有着紧密联系。然而,这一工作的推动仍然面临制度困境,亟待解决。

(一)理念认知上存在困惑

课题组在调研中发现,实务中对“枫桥经验”的检察路径主要有两方面困惑。有观点认为,“枫桥经验”作为一种基层治理方式,更多是党委政府、社团组织、社区及村级组织共同参与,极少有司法机关直接介入。“枫桥经验”利用社会资源来分流和化解纠纷实际采取的是司法大众化的方式,若无严格的法治标准,过于追求社会效果就会影响司法的统一性、严肃性和权威性。而如柯克所

言，法律乃一门艺术，一个人只有经过长期的学习和实践，才能获得对它的认知；司法是运用法律裁判纠纷的专门活动，也是一门专门技艺。[①] 检察机关作为国家法律监督机关，应严格按照法律规定行使司法职能，走专业化、职业化道路，不宜过多介入大众化的社会治理。因此，如何正确处理检察官专业化和司法大众化的矛盾面临挑战。

此外，基层检察机关“案多人少”的矛盾尤为突出。若在检察工作中机械践行“枫桥经验”，使对这一经验的坚持脱离检察主责主业，势必会进一步增加检察官的工作量，导致工作效果不尽如人意。部分人士对检察机关能否在两者间找到契合的切入点、坚持自我定位运用好枫桥经验，保证不缺位、不失位持有怀疑态度。

（二）践行主责主业存在切入难题

一是矛盾化解机制尚未完全建立。这表现为，“枫桥经验”中的有益成分，尚未完全切入。虽然当前 G 院通过建立办案风险评估、预警、处置和说理等制度，并采取多种方式化解矛盾，但还有进一步提升空间，如调解工作适用面较窄，多适用于刑事和解范畴，检调对接机制亟需扩展和深化；检察办案工作多在刑事诉讼程序中开展，没有很好发挥预防犯罪作用，化解矛盾相对滞后；部分不捕不诉的释法说理针对性不够强、理由不够充分，公开听证及答复不够丰富，[②]导致少许办案单位及案件当事人甚至人民群众对案件处理结果不满意、不支持，没有完全达到案结事了的目的，甚至还引发个别当事人重复访、越级访等情形。

二是刑事羁押工作还需完善。虽然 G 院积极推行平等羁押工作机制，但仍有部分犯罪嫌疑人严重违反监视居住或者取保候审规定影响刑事诉讼活动顺利进行，从而重新报捕后被逮捕。[③] 这就致使部分检察官在适用平等羁押原则时担心未被羁押的犯罪嫌疑人脱逃过多，妨碍刑事诉讼活动正常进行、影响社会安定和谐。虽然近年来 G 院不羁押率有所提升，但和其他先进地区相比，非羁押率和不起诉率仍然过低，[④]片面追求打击、忽视教育的现象仍然存在，宽严相济刑事政策的运用水平还有待进一步提高。

三是司法救助功效没有充分发挥。例如，目前检察环节的救助模式主要为

---

① 参见李栋：《英国普通法的“技艺理性”》，载《环球法律评论》2009 年第 2 期，第 35 ~ 46 页。

② 参见薛培、杨辉刚：《实证视野下不批准逮捕案件法律说理制度之探讨——以成都市检察机关为视点》，载《光华法学》2010 年第 1 期，第 146 ~ 157 页。

③ G 院 2016 年至 2018 年违反取保候审监视居住规定被逮捕的人数年均上升约三成。

④ 如近三年全国非羁押率一直低于 50%，参见陶杨：《轻罪案件非羁押化问题研究》，载《中国刑事法杂志》2017 年第 6 期，第 131 ~ 142 页；而山东某地 2017 年非羁押率达到 73%，远高于全国平均水平和该院，参见陈星亮、张春燕：《非羁押诉讼的智能化监督》，载黄河主编：《深化依法治国实践背景下的检察权运行——第十四届国家高级检察官论坛论文集》，中国检察出版社 2018 年版，第 628 ~ 637 页。

控申部门牵头、各业务部门提供案源的救助,附带着未检部门的特殊救助,该模式显著呈现出两大特征,即更多地采取现金救助以及更多的由检察机关实施。这种模式带来的弊病就是较少考虑救助对象的实际情况;现金救助大多只能解决被害人燃眉之急,缺乏对救助条件详细考察并针对性救助;司法救助与法律援助、帮扶救助和思想疏导等结合不够。再如,未成年人特殊救助虽然引入了法律援助、考察帮教、强制亲职教育、心理干预等措施,但存在形式化、成人化和模式化等问题。而检察机关的“单打独斗”毕竟能力和资源有限,不可能人人、事事、面面俱到,与其他部门的协作配合缺乏以及多元社会参与支持体系尚未建立等也导致救助针对性不强,如矫治涉罪未成年人的社会关注度不够、社会资源支持较少,涉罪未成年人就学、就业、回归社会难,社会力量支撑缺乏专业性、系统性、连贯性。

四是刑事和解功效有待提高。刑事和解的本意是通过当事人自愿协商解决纠纷来有效促成案结事了,以契合“枫桥经验”说服教育的理念和调解化解矛盾的策略,以及实现“案结事了人和”的重要目标。实践中有两点问题:首先,部分群众对刑事和解有不同认识,认为这与民事诉讼中双方真实意思表示不同,是“有钱人的游戏”“花钱免罪”等。① 这导致检察官在运用时担心受到群众尤其是被害人的不理解甚至是非议。其次,“枫桥经验”是一个灵动的综合性经验,以解决纠纷、化解矛盾为主要目标,过程中不甚强调遵守法律和制度规范,致使有些检察官片面理解案结事了,以及“强制调解”“诱惑调解”等“和稀泥”现象出现。这既损害当事人权益,丧失司法公信和权威,对处理其他纠纷也难以发挥规范导向作用。

(三)发挥多元力量的能力存在不足

从上文可知,目前检察机关践行“枫桥经验”的方式主要表现在刑事工作方面,在民事、行政和公益诉讼等工作的潜力还有待进一步挖掘,“四大检察”平衡协调发展还有待提高,尤其在民事、行政和公益诉讼检察工作中,发动和利用其他社会组织、基层自治组织和群众参与工作的能力还需增强。在履行办案职责时仍会出现“就案办案”情形,不能综合有效运用多种方法、调动多方力量解决矛盾纠纷、参与社会治理。虽然在检察实践中邀请了部分人大代表、政协委员、人民监督员参加案例和事例公开听证,也会依靠个人、社区、行业协会等参与刑事和解,委托公益律师对涉罪未成年人开展社会调查,委托公益组织、心理治疗

---

① 如群众对2018年河南省平顶山市鲁山县人民检察院一强奸案提出质疑,参见《河南鲁山县回应冰释前嫌:报告都是系统内部统一来弄》,载百家号,https://baijiahao.baidu.com/s?id=1612392764483461658&wfr=spider&for=pc,2019年1月8日访问。

室等专业人士或机构对涉案未成年人进行矫正、救助等，但这仅仅是个案需求，缺乏与其他社会主体和群众等建立长期深入的合作关系如与基层刑事法律援助合作深度不够，①解决涉及群众切身利益的问题和矛盾的方式不够多样，不能很好地满足群众在新时代的司法需求。同时，检察机关也没有建立一个良好的平台让其他社会主体和群众发挥力量参与进来，部分社会主体和群众不知道该向何部门举报以及如何举报，如行政执法、公安、检察、法院执法信息壁垒在一定程度上仍然存在，"行刑衔接"机制作用未能得到很好发挥，导致检察机关监督线索来源少、公益诉讼案件数量相对较少、缺少有影响力的案件和监督效果不明显等短板就与此相干。此外，群众工作能力的欠缺致使与群众尚未建立亲密友好互信的关系，少数群众对检察主责主业工作产生疑虑，即使有监督线索也不愿向检察机关提供，加之检察机关在搭建让群众参与的平台以及广泛宣传让群众发挥力量参与等方面工作不足，部分群众不知道该向何部门举报以及如何举报，没有真正实现"枫桥经验"中关于"发动和依靠群众"的要求，在激发和撬动社会力量方面还需进一步提升。

五、检察机关推动发挥"枫桥经验"的优化路径

当前检察机关对于"枫桥经验"的理解主要集中于释法说理、检调对接、刑事和解和法律监督等零散检察工作板块，尚未形成理论体系。因此，有必要进一步提升政治意识和大局意识，在立足各项检察业务工作的基础上，系统梳理检察工作与"枫桥经验"的关系，发展新时代"枫桥经验"检察版内涵，不断丰富检察理论实践知识。

一方面，要坚持注重运用法治思维与法治方式这一根本。法治思维与法治方式是一种追求公平、正义，保障权利与自由的思维与方式。② 将"枫桥经验"与法治思维、法治方式相结合，既能为市域社会治理现代化提供法律支撑，又使"枫桥经验"在法治的轨道上得以创新发展。检察机关作为司法机关，理应带头践行法律，并在法治基础上创新发展"枫桥经验"。

另一方面，要坚持注重科学平衡大众化和专业化之间的矛盾。"枫桥经验"在检察系统的应用目的，并不在于将检察机关塑造为基层社会治理中单一的调解机构，而应是将两者有机结合。故检察机关既需要全面对接基层社会

① 参见彭世忠、杨继文：《基层法律援助改革实证研究——以温江区司法局的地方探索为例》，载《光华法学》2019 年第 1 期，第 31～48 页。

② 参见尹华广：《"枫桥经验"法治化的实践路径》，载《绍兴文理学院学报》（哲学社会科学）2018 年第 1 期，第 75～79 页。

治理,也需要坚持行使职权的专业化,准确追求职权法定性与效果充分性之间的有机统一。

(一)将提高检察工作能力作为完善抓手

应结合检察主责主业工作与"枫桥经验"内在联系练好内功,围绕两者的契合点、发力点多角度提升检察工作综合能力。一是提高理解领会能力。在加强新时代"枫桥经验"检察版内涵提炼的同时,要引导检察干警自觉提高对"枫桥经验"的认识和理解,拓宽学习"枫桥经验"的广度和深度,将"五个坚持"和"三治融合"与检察主责主业工作紧密结合,主动将"枫桥经验"的精神内涵渗透到检察工作中,让检察干警清楚认识到"枫桥经验"嵌入检察工作是可行且必须的。二是提高综合能力。积极践行"在办案中监督,在监督中办案"新理念,既要有机统一办案主责和监督主业,更要延伸检察职能,充分考量"枫桥经验"精神内涵并用于丰富检察主责主业,不断增强检察工作实效。要持续增强检察干警群众观念并践行"以人民为中心"理念,引导检察干警不断完善群众工作方法,改变以往在接待群众中存在的冷漠生硬、应付了事甚至快速打发走等现象,以提高检察干警沟通与服务群众、了解群众疾苦和需求、关心与关爱群众以及疏导群众情绪和化解群众纠纷等群众工作能力为抓手,促使检察干警能够真正做到"发动和依靠群众"。要提高检察干警化解矛盾能力,引导检察干警坚持以问题为导向就地化解矛盾、定分止争,促进当事人息诉罢访,在履职检察主责主业时由"结案了事"向"案结事了"转变,力争做到政治效果、社会效果、法律效果相统一。

(二)落实主责:推动矛盾多元化解

第一,继续做好轻微刑事案件下行工作。"枫桥经验""矛盾不上交"的就地化解或下行矛盾思维,对检察机关贯彻宽严相济刑事理念、化解"案多人少"矛盾具有很强的现实指导意义。"案多人少"矛盾的根本不在于"人少",而在于"案多"。因此,可借鉴"枫桥经验"的先进做法,对可能被判处3年有期徒刑以下的轻微刑事案件如盗窃、危险驾驶、轻伤害等案件进行民事、行政制裁或不捕不诉等多元方式以分流或下行。这既能解决"案多人少"的矛盾,还能够加强对群众乃至社会大众的普法教育,有效缓和乃至化解社会矛盾。

第二,扎实开展不捕不诉,做好释法说理。针对轻微犯罪,要综合审查犯罪分子的犯罪情节、悔罪表现、个人情况、家庭情况和保证情况等方面,对轻微犯罪符合不捕不诉条件的,应依法不批捕不起诉。可探索建立风险评估机制,通过对犯罪分子不捕不诉的量化判断,在法律范围内进一步提高不捕不诉率,缓和社会矛盾。同时,还要高度重视释法说理工作,力争做到每件不捕不诉案件均说理。既要向犯罪嫌疑人说理,及时进行法治教育,陈明利害,避免其有脱逃的倾向和行为；又要向被害人和群众说理，打消其对不捕不诉决定的疑惑乃至愤怒，争取其对检察机关的信任，从根本上做到案结事了、消除社会矛盾，发挥好检察办案对社会治理的规范导向作用。

第三，完善检调对接机制。适应新时期社会结构和利益格局的多元化发展趋势，充分汲取“枫桥经验”解决矛盾的经验和方法。立足司法办案，以刑事和解为切入点，从理念、机制、方式等方面完善检调对接机制、程序和效果。开展“检调对接”时，要坚定情理法统筹思维，遵循法德兼治内在要求，处理程序和方式上既要立足法律根本又要充分考虑情理因素，可向人民法院学习和借鉴丰富的调解经验，①促使犯罪分子真诚悔悟并采取实际行动对被害人予以补偿，有效减少乃至消除社会纠纷矛盾，从而实现办案效果上的“三个统一”。

第四，扩大司法救助范围。检察机关要积极作为，争取地方党委、政府及相关部门的更多支持，在进行救助金救助的同时，还要积极探索推动法律援助、社会救助、诉讼救济、社会化专业化矫治帮扶等多种方式综合施策，确保精准有效解决救助对象面临的实际困难，让群众真正感受到司法温度，推动化解矛盾和息诉罢访。在救助未成年人时，要针对未成年人的特殊性质，综合采用法律、经济、医疗和心理“四位一体”救助模式加强对未成年人的司法保护，确保救助工作达到实效的同时，避免对未成年人进行“二次伤害”。

第五，深入开展民行检察和公益诉讼工作。检察机关要深刻领会民行检察工作和公益诉讼工作的重大意义，坚持以人民群众为中心，积极回应群众关切，精准打击危害群众切身利益的行为。要主动向党委汇报，加强与政府沟通，建立行之有效的举报监督机制和平台以便于群众参与，在“三大战役”、食品安全、城市建设等问题上充分发挥公益诉讼效用，通过办理和发布典型案例助推解决社会治理领域的热点难点问题，进而为国家利益和社会利益提供有效的司法保护。

（三）立足主业：深化犯罪预防机制

首先，借鉴犯罪预防控制经验，做好刑事犯罪预防。检察机关要充分借鉴“枫桥经验”关于“立足预防、重在治本”的犯罪控制内在规律，不断适应新时期预测预警预防工作，加强对各类刑事案件发生规律的研究总结，打造矛盾风险防控新模式，通过监督主业推动刑事犯罪预防工作深入开展。由于当前我国尚无真正履行刑事犯罪预防职能的专职部门，故无法根据特定的刑事犯罪案例进行有针对性、系统性的预防。而检察机关作为唯一全程介入甚至亲历每个刑事案件的部门，应抓住司法改革机遇，充分发挥自身优势，以刑事犯罪预防为突破口，

---

① 参见陈骏：《社会协同 公众参与 法治保障——人民法院指导人民调解工作的实践观察》，载《光华法学》编委会编：《光华法学》（第八辑），法律出版社2014年版，第3～26页。

成立专门的刑事犯罪预防机构,牵头开展刑事犯罪预防工作,克服打击刑事犯罪成效显著而预防刑事犯罪明显不足的弱点,在刑事犯罪预防方面展现更大的担当和作为,最大限度地减少或遏制刑事犯罪和社会矛盾的发生。

其次,加强源头监督,主动将监督关口前移,变事后监督为同步监督乃至提前监督,不断提升监督效果。要改变以往较为被动消极的法律监督方式,从源头上彰显监督效果。要以"抓小、抓早、抓苗头"的理念来开展监督工作,深入研究相关犯罪特点和规律,排查和发现案件背后的社会风险隐患,将检察监督职能向基层社会治理领域延伸。进一步增加典型案例、检察建议等监督形式的运用,充分发挥司法规范、引导、服务和保障作用,推动从源头上解决影响突出的问题。要加强决策参考工作,有效发挥决策参考在促进社会治理中的重要作用,促进更大范围、更深层次解决影响经济发展、社会和谐稳定的突出问题,防止相关违法犯罪行为再次发生,提升社会治理成效,努力实现办理一案、治理一片、教育社会的效果。

(四)机制整合:强化综合治理模式

一是要努力撬动社会资源助力检察工作。加强与律师、专家等第三方社会力量的良性互动,构建共建共治共享的社会治理新格局。进一步深化与人大代表、政协委员、人民监督员和值班律师合作的方式和内容,加强与基层自治组织、社会第三方组织的合作,凝聚群防群治新力量,共同做好司法救助、未成年人帮教等工作;主动回应群众关切与需求,为群众提供高效便捷经济的矛盾纠纷化解通道,不断增强人民群众获得感、幸福感、安全感,让人民群众真正成为推进市域社会治理现代化的最大受益者。

二是要进一步发挥街道检察部门的效用,让"检察工作跟着群众需要走"。要充分运用街道检察部门,将检察工作的触角连接到乡镇、街道,覆盖到村、社区,延伸到群众,助力检察官从在机关"坐诊"变为到基层"把脉",以密切联系群众,强化基层治理。要进一步拓展检察职能、扩大监督面,加强对各行政机关派出站所行政执法活动的监督,规范基层执法行为,妥善解决因基层行政执法等引起的信访问题,把两法衔接机制延伸到基层,防止以罚代刑、放纵犯罪的现象发生,将预防治理做到前端,不断激发基层社会治理新动力。

三是要注重智治建设,加强协调配合。要充分运用现代信息科技手段,即时掌握基层社会治理信息、发现法律监督线索,实现信息全覆盖、监督全覆盖。要积极发展"互联网+"信息平台,综合运用微信、微博、手机APP等新平台为群众提供指尖上的精准法律服务,发挥智治支撑作用。要加深与其他部门的线上交流,进一步融入社会综治中心平台,深化"两法衔接"机制,强化协作配合,有效破除信息壁垒,形成治理合力。

Research on the Operation Mechanism of "Fengqiao Experience" in the Main Responsibility of Procuratorial Organs

—Take a G Grass-roots People's Procuratorate as an Analysis Sample

Research Group of Jinniu District People's Procuratorate,
Chengdu City, Sichuan Province

Abstract: "Fengqiao Experience" is a model of local experience for successfully resolving grass-roots social contradictions. The use of "Fengqiao Experience" is one of the basic tasks of China's political and legal Organs. However, there are many theoretical and practical dilemmas in how the procuratorate should use and develop this experience. Taking the grass-roots people's procuratorate of G as an analysis sample, we can see that there has been a certain breakthrough in carrying out the "Fengqiao Experience" innovative practice around the main responsibility of the procuratorial work. However, there are still outstanding problems such as insufficient theoretical cognition, difficulty in entering the main responsibility, and insufficient multi-force development. The improvement path is to take the promotion of the comprehensive ability of procuratorial work as the starting point, promote the diversified solution of contradictions to implement the main responsibility, deepen the legal preventive mechanism to build a comprehensive governance mechanism, etc., with a view to put forward a possible implementation path as a reference for the procuratorial organs to implement the Fengqiao Experience.

Key words: fengqiao experience　prosecutorial function　main responsibility

法学制度与理论

刑法中扩张解释的规范构造*

■ 任跃进**

[内容摘要] 刑法中的扩张解释存在中日理论界“肯定说”和德国刑法学界“否定说”之不同立场，但双方均认可“文字可能的含义”是刑法解释的界限。建立在“扩张解释”概念上的界限论不同于德国语言学上的界限论。在扩张解释的规范化构造这一中国问题中，扩张解释的存在是立体的，与类推解释的界分也需以实质的“文字可能含义”和形式的“推论形式区别”进行双层考察，在扩张解释规则上应遵循文义阈界的限定、体系的限定、法益衡量选择的限定三重阶层规范化的限缩。

[关键词] 扩张解释 文字可能的含义 类推解释 规范构造

一、问题的提出与理论争议

一般认为，刑法适用中存在扩张解释，并且学者还进

---

* 基金项目：2019 年海南省研究生创新科研课题“刑法解释限度之‘文字可能的含义’如何得以‘可能’”（项目编号：Hyb2019 - 24）。

** 任跃进：海南大学刑法学博士研究生。

行过概念性界定的尝试，例如，山口厚教授认为："扩张解释是扩张地划定成为处罚对象的行为的概念，将相应事例纳入该概念中，从而将其包含于处罚范围之中。"[①]但相反，俄罗斯联邦最高法院法官托尔卡琴科博士在对扩张解释的概念的界定中，对扩张解释提出了质疑，认为："扩张解释是指对法律条文作出比其字面意义更宽泛的解释，扩张解释不仅扩大了法律规定的应承担刑事责任的行为范围，也扩大了法律规定的应承担刑事责任的人的范围。"[②]言外之意，扩张解释与类推解释相类似。这样的话，扩张解释是否有存在的规范性价值，就不能不成为一个问题。

否定刑法中应该存在扩张解释的有力研究来自德国。自萨维尼以来，德国不仅是刑法学界，甚至在整个法学界都是否定扩张解释的合法性的。例如，萨维尼认为，语法或语文学解释（文义解释）和逻辑—体系解释（体系解释）是从法律解释的手段上所做的划分，而扩张解释、限缩解释则是解释的结果，前者是方法的区别，后者是结果的区别。换言之，后者没有方法论的意义，"……不存在'扩大的'和'限制的'解释，它们是不被允许的，因为它们超出了立法者的立场，权威的解释标准必须是立法者的意志"。[③] 考夫曼也赞同萨维尼的分类方法，认为法律解释分为语法或语文学解释和逻辑—体系解释两种，而在逻辑—体系解释之下有目的论解释，而目的论解释又分两类解释：主观的目的解释（立法者意志）和客观解释（法律的意义）。[④] 而萨维尼与考夫曼的区别在于萨维尼认为客观解释是不被允许的，在考夫曼看来，萨维尼考虑到法治与分权，法官应尽可能受法律条文的约束，萨维尼的解释论观点接近于费尔巴哈、贝卡利亚，即甚至禁止法官对刑法进行解释也是必要的。[⑤] 毫无疑问，这是古典主义刑法学者的观点。

但是，在新古典及其以后，德国学界对"扩张解释"绝对禁止的态势是否发生了细微的变动呢？答案是否定的。魏德士分析了德国 Maasch、Bydlinski、Aufl、Seiler 等专家的研究成果后，进一步指出，"自萨维尼之后，图书馆关于（解释）方法的文献可谓汗牛充栋，但是，认识却举足不前"。"尽管称谓有所不同，但是当今几乎一切法律适用者都遵循萨维尼的准则，尽管它并非法律规定或者

---

① ［日］山口厚：《刑法总论》（第三版），付立庆译，中国人民大学出版社 2018 年版，第 13 页。

② ［俄］伊诺家莫娃·海格主编：《俄罗斯联邦刑法（总论）》［第二版（修订和增补版）］，黄芳等译，第 26 页。

③ ［德］萨维尼：《萨维尼法学方法论讲义与格林笔记》，杨代雄译，法律出版社 2014 年版，第 7 页。

④ 参见［德］阿图尔·考夫曼、温弗里德·哈斯默尔主编：《当代法哲学和法理论导论》，郑永流译，法律出版社 2013 年版，第 158 页。

⑤ 参见［德］阿图尔·考夫曼、温弗里德·哈斯默尔主编：《当代法哲学和法理论导论》，郑永流译，法律出版社 2013 年版，第 160 页。

具有约束力。”[①]即便拉伦茨、恩吉施,也仅仅探讨了“狭义解释”与“广义解释”,并且讨论的基础也是基于“立法者的意志”。[②] 可见在德国法学界,即便是时至今日对刑法解释的态度十分保守,古典主义刑法解释论影响依然巨大,不仅扩张解释,即便是其他法律解释的空间也十分有限,甚至至今在形式上也没有形成一个完整的扩张解释概念。[③]

综上所述,问题存在于两个方面:一是刑法中应不应该存在扩张解释;二是如果存在,其规范构造又当如何?

二、扩张解释的价值归依与体系定位

扩张解释应不应该存在,在于其有无实际存在的价值。一般而言,研究扩张解释目的在于为刑法解释立定合理边界,禁止类推解释,坚守罪刑法定原则,保障刑法规范适用的规范性。德国刑法也禁止类推解释,但其避免类推解释的方法不是以“扩张解释”概念为基础进行展开,而是立足于“文字可能的含义”的限定。

(一)扩张解释与“文字可能的含义”的价值比较

虽然自萨维尼以来,德国刑法学界不承认扩张解释,但德国刑法学者普遍重视对“文字可能的含义”这一刑法解释界限的研究,例如,耶赛克(Jescheck)教授认为,“法律的意思只能从条文的词义中找到。条文的词义是解释的要素,因此在任何情况下必须将文字可能的含义,视为最宽的界限”。[④] 冈特·施特拉腾韦特、洛塔尔·库伦、约翰内斯·韦塞尔斯等诸位教授也是研究文字可能的含义的问题。[⑤] 与上

---

① [德]伯恩·魏德士:《法理学》,丁晓春、吴越译,法律出版社2013年版,第302页。另可以佐证的文献参见[德]乌尔斯·金德霍伊泽尔:《刑法总论教科书》,蔡桂生译,北京大学出版社2015年版,第31页;[德]汉斯·海因里希·耶塞克、托马斯·魏根特:《德国刑法教科书》,徐久生译,中国法制出版社2017年版,第213页;[德]冈特·施特拉腾韦特、洛塔尔·库伦:《刑法总论Ⅰ——犯罪论》,杨萌译,法律出版社2006年版,第55页;[德]约翰内斯·韦塞尔斯:《德国刑法总论》,李昌珂译,法律出版社2008年版,第24页等。

② [德]卡尔·拉伦茨:《法学方法论》,陈爱娥译,商务印书馆2003年版,第228~229页。

③ 参见[德]瓦尔特·佩龙:《德国视角下对解释与类推的区分》,王钢译,载梁根林、[德]埃里克·希尔根多夫主编:《中德刑法对话:罪刑法定与刑法解释》,北京大学出版社2013年版,第172页以下;[德]阿尔滨·埃泽尔:《解释与类推的区分》,黄笑岩译,载梁根林、[德]埃里克·希尔根多夫主编:《中德刑法对话:罪刑法定与刑法解释》,北京大学出版社2013年版,第206页以下;[德]克劳斯·罗克辛:《德国刑法学总论》(第1卷),王世洲译,法律出版社2005年版,第84~91页等。

④ [德]汉斯·海因里希·耶塞克、托马斯·魏根特:《德国刑法教科书》,徐久生译,中国法制出版社2017年版,第220页。

⑤ 参见[德]克劳斯·罗克辛:《德国刑法学总论》(第1卷),王世洲译,法律出版社2005年版,第85页;[德]汉斯·海因里希·耶塞克、托马斯·魏根特:《德国刑法学教科书》,徐久生译,中国法制出版社2017年版,第207~221页;[德]冈特·施特拉腾韦特、洛塔尔·库伦:《刑法总论Ⅰ——犯罪论》,杨萌译,法律出版社2006年版,第54~55页;[德]约翰内斯·韦塞尔斯:《德国刑法总论》,李昌珂译,法律出版社2008年版,第25页等。

述几位德国刑法学者有所不同的是，罗克辛教授同时进一步提出文本“可能的含义”应指“可能的口语词义”作为解释的界限。①

如果从事后考察的角度，得出了或者假设了解释的结论，人们自然会找到获得解释结果的路径；如果其较前期的解释结论有了扩张，或者控方对辩方（抑或辩方对控方等）的理解进行扩张或者说“文字可能含义”的探究，这样的“扩张”解释结论就会源源不断地“生产”出来，而实际上刑事实务重重的争论多源于此。例如，控方认为被告人是非法持有“枪支”，而辩方不认为被告人持有的是“枪支”，这样，关于被告人所持有的“枪形物”是不是“枪支”，就需要探究这个“枪形物”能否被“枪支”的“文字可能含义”所涵盖。可见，立场不同，“文字可能的含义”（扩张解释）的解释结论可能被证成或证伪。虽然这种形式的扩张解释在德国学界得不到承认，但其实质核心“文字可能的含义”却得到了刑法学家的广泛重视。

在我国，李希慧教授认为，扩张解释“不能超过刑法规定用语的可能含义”。② 冯军教授、刘明祥教授也都认为，扩张解释应在“刑法条文用语可能具有的含义之内”。③ 因此可以说，扩张解释即便在德国理论界实质上也具有一定的理论地位。但应当注意的是，德式研究“文字可能的含义”直接锚定语言学，避免通过以“扩张解释”这一“媒介”产生变异的可能，因而具有更强的形式规范化的刚性。

综上所述，既然刑法中的扩张解释与“文字可能的含义”在限定解释范围有一定的价值重合，这就说明，起码不能完全否定刑法中“扩张解释”概念存在的合理性。那么，“扩张解释”在刑法解释体系中的位置就成为一个问题。

（二）扩张解释的体系定位：文义解释抑或论理解释？

高铭暄教授的刑法解释二分法认为，刑法解释分为文义解释与论理解释，其中论理解释又包含扩张解释、限制解释和当然解释。④ 李希慧教授虽然也赞同前述二分法，却认为论理解释包含扩张解释在内的共计八种解释。⑤ 持另一种

① 参见[德]克劳斯·罗克辛：《德国刑法学总论》（第1卷），王世洲译，法律出版社2005年版，第84页；此外，罗克辛教授分别强调了“法律上明确规定”，参见罗克辛书第85页；“原文文字界限”，参见罗克辛书第89页。

② 李希慧：《刑法解释论》，中国人民大学1993年刑法学博士学位论文，第112页。

③ 冯军、肖中华：《刑法总论》，中国人民大学出版社2008年版，第53页；刘明祥：《论刑法学中的类推解释》，载《法学家》2008年第2期，第37页。

④ 参见高铭暄、马克昌主编：《刑法学》（第七版），北京大学出版社2016年版，第24页。李希慧教授也认为，扩张解释属于论理解释的下属概念，参见李希慧：《刑法解释论》，中国人民大学刑法学1993年博士学位论文，第110页。

⑤ 参见李希慧：《刑法解释论》，中国人民大学刑法学1993年博士学位论文，第110页。

不同看法的舒国滢教授认为，文义解释是指从法律条文所运用的语言的含义来说明法律规定的内容，可以被分为字面解释、限制解释、扩张解释。[①] 持类似观点的陈金钊教授认为："只要解释的结果没有背离可能的文义，就属于文义解释。"[②]张明楷教授也认为："文理(文义)解释，是指刑法用语可能具有的含义。"[③]可见，如果想进一步判定二者之间的分歧，就不得不进一步追问，什么是文义解释？什么是论理解释？

萨维尼提出语法或者语文学解释概念之后，学界一般被称之为文义解释，但含义有所不同。萨维尼不承认扩张解释和限制解释，因此，其文义解释相当于文字的平义。拉德布鲁赫意义上的文义是指，对先思的再思，对已知的悟解，根据字面意思、语言习惯、可能的词语意义进行解释。由于德国刑法学界也鲜见论理解释的概念，如果进一步归入的话，在德国法语境下看来，对"文字可能含义"的说明(扩张解释)或许应当属于文义解释。这一点在实务中也得到了承认，例如，德国联邦宪法法院认为："在语言可能的界限中……各种概念都应当根据其所使用的条文将要建立的含义和目的进行解释……只要这种解释不会摧毁它所铸造的形式"(《联邦最高法院刑事判例集》第10卷，第159页以下)。[④] 尤其是最后一句话明确了文义界限功能，也将扩张解释与文义解释紧密地联系在了一起。

综上所述，依据我国通说，扩张解释大体上属于文义解释。但正如萨维尼所说，扩张解释的判断基于对解释结果的判断，那么，其他解释方法也可能得出扩张解释的结论。如果采魏德士的解释目标和解释方法(要素)二分法，可以认为扩张解释在德式意义上仅仅是一个主观化的"解释目标"。如果依据日本学者笹仓秀夫的解释理由和解释技巧(技术)二分法，"扩张解释"就是一个"解释技巧"或称之为"解释技术"。需要注意的是，从形式来看"解释技术"是中立的、价值无涉的，但由此带来的挑战就是"为什么就不能进行扩张解释呢"。这样，机能性的"文字可能的含义"的文义性探讨就演变为"扩张解释"概念下的功能性的论理探讨，从表面上看，主观的"解释目标"演进为客观的"解释技术"，而实际上，恰恰是"主观"在后者的"语言游戏"中掩盖了。所以，如果"扩张解释"在刑法解释论中存在，对于扩张解释的规范化构造的探讨就显得更为迫切。

---

① 参见舒国滢：《法理学导论》，北京大学出版社2012年版，第233页。

② 陈金钊：《文义解释：解释方法的位优选择》，载《文史哲》2005年第6期，第150页。

③ 张明楷：《刑法学》(第五版)，法律出版社2016年版，第35页。

④ [德]克劳斯·罗克辛：《德国刑法学总论》(第1卷)，王世洲译，法律出版社2005年版，第86～87页。

三、扩张解释的形式框架：横向判定与纵向反思

“制定一部包罗万象、无需解释即可回答所有问题的刑法典”[①]是立法者无法企及的理想，所以，刑法规范含义的精准确定，就成为刑法规范需要解释的充分且唯一的理由。[②] 如果将刑法解释技术立体化，那么平面形式上分为扩张、平义、限缩解释，纵向以刑法解释有权主体分为全国人大常委会、最高人民法院、最高人民检察院，法官三层次为适当。

（一）扩张解释的平面轮廓

通过文义解释之下位内的三种解释的理解，笔者将三种解释的关系描绘，如图1所示。

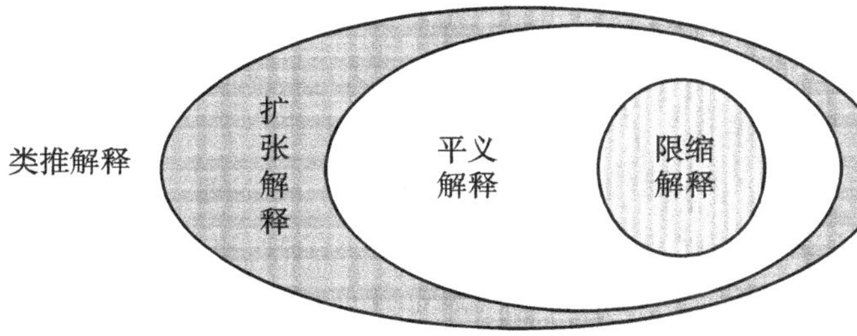

图1　文义解释与其内含的扩张、平义、限缩解释关系

扩张解释就是将刑法条文用语由其核心（平义）意义扩张到边缘意义。[③] 如图1所示，扩张解释的内部边界就是刑法条文文字的平义外界，外部边界就是刑法条文文字的可能含义所能涵摄区间的外部界限。

例如，我国《刑法》第116条规定的破坏交通工具罪中，破坏汽车须足以使汽车发生倾覆、毁坏危险。在刑法解释中，交通工具的字面含义如刑法之所规定，包含“火车、汽车、电车、船只、航空器”。但问题是，这里的“汽车”是否包括大型运输拖拉机？如果仅仅从部分字面含义理解，就需要进一步分析拖拉机是不是交通工具。今天的人们可能难以想象，1997年刑法立法之前，在我国广大农村地区，拖拉机农忙时用来耕地，农闲时一部分用来拉货，还有相当一部分是用来拉人、作为交通工具的。在后一种情形之下，就应当按照冯军教授的说法，将农村偏远地区用来执行交通运输任务的拖拉机解释为“汽车”。[④] 可见，在不

---

① 周光权：《刑法解释的位阶质疑》，载《法学研究》2014年第5期，第159页。

② 参见袁林：《人本主义刑法解释范式研究》，法律出版社2010年版，第86页。同时袁林教授亦正确地指出“目的解释与其说是一种方法，毋宁说是一种目标或是指导思想或基本理念”。

③ 参见冯军、肖中华主编：《刑法总论》，中国人民大学出版社2008年版，第53页。

④ 参见冯军：《论刑法解释的边界与路径》，载《法学家》2012年第1期，第70页。

同的语境之下，对于具体的行为是否符合扩张解释的要求，不仅仅要基于语义，还需根据刑法规范的语境、体系进行二次甄别。甚至在二次甄别之后，还会出现不同的结论。例如，天津的赵春华非法持有枪支案，①赵春华的行为在构成要件该当和违法有责之后，其刑罚的长短如何判断？是一审的“三年六个月”，还是二审的“有期徒刑三年，缓期执行三年”？一审的“三年六个月”是一个量刑的平义解释，二审的“判三缓三”无疑已经到了“三年以上，十年以下”的含义下限的边界，但也完全符合《刑法》第128条非法持有枪支罪之量刑规定，可以称这个结论是一个扩张解释。

（二）扩张解释轮廓之外：类推解释

类推解释是指“对不符合法律规范确定的用语事实，解释得出的文义超出字面可能的含义之外，但以该事实与法律规范规定的事实之间有类似性为由，而适用该法律规范的规定”。② 一般认为，刑法禁止类推解释，首先，“在于法律并无明文规定，有违法律主义”。③ 其次，在缺少事先告知这一点上又有违禁止事后刑法，超出国民的可预测性。最后，超出法律规定用语的“可能的语义”进行“扩张”解释的情形，有违刑法规范的明确性，但这并不是说类推解释在我国刑法解释论中不存在。

例如，最高人民法院、最高人民检察院《关于办理生产、销售伪劣商品刑事案件具体应用法律若干问题的解释》（2001年4月10日施行）中第6条第4款规定，医疗机构或者个人，知道或者应当知道是不符合保障人体健康的国家标准、行业标准的医疗器械、医用卫生材料而购买、使用，对人体健康造成严重危害的，以销售不符合标准的医用器材罪定罪处罚。而《刑法》第145条规定的销售不符合标准的医用器材罪构成要件要素为：“销售明知是不符合保障人体健康的国家标准、卫生标准的医疗器械、医用卫生材料、对人体健康造成严重危害的行为。”如果个人A购买不符合保障身体健康的国家标准或者行业标准的医疗器械，而仅仅是A自己使用，并对A自己的健康造成严重危害的；再假设如果A无偿让B使用，结果对B的健康造成了严重危害的，那么在上述两种情况下，A是否构成销售不符合标准的医用器材罪？如果认为A的无偿借用行为也是符合类型化的构成要件行为之一，在以上两种情形中，司法解释将非销售的单纯“购买使用行为”类推解释到了“销售行为”中，在司法适用中应当予以排除。

刑法司法解释权无疑受刑法立法权的制约，位阶在其之下，对立法权的尊重是刑法解释的应然要求。对现代刑法解释者的应然要求就是严格解释刑法

① 参见王钢：《非法持有枪支罪的司法认定》，载《中国法学》2017年第4期，第69页。

② ［日］松原芳博：《刑法总论重要问题》，王昭武译，中国政法大学出版社2014年版，第24页。

③ ［日］松宫孝明：《刑法總論講義》（第五版），成文堂2017年版，第20页。

法令，①“尽量把应对新问题的任务交给立法”。② 即“立法的归立法，解释的归解释”。③ 但存疑有利于被告人的类推解释例外地得到允许，是为了将刑法中的违法性阻却事由和责任阻却事由以开放的形式加以规定，立法者承认由法官予以补充，④总的来说是基于人权保障理念的考量。

（三）扩张解释的纵向主体阶层

根据解释的效力，刑法解释分为有权解释和无权解释。换言之，刑法解释纵向即主体方面存在位阶。根据有权解释主体扩张解释的权限大小不同，可划分为三个位阶层次：一是全国人大常委会，二是最高人民法院、最高人民检察院，三是法官。

在刑法解释主体中居于最高位阶的当属全国人大常委会，其能够对刑法具体犯罪进行类型化解释，包括设定犯罪类型，及修正构成要件类型，甚至修正责任类型。换言之，全国人大常委会既可以在刑法第 13 条规定之下在立法中通过立法解释（造法）中扩张犯罪类型，也可以通过修正案的方式扩张、修正犯罪构成要件类型，增加新的罪名。例如，《刑法修正案（八）》增加危险驾驶罪等十个犯罪类型；《刑法修正案（九）》增加虐待被监管人员、看护人员罪等十六个犯罪类型，其中包含犯罪化立法四个恐怖主义犯罪类型。

第二位阶是最高人民法院和最高人民检察院。我国刑法存在较多空白罪状，⑤属于授权最高人民法院、最高人民检察院作出司法解释的规范。最为典型的莫过于对于《刑法》第 225 条规定的“非法经营罪”，何为“其他严重扰乱市场秩序的非法经营行为”。最高人民法院共计进行司法解释 23 次。⑥ 关于非法经营罪解释的庞杂也引起了一些学者的担忧。⑦ 非法经营罪的节、章上位概念分

---

① 参见 1981 年 6 月 10 日全国人大常委会《关于加强法律解释工作的决议》，2006 年 5 月 10 日最高人民检察院《关于司法解释工作规定》，2007 年 4 月 1 日最高人民法院《关于司法解释工作的若干规定》。

② 参见［日］佐伯仁志：《刑法总论的思之道·乐之道》，于佳佳译，中国政法大学出版社 2017 年版，第 25 页。

③ 李佳欣：《中国刑法解释功能论》，吉林大学刑法学 2015 年博士学位论文，第 1 页。

④ ［日］佐伯仁志：《刑法总论的思之道·乐之道》，于佳佳译，中国政法大学出版社 2017 年版，第 22 页。

⑤ 即“留白”，包括类型化要件及量刑规则共计 135 处，含“其他方法……”“其他手段”“其他直接责任人员”“其他严重……”“其他严重后果”“其他严重情节”“其他特别严重情节”。

⑥ 参见李立众编著：《刑法一本通》（第十三版），法律出版社 2017 年版，第 320 ~ 338 页。具体如下：1998 年 8 月 28 日最高人民法院法释〔1998〕20 号的骗购外汇、非法买卖外汇行为；1998 年最高人民法院法释〔1998〕30 号的非法经营出版物行为；1999 年最高人民法院逃汇行为；2000 年 5 月 12 日最高人民法院法释〔2000〕12 号规定的扰乱电信市场管理秩序行为；2002 年 8 月 16 日最高人民法院、最高人民检察院法释〔2000〕26 号规定的非法生产销售盐酸克伦特等禁止在饲料和动物饮用水中使用药品的行为；2002 年 10 月 25 日最高人民检察院法律政策研究室高检研发〔2002〕第 24 号规定的非法经营音像制品行为；2003 年 4 月 22 日最高人民法院、最高人民检察院、公安部公通字〔2002〕29 号规定的非法经营国际电信业务行为；2010 年 5 月 7 日最高人民检察院、公安部公通字〔2010〕23 号规定的传销行为；……2017 年 6 月 27 日最高人民法院、最高人民检察院法释〔2017〕11 号解释的擅自使用无线电频率，干扰无线电通讯秩序行为。

⑦ 参见武良军：《非法经营罪堵截条款之异化研究》，载《环球法律评论》2014 年第 5 期。

别为“扰乱市场秩序罪”和“破坏社会主义市场经济秩序罪”。因此,此罪可能的扩张解释文义边缘为:一是违反国家规定;二是扰乱市场秩序,情节严重;三是其他严重扰乱市场秩序的非法经营行为。即司法机关在解释其他严重扰乱市场秩序的非法经营行为时必须考虑:第一,是不是非法经营行为?第二,有无违反国家规定,非法经营(类型化的许可准入)?第三,是不是扰乱了市场秩序,情节严重?在司法实践中,为了管理的便捷,出现了基层实务部门创设“非法经营行为类型”的行为,如将私售景区门票、①收购玉米的行为认定为符合非法经营罪构成要件的行为。

刑法条文中也存在仅仅是预备行为,但是可能的需要处罚的行为,可以进行扩张解释予以明确。例如,将《刑法》第 341 条规定的破坏野生动物资源犯罪中的“出售”解释为“包括出卖和以营利为目的加工利用行为”,将蕴含出售行为中的“以出卖和营利为目的的加工利用行为”。以营利为目的的加工,即是出卖的预备行为,也属于一些出卖行为的一个阶段,处于“出卖行为”文义可能含义的涵摄范围之中。

第三位阶为法官有限的基于自由裁量权的扩张解释。2010 年最高人民检察院的《关于案例指导工作的规定》、公安部的《关于建立案例指导制度有关问题的通知》、最高人民法院的《关于案例指导工作的规定》的出台,标志着中国特色的案例指导制度的建立,是对我国法官有限度普遍的解释权的确认,也可理解为借鉴英美法系法官释法并加以本土化的中国特色法官释法制度。

例如,在 2017 年 1 月 3 日最高人民法院指导案例第 70 号②中,江苏省扬州市广陵区人民法院汤咏梅、陈圣勇、汤军琪三位法官合议裁判的“被告人北京阳光一佰生物技术开发有限公司、被告人习文有等生产、销售有毒、有害食品案”,明确被告人在食品生产经营中添加的“盐酸丁二胍”的虽然不是国务院有关部门公布的《食品中可能违法添加的非食用物质名单》和《保健食品中可能非法添加的物质名单》中的物质,但该物质与上述二规定所列物质具有同等危害属性,应当认定为符合《刑法》第 144 条规定的类型化的构成要件要素“有毒、有害的非食品原料”。最高人民法院通过指导案例的发布,肯定了江苏省扬州市广陵区人民法院三位法

① 参见(2017)浙 0421 刑初 302 号刑事判决书:被告人夏某利用在封闭景区边经营餐馆的便利,收取门票让他人进入景区的行为,被判定为其他严重扰乱社会秩序的非法经营行为,被告人被判处有期徒刑三年,缓刑四年。根据最高人民法院 2011 年 4 月 8 日确立的“其他严重扰乱市场秩序的非法经营行为”的界定原则,有关司法解释未作明确规定的,应当作为法律适用问题,逐级向最高人民法院请示。此判决结果有商讨空间,也印证了上述学者的担忧。

② 参见《指导案例 70 号:北京阳光一佰生物技术开发有限公司、习文有等生产、销售有毒、有害食品案》,载最高人民法院网,http://www.court.gov.cn/shenpan-xiangqing-34272.html,2020 年 3 月 22 日访问。

官对我国《刑法》第144条规定的“有毒、有害的非食品原料”的扩张解释，即“盐酸丁二胍”属于“有毒、有害非食品原料”的字面可能含义之内。

四、扩张解释的实质检讨：类推纠葛与缘由解构

阶层犯罪论体系沿着从客观到主观的路径构建，基于此，有的学者提出从“主客观相统一”到“客主观相统一”①的犯罪论研究思路，符合客观认识规律，值得提倡。同理，沿此进路也更有利于认识类推解释，从而从反方向厘清扩张解释的轮廓。

（一）重释祛魅：类推解释的客观表现与理论根源

具体而言，类推解释是在法无明文规定时进行的解释，其立足点是在事实之间的相似性，将刑法规范的上位概念作为判断依据，而不是法律规范的具体条文的含义。就不利于行为人的方向而言，类推解释的效力不仅及于七个构成要件要素，如主体、行为、行为对象、结果、因果关系、故意、过失，还及于包括违法阻却事由、责任阻却事由、主客观处罚条件、刑法适用范围等规定在内的实体法上定罪量刑的所有要素。这是因为，若认为法律主义以及禁止事后法原则是针对司法上所有概念化的要素或类型化的要件，那么，禁止类推的禁止范围也理应与其相同，即解释刑法上条文规定的所有概念化的要素或类型化的构成要件时，也不能超过文字可能的含义范围。

在扩张解释的轮廓之外再行解释，将使解释结论超出刑法规范的可能含义，以此逻辑得出的解释结论的性质将演变为类推解释（见图1）。所以，避免类推解释要求从语言学的角度追问文字可能的含义，并在此客观基础之上描述构成要件要素，进而划定扩张解释的边界，厘清扩张解释的轮廓。一般而言，类推解释是根据刑法目的与任务的一般规定和犯罪的一般概念抽象地得出结论，进而类比性的判定，而不是根据具体的分则条文要素进行判断，背离了刑法规范的具体规定。② 比较明显的表现之一为解释者创造或修改了刑法规范文义规定明确的类型化的部分构成要件，如主体、行为、行为对象、结果、因果关系、故意、过失。例如，将抢劫罪中“不具有军警人员身份”而“冒充军警人员身份抢劫的”的法律规定解释为包含“具有军警人员身份”抢劫，③类推解释了行为主体；又如，将毁坏财物罪中的“毁坏”解释为单纯的使价值丧失的结果，④类推解释了行为；再

---

① 徐海波、童伟华：《主客观相统一原则局限之检视——“客主观相统一”之提倡》，载《河北法学》2014年第10期，第31页。

② 参见曲新久：《区分扩张解释与类推适用的路径新探》，载《法学家》2012年第1期，第78页。

③ 参见张明楷：《刑法学》（第五版），法律出版社2016年版，第994页。

④ 参见张明楷：《刑法学》（第五版），法律出版社2016年版，第1026页。

如,将强奸罪中的"妇女"解释为包括男性在内的人,类推解释了行为对象。还存在将交通肇事后停留在原地不对被害人进行救助的行为认定为《刑法》第133条法定升格刑的"交通运输肇事后逃逸";[①]甚至还将合法金融机构中的拒不允许公共提取存款的情形解释为《刑法》第176条的非法吸收公众存款罪中的"吸收"。

类推解释者遇到的根本问题就是:"如果没有法律的明文规定,又怎么可能通过实质解释而将其行为入罪呢?"[②]从另外一个角度分析,类推解释者给出的理由往往是基于"法益保护"。回溯到刑法法益理论的大力弘扬者李斯特那里,其认为法益侵害是一个违法性判断的问题,将实质违法界定为危害社会的行为,并认为:"只有当其违反规定那个共同生活目的之法秩序时,破坏或者危害法益才在实体上违法,对受法律保护的利益的侵害才是实体上的违法。"[③]但我们强调的是,实体上的违法与否,也仅仅并且只能依据刑法条文之文义才能确定。正如拉伦茨所言,脱离法律文义的解释,无论冠以何种称谓,都是僭越立法权的法的续造而不是解释。

(二)类推解释的理论肇因

自耶林的目的法学之后,体现刑法实质解释的目的解释逐渐兴起,但问题在于什么是刑法的目的?如果没有厘清"刑法规范的目的"而去进行"刑法目的解释",是没有客观方向的,产生的结论多会增加解释主体间的分歧,不利于结论一致的达成。换言之,究竟是刑法规范的"目的"还是解释者个人的"目的"?如果不能识别目的是什么,或者是谁的目的,目的论的解释就毫无用处。[④]而体现主体间性商谈之结果的妥协性的存在,更加掩盖了解释者的主观目的,这不仅是波斯纳所言的目的经常不可能识别的问题,而且是各解释主体目的不能识别所引发的新的不公平问题。"目的"解释的"目的"可能只是解释者所期盼实现的东西,目的解释根本就不是一种解释方法的观点也十分有力,正如袁林教授所言,目的解释与其说是一种解释方法,不如说是一种目标或者指导理念。[⑤]解释者言说的"目的"本身太抽象、太模糊、具有很强的主观性,以致难以提供一个标准为判决提供指引。基于目的性的思维反而限制了理论界学者们的进一步探索,

---

① 参见张明楷:《刑法学》(第五版),法律出版社2016年版,第723页。如果故意停留在原地不动,可能因其犯罪性质转化问题,而不是逃逸之情节性问题。

② 陈兴良:《形式解释论的再宣示》,载《中国法学》2010年第4期,第29页。

③ [德]李斯特:《德国刑法学教科书》(修订译本),徐久生译,法律出版社2006年版,第6页。

④ 参见[美]波斯纳:《法理学问题》,苏力译,中国政法大学出版社1994年版,第353页。

⑤ 相同观点如:[德]魏德士:《法理学》,丁晓春、吴越译,法律出版社2005年版,第310~313页。[日]大塚仁:《刑法概说》(总论),冯军译,中国人民大学出版社2001年版,第77页。劳东燕:《刑法中目的解释的方法论反思》,载《政法论坛》2014年第3期,第84、87页。

法官们也隐于“目的”之后回避对本真问题的追问。如果认为构成要件是开放的，这本身就会引起人权保障之担忧，即便学者不断论证“为何开放”“向谁开放”“如何开放”，①实质上在追寻的根源仍在于“目的”。相反，将规范化外事由作为处罚优待则有效避免上述忧虑，②但“目的”得探讨没有止步，依然在消解着刑法规范的规范性。

如果需要讨论刑法的目的，那么作为目标的目的的意义在于“目的”是不是在罪刑法定原则和刑法规范具体文义的涵摄之下。基于罪刑法定原则，刑法规范存在三个目的：一是刑法规范字面文义所确立的目的；二是刑法规范上下文体系综合确立的目的；三是规范制定者制定规范时所确定的目的。基于罪刑法定原则的例外，有利于被告人的类推适用原则确立了刑法的规范的第四个目的，即规范未规定入罪或者入罪规定极不明确，应侧重于出罪为目的的解释。反之，如果解释者都强调目的性，那么谁的目的性的声音能够强于政治权力呢？如果不是将拉伦茨所讲的“目的”理解为“客观目的论”，如果将阿列克西所言的“目的”论省略了定语“在现行法秩序框架内客观上所要求的”，而仅仅为解释者的主观目的论背书的话，“法教义学苦心经营的体系性制约将功亏一篑”。③

在扩张解释中，形式逻辑与目的、文字含义一样具有多维性的特点，形式逻辑、目的、文义理解任一组合都可以得出一个与其他组合不同的结论。形式逻辑具有客观技术中立性，而“目的”则具有很强的价值偏向性。刑法规范文字含义是主观解释者的相对客观化描述，唯独目的是主观地随着主体的而变化而变化。立法者、司法人员、受害人、被告人、社会公众等各方解释主体立场迥异，目的不尽一致也难以协调。如果“可能的语义”不是刑法解释的边界，那么，国家刑罚力的自我约束如何实现？④ 如何避免重现欧洲中世纪的“魔女裁判”和中国古、近代的“文字狱”？正如王世洲教授指出的：“在刑法中如何强调罪刑法定原则都不为过。”⑤我国刑法的起草、修改、审议、通过，“经历25年孕育，37稿艰难而生”，⑥每一条款背后有社会众体先验知识提供确定性的支撑，而目的欲求之

① 参见邓君韬：《开放性犯罪构成之展开》，载《光华法学》编委会编：《光华法学》（第一辑），法律出版社2007年版，第142页。

② 参见胡选洪：《刑事习惯与处罚优待的教义学体系》，载《光华法学》编委会编：《光华法学》（第十一辑），法律出版社2019年版，第93页。

③ 参见劳东燕：《刑法中目的解释的方法论反思》，载《政法论坛》2014年第3期。

④ 参见［德］克劳斯·罗克辛：《德国刑法学教科书》（第1卷），王世洲译，法律出版社2005年版，第84～85页。

⑤ 张志钢：《“历次刑法修正评估与刑法立法科学化理论研讨会”综述》，载中国法学网，http://www.iolaw.org.cn/showNews.aspx?id=61542，2020年3月22日访问。

⑥ 高铭暄：《中华人民共和国刑法的孕育诞生与发展完善》，北京大学出版社2012年版，第2页。

下是基于个体智识性的主观推论。解释者偏离文义可能含义的主观目的正是类推适用的基础,其不断消弭刑法解释者主观性的独断认知,有助于提高司法适用各主体间对于裁判结果的可接受性,降低商谈难度,所以,刑法解释起始于且落脚于刑法条文,而不是规范所指向的“法益”“目的”“实质”等同质性概念。

(三)“目的”“实质”解释进路之检讨

类推解释的内在危险在于,其可能会通过“实质解释”“目的解释”来主观修改刑法规定的类型化的构成要件,从而瓦解构成要件的除罪机能。“构成要件在阶层犯罪论中不是孤立的存在,是违法且有责的类型”,①也是“犯罪构成的轮廓和刑事诉讼的指导形象”。② 所以,一旦构成要件的除罪机能消弱,违法、有责的判断将极可能连带性地最终导致扩大犯罪圈,有违刑法之人权保障机能。③ 刑法解释的规则在于如何控制解释者的主观任意性问题。④ 在处理需要解释的、尤其是需要扩张解释的案件中,解释者的前理解很难直接等同于确定无疑的含义,那就“特别需要通过法律商谈来检验解释结论的性质”,⑤甚至反复检验。解释者之间的商谈是每个个体借以融入社会的程序,并且只有当有可能影响的个人以合理商谈的参与者身份赞同法规范时,这些法规范才是真正有效的。⑥ 特别值得关注的是,商谈的核心是承载刑法条文和法律事实的“文字”,而不是观点、目的等随主体改变而改变的个人见解。

日本刑法学者伯佐仁志认为,关于某一解释是类推解释还是扩张解释,学说中经常存在分歧,但是如果本来就将扩张解释定义为在法律语言的日常用语范围内进行解释,那么这样的解释是不会损害预测可能性的,而且扩张解释总能得到允许。⑦

---

① [日]小野清一郎:《犯罪构成要件理论》,王泰译,中国人民公安大学出版社 2004 年版,第 21 页。

② [日]小野清一郎:《犯罪构成要件理论》,王泰译,中国人民公安大学出版社 2004 年版,第 199 页。

③ 正如周详博士所言:“认真考证实质解释论者和形式解释论者的解释结论,我们又发现一个‘怪现象’:实际上很多有争议的案件,或者在具体的理论争议问题上,与实质解释论宣称的限制解释论完全相反,实质解释论者的结论并不是限制解释,相反形式解释论者的结论倒更像是限制解释。”参见周详:《建立一座法律解释论的“通天塔”——对实质的刑法解释论的反思》,载陈兴良主编:《刑事法评论》(第 26 卷),北京大学出版社 2010 年版,第 73 ~ 74 页。

④ 参见劳东燕:《刑法中目的解释的方法论反思》,载《政法论坛》2014 年第 3 期,第 83 页。

⑤ 冯军:《论刑法解释的边界和路径——以扩张解释与类推适用的区分为中心》,载《法学家》2010 年第 1 期,第 73 页。

⑥ 参见[德]哈贝马斯:《在事实与规范之间》,童世俊译,生活 · 读书 · 新知三联书店 2003 年版,第 107 页。

⑦ 参见[日]佐伯仁志:《刑法总论的思之道 · 乐之道》,于佳佳译,中国政法大学出版社 2017 年版,第 21 页。

但是类推者声称也有法律规定，只不过不是具体刑法规范的规定，而是以抽象的“目的”“实质”之称谓，其多引用拉伦茨的观点“目的解释是刑法解释的桂冠”，而不再对拉伦茨“目的”解释中的基于“文字可能含义”的“客观目的”进行进一步的贯彻。在罪刑法定原则禁止类推解释（有利于被告人的类推适用除外）的意旨下，不通过论证而诉诸“良心”“理性”等自然法理不过是“伪装的客观目的”、“伪装的个人观点”或者“仅仅是自命为立法者的看法”。① 正如劳东燕教授所言：“客观的目的解释论是实质解释论特别青睐的解释方法。在实质论那里，客观的目的解释犹如神奇的魔棒，总是能指引其到达自己想要的地方。”②在刑法解释中，越注重目的解释，在价值取向上就越偏向于社会连带主义；相反，越是强调语言本身的自然意义的约束的刑法体系，其自由主义色彩越浓。③ 换言之，越注重刑法立法者原旨的主观解释，越能使刑法保证公民个人自由；越注重客观的目的解释，越容易滑向类推解释，侵犯公民的人身自由。前文所列举的诸多类推解释例证恰恰证明了这一点。所以，在刑法解释领域提出“可以超越字面含义的解释论点”是需要十分警惕的，那往往是解释者滑向类推解释的前奏，也不可以刑事立法滞后或者以填补刑事立法漏洞为由越俎代庖，解释的归解释、司法的归司法、立法的归立法。社会角色的错乱反而会更加阻碍刑法的发展。在刑法禁止类推解释的前提下，如牧野英一所言：“如不随着社会观念的变化及时修改（刑法），所谓的罪刑法定主义就会沦为掩耳盗铃的遮羞布，实际上保护的就不再是人权而是专权。”④牧野英一的刑法进化论实际上也为消解刑法中的类推解释指明了方向，即通过修法进行刑法续造而不是类推解释。

五、扩张解释与类推解释的二元界分：文字可能之含义与推论形式区别说之建塑

扩张解释与类推解释的精准界分是一个世界性的难题，⑤但是这不妨碍我们将这个问题的解决向前推进一步。本文认为，这中间存在两个问题，一是研究者对于“类推”“类推适用”“类推解释”三个不同概念的混同使用使问题本身变得更为复杂；二是应吸取以往各学说的优点，建塑以实质的“文字可能的含义”

---

① ［英］雷蒙德·瓦克斯：《法哲学：价值与事实》，谭宇生译，凤凰出版传媒股份有限公司、译林出版社2017年版，第21页。

② 劳东燕：《刑法中目的解释的方法论反思》，载《政法论坛》2014年第3期，第77页。

③ 参见劳东燕：《刑法中目的解释的方法论反思》，载《政法论坛》2014年第3期，第83页。

④ 参见［日］牧野英一：《从社会责任的立场出发》，载《刑法研究》（第7卷），有斐阁昭和37年（1962年）版，转引自马克昌主编：《近代西方刑法学说史》，中国人民公安大学出版社2008年版，第357页。

⑤ 参见刘明祥：《论刑法学中的类推解释》，载《法学家》2008年第2期，第67页。

和形式的“推论形式区别”双重区别说,能比以往的一维区别说更好的地界分二者的区别。

（一）基底问题:类推、类推适用与类推解释诸概念的区分

“类推”即“类比推理”,是指以两个事物具有某些属性的相同性为判断的前提,推论出两个事物的其他属性也相同的结论的推理。[①] “类比推理”本身是一种形式逻辑方法,形式逻辑是中立的。换言之,“类比推理”在任何解释或者论证的过程中都可以使用。但“类推”本身指的是一种逻辑方法,它不同于类推适用。在刑法解释中,类推适用是指将行为在没有刑法类型化规定可以涵摄的前提下,直接比照最相类似条文予以适用。类推之意义在于推理,呈现的是一种形式过程,而类推适用之意图在于目的的倾向性达成刑法规范的类比适用,是一种事实上的绝对的“法律续造”。而类推解释则与类推适用有差别,一般情况下讲刑法规范的文字通过类推的方法进行“解释”可见“类比推理”的过程。虽然评价对象没有刑法类型化规定可以涵摄,评价结论的文字含义也超出了“文字可能的含义”,但其具有一定的“目的”合理性,直接将刑法的基本原则或者一般概念作为大前提进行论证,是一种事实上的相对的“法律续造”,这就与类推适用完全不同了。

我国1979年《刑法》第79条规定:“对于刑法分则没有明文规定的犯罪,比照刑法分则最想类似的规定定罪量刑。”类推适用,成为法律的明确授权。随着1997年新《刑法》第3条对罪刑法定原则的确立,禁止类推适用已经成为刑法的铁律和学界的通说。如果将“类推”与“类推适用”和/或“类推解释”进行简单的等同,就混淆了中立的形式逻辑和主观的实质解释,如果混淆“类推适用”与“类推解释”的区分,就不能区分直接的“法律续造”和隐蔽“目的”下的“法律续造”。在此意义上,山口厚教授指出:“类推解释无非就是裁判所的事后立法而已。”[②]

刑法需要解释的理由只有一个:对于刑法规范的理解存在歧义,而存在歧义的地方往往是法律规定不明确的地方。但问题在于,对不明确的规范或文字的理解是通过寻找最相类似的条文进行解释说理,还是不知道法律规定的类型是否涵盖待评价事实呢?笔者认为,对于法律无明文规定的事项,就刑法最相类似的条文予以适用的,称之为类推适用;对于法律规定不明确,直接从《刑法》第13条“但书”之前的行为罗列[③]或仅仅依据社会危害性来确定符合刑法构成要件的

---

① 参见范耀华等:《形式逻辑》(第五版),华东师范大学出版社2015年版,第151页。

② [日]山口厚:《刑法总论》(第三版),付立庆译,中国人民大学出版社2017年版,第14页。

③ 《刑法》第13条“但书”之前的规定为:一切危害国家主权、领土完整和安全,分裂国家、颠覆人民民主专政的政权和推翻社会主义制度,破坏社会秩序和经济秩序,侵犯国有财产或者劳动群众集体所有的财产,侵犯公民私人所有的财产,侵犯公民的人身权利、民主权利和其他权利,以及其他危害社会的行为……

行为类型的或构成犯罪的，为类推解释。

曲新久教授通过举例的方式指出了“类推适用”与“类推解释”区别的蕴涵。例如，他评论说，最高人民法院、最高人民检察院于2001年4月9日公布的《关于办理生产、销售伪劣商品刑事案件具体应用法律若干问题的解释》第6条第3款“医疗机构或者个人，知道或者应当知道是不符合保障人体健康的国家标准、行业标准的医疗器械、医用卫生材料而购买、使用，对人体健康造成严重危害的，以销售不符合标准的医用器材罪定罪处罚”。将“购买”评价为“销售”，实际上连类推适用都谈不上，而是司法者在司法活动中的一种赤裸裸的立法行为。① 实际上，曲新久教授已经指出这个司法解释不是“类推适用”，而在类推适用之外，还有一种解释也是极不合理的。张明楷教授的观点是类推适用包含类推解释，类推解释是狭义的类推适用。② 而刘志远教授则与张明楷教授的观点不同，认为类推适用是一种法律制度，类推解释是一种解释方法，并提出了类推适用过程中的类推解释（指类推逻辑）与类推适用过程以外的类推解释。③ 但遗憾的是，其没有综合厘清类推、类推适用和类推解释三者的区别。类推在类推适用和类推解释中都存在，它们的区别在于，类推适用是纯粹的类推，而类推解释论证的大前提是刑法原则或者一般概念；至于扩张解释，其论证的大前提是刑法规定的类型化的构成要件。

立法权与司法权虽然有机地统一于中国特色社会主义法治体系之下，但也具有相互分离的属性，正所谓“立法归立法，实施归司法”。④ 在刑法学领域，严格区分立法性的“法律续造”与司法性的“法律解释”，也是刑法解释学需要诠释的一个命题，其中的关键就在于扩张解释与类推解释的界限。下文将尝试通过“文字可能含义”的实质维度和“推论方式的区别”的形式维度共同锚定两者之间的差异。

（二）扩张解释与类推解释的实质界限：“文字可能的含义”

依照日本学者碧海纯一和我国台湾地区学者杨仁寿的观点，依据文字含义的“射程”来区分扩张解释与目的性扩张解释（类推解释）。如果解释结论的含义在刑法规范的射程之内，为扩张解释；如果超出文义射程之外，则不能为扩张解释，仅能为目的性扩张（类推解释）。⑤ 拉伦茨认为，类推解释属于法的续造，

① 参见曲新久：《区分扩张解释与类推适用的路径新探》，载《法学家》2012年第1期，第88页。

② 参见张明楷：《刑法分则的解释原理》（上），中国人民大学出版社2004年版，第15页。

③ 参见刘志远：《刑法解释的限度——合理的扩大解释与类推解释的区分》，载《国家检察官学院学报》2002年第5期，第22页。

④ 张志铭：《关于中国法律解释体制的思考》，载《中国社会科学》1997年第2期，第112页。

⑤ 参见杨仁寿：《法学方法论》，中国政法大学出版社1999年版，第112页。

解释与续造之间的区分之间只能是文字可能的含义，除此之外，实在不能发现其他的区分标准。① 我国台湾地区学者王泽鉴先生认为，文义是法律解释的开始，但也是法律解释之终点，即法律解释不能超过可能的文义，否则就是造法活动而不是法律解释。可见，解释中文义界限之提倡也是民法学界权威的坚守。李希慧教授也认为，扩张的程度可以超出刑法规范用于的应当含义，但不能超出刑法规定用语的可能含义，即刑法规范文义的“射程”。②

所有的刑法解释都应当从法律规范“文字的可能的含义”出发。③ 目前学界通说在这一点上持古典主义解释论，即刑法规范文字可能的语义的界限，也就是刑法解释的界限。如果刑法学要越过这一界限，则不再称之为法律解释，而只能是一种法律补充性的或者法律纠正性的法律续造，是通过超越文字可能含义的漏洞填补来实现法的续造。④ 德国联邦最高法院也曾多次指出，在文义可能性界限的范围内，每个概念都应该依据刑法规范的含义和规范确定的目的，在此框架之内被解释与适用。没有一个立法者，也没有一部法律是为过去立法，其立法的意图都在于“阻止罪犯再重新侵害公民”和“规训其他人不要再重蹈覆辙”。⑤ 同理，立法者和法律也不会容忍将法律的使用范围严格限制在当时和既往的社会条件之下，因为立法者和法律都不是为过去立法，而是为未来制定法律，法律规范的文字也不是僵死的文字，法律被希寄能被有意义地继续被适用，法律规范的文字也能够涵摄未来可能的文义，只要这种涵摄与适用不会摧毁它所铸造的形式。⑥

承认刑法中的字义是法律使用者的界限的人不会同意法官可以依照一个或者数个刑法规定的意义而将自己的解释结论延伸到文字可能的含义之外，否则，扩张解释与类推解释的界限将不再发挥它的限定作用，立法者所“铸造的形式”将被摧毁。超越法律文字可能的含义的解释结论会使法律规范处于一种飘忽不定的状态，刑法尤其是总则的人权保障机能可能会陷入无保障状态，人们的自由可能会成为类推解释得出的或然性结论的牺牲品。严格遵守刑法规范的文字含义也可能会带来一定的问题，但与类推解释所带来的问题相比要小很多，并且，正视这些问题的存在恰恰能够使立法者不断修改自己的立法中不准确的文字。反之，如果通过类推解释得出了看似合理的结论，反而使真正的问题被掩盖，带

---

① 参见[德]拉伦茨：《法学方法论》，陈爱娥译，商务印书馆2003年版，第228页。

② 参见李希慧：《刑法解释论》，中国人民公安大学出版社1995年版，第112页。

③ 参见[德]齐佩利乌斯：《法学方法论》，金振豹译，法律出版社2009年版，第63页。

④ 参见[德]齐佩利乌斯：《法学方法论》，金振豹译，法律出版社2009年版，第66页。

⑤ [意]贝卡利亚：《论犯罪与刑罚》，黄风译，中国大百科全书出版社1993年版，第31页。

⑥ 参见王祖书：《刑法目的解释论解释研究》，吉林大学刑法学2015年博士学位论文，第78页。

来法律规范本源性的混乱。因此，法律解释必须从可能的字义的解释出发，并将可能的字义作为解释的最外部的界限。

（三）扩张解释与类推解释的形式界限："推论方式区别说"

"文字可能的含义"固然可以从语言学的角度为扩张解释与类推解释的界分提供一个标准，但是语言自身无法消除其自身固有的模糊性的缺陷。但如果能做对二者解释进路中形式逻辑的区分，无疑会进一步助益对两者的甄别。

1."推论方式区别说"：修正的"推论形式区别说"

日本学者荻原滋认为，扩张解释和类推解释可以从推论的形式上将二者区别开来，扩张解释是从上位概念演绎推论出下位概念，而类推解释则不存在这种概念之间的包含关系，只是根据两者之间具有类似行来作推论，即采取从特殊到特殊的推论形式。[①] 但很明显，更准确地说，他讲的是类推而不是类推解释。现下通常意义上的类推解释与扩张解释的区别是在大前提上的不同：类推解释的大前提是刑法的一般原则，甚至法律的一般原则或者一般概念，而扩张解释的论证的大前提是刑法规定的类型化的构成要件或其他具体语言文字。虽然扩张解释的大前提是确定的，而类推解释的大前提是模糊的，是不能作为严格意义的大前提直接推导出结论，但它们形式上都还是"三段论"的"演绎"。为了更准确地说明二者的差别，不妨修正"推论形式区别说"中的"形式"为"方式"，称之为"推论方式区别说"。

进一步而言，"类推"是从一个或几个判断（前提）推出另一个判断（结论）的思维形式。"类比推理"是推理的一种，它不同于"演绎推理"，其结果的特征是具有类似性，而因为仅仅只有类似性，所以，结论的正确性是或然的、不确定的；演绎推理的结果具有被包含的绝对正确性。换言之，作为逻辑的"类比推理"与作为解释方法的"类推解释"是不同的，类比推理本身是一种形式逻辑方法，而作为法规范的语言文字的解释一般不能直接充分表现解释者的论证过程。在探讨类比推理在扩张解释或者类推解释过程中的论证的时候，在详细呈现其论证的过程之前，首先需要将其正名，即所讲的解释是刑法解释论中认可的具有正确性意蕴的解释。换言之，只有论证后经过认可的、具有合法性和合理性的解释才叫刑法解释论中的"解释"，也即要注意区别扩张解释和被冠以"解释"之名、实际不是刑法解释的类推解释的不同质性。我们也应当明确，有时候扩张解释的结论与类推解释的结论可能相同，但为了使该结论在法律意义上正当化，必须通过正当途径，即扩张解释而非类推解释的进路进行论证。[②]

① 参见［日］荻原滋：《罪刑法定主义与刑法解释》，成文堂1998年版，第127～141页。

② 参见［日］山口厚：《刑法总论》（第三版），付立庆译，中国人民大学出版社2017年版，第13页。

类推解释"允许说"者可能认为,类推解释虽然不是在直接的类型化构成要件文字下根据文字的核心含义进行类推,但也是根据刑法的目的或任务、原则的一般性规定或者刑法规范中一般的抽象概念进行类推。但是问题在于,其结论是新的类型化的构成要素,超出了刑法规定的类型化的语言文字可能含义之外。例如,将《刑法》第263条中的"冒充军警"解释为包含"真军警",[①]其理由就是,如果A冒充警察与真警察B共同实施抢劫并既遂的犯罪,仅仅对A适用法定刑升格条件即判处10年以上有期徒刑,对B判处3年以上10年以下有期徒刑,是不符合刑法目的的,有失合理性。张明楷教授自己也认可,这是一种目的性推论,而不是演绎论证,但基于刑法量刑的均衡性和协调性考虑,也就是罪责刑相适应的角度考虑,是一种当然的结论。[②] 有人认为,真军警人员抢劫的应该比冒充军警人员的抢劫量刑应该更重;[③]也有人认为,起码真军警人员抢劫不应该比冒充军警人员的抢劫量刑应该更轻,[④]应当修改立法[⑤]或在新的司法解释中予以明确为法定升格刑条件的一种。[⑥] 正如一般人也都知道,同等数量的贪污犯罪比盗窃犯罪的量刑应该更重,这显然是中国刑事立法中存在的问题,需要在论证、发展中解决,而不能行类推解释之权宜之计。

2. 类型的类推与类型下的类推

考夫曼强调:"法律认识一直是类推性的认识,法官的裁判本身带有类推的性质,扩张解释无非就是法律适用者虚拟的一个另类的名称,以免触及刑法的禁止类推。"[⑦]这个论断存在两方面的问题:一是没有区分作为逻辑的"类比推理"和"类推解释"的区别;二是忽略了认识的开始和认识的过程,以及现代法律的解释作为论证而存在,不再是一种仅仅基于类比推理的作为认识的初始阶段。日常情况是,当遇到行为是不是具有构成要件该当性,首先的确是寻找最相类似的条文(非常熟悉的除外),然后再行论证行为是不是具有刑法规范所规定的构成要件该当性;前面的部分属于感性的类比推理认识,后面的属于理性的演绎论证认知。

考夫曼提出,法是当为与存在的对应,因此,在法治中,当为与存在既非同一

① 参见赵运锋:《刑法类推解释的构成方式与界限评析》,载《湖南社会科学》2016年第5期,第75~76页。

② 参见张明楷:《刑法分则的解释原理(上)》(第二版),中国人民大学出版社2011年版,第67~69页。

③ 参见郑永流:《法律方法阶梯》,北京大学出版社2008年版,第200页。

④ 参见张理恒:《警察伙同他人抢劫应当如何量刑》,载《检察日报》2010年8月8日,第3版。

⑤ 参见刘艳红:《冒充军警人员抢劫罪之法定刑设置疏漏》,载《法学》2000年第6期,第44页。

⑥ 参见付立庆:《论军警人员抢劫行为之法定刑适用》,载《法学杂志》2007年第4期,第115页。

⑦ [德]考夫曼:《法律哲学》,刘幸义译,法律出版社2004年版,第79页。

亦相异，而是类似地联系在一起。法的现实性本身是根据一种类推，因此，法律认识一直带有类推的性质。有两个问题需要明确：一是法的适用不是类似地联系在一起，而是确定地联系在一起。“当为”是法的价值判断，“存在”是事实判断，价值与事实既非同一亦非相异，而是“当为”的法律规范是对“存在”的价值评判，法官的裁决就是那个最终的解释结论。二是上文中提到的，类推作为形式的中立的逻辑技术，在事实和价值判断的链条中都阶段性并非决定性存在。考夫曼没有继续评判类推解释和扩张解释中推论形式的区别，即类比推理在两种解释中所追随的大前提不同：类推解释中的类比推理所推定的结论，没有构成要件或法规范语言的直接涵摄。虽然在刑法中，每一个法律认识、法律发现和所谓的涵摄都显示出类推的结构，而涵摄意味着刑法具体规范与具体的生活事实相互对应，但这并非经由法律原则一般概念作为大前提的三段论立即推论得出，因为类型化的构成要件与法律原则并不相同，其处于法律原则规定的下位条款之中，而事实是处于经验现实的领域中，它完全由证据的综合判断得出结论。涵摄无非就是一种内在，与构成要件下的诸要素的类似推论，但类推解释的小前提不在构成要件或规范具体文字之下。法律适用决不是简单的基于原则的模糊、或然的涵摄，它要达到事实认定确实充分，法律适用评价正确无误。这就排除了基于原则为大前提的逻辑的三段论的演绎推理过程，而是基于类型化的构成要件或具体文字为前提的论证。文字在类推中被理解，但更重要的是，文字在论证中被证实，这才符合人类完整的认识客观事物的规律。人们都是首先通过相对简单的类比来理解事物，但达到的只是初步的感性认识。然而考夫曼忽略了，认识最终还是要回归到构成要件的涵摄模式，通过演绎论证达到对事物本质的把握，来最终验证认知是否符合类型化构成要件，论证是否能排除扩张解释结论中的或然性错误。

仅通过形式逻辑无法洞察刑法规范文义的实质内容，但它能够结合“文字可能的含义”的实质标准排除“不可能的含义”的论证路径。类型化之下的类比得出的结论比文字可能的含义要窄，因为经过上位特定的类型化的限缩，使其符合刑法规范的规定。当然，我们也承认，类推解释的结论和扩张解释的结论有时候是相同的，正如有时候没有任何法律知识的人得出的结论和法官裁判的结果结论一致一样，我们强调的是作为解释结果的推论应当具有形式的正确性，刑法解释论也应当遵从论证程序的适正性。刑法规范中规定的类型是一个论证的起点，既是论证的大前提，也是论证的范围；它与作为刑法原则和一般概念不同，同时展现了现实关联性与规范的关联性，刑法正是透过类型作为理念与现实之间的桥梁及度过二者之间的鸿沟。①

刑法解释是一个探寻类型含义所包含的外延的过程,对外延的认识过程先是一个运用类推的过程,再行纳入大前提进行涵摄性比较验证。但类推解释不同,它实质上仅仅是一种水平面上的类比。即使反驳者声称类推解释进行了涵摄性验证,进行验证的大前提不是类型化的构成要件,而是刑法过规定的原则或者一般化的概念;殊不知,那些原则或者一般性的概念刑法已经通过限缩以类型的名义展现给世人,这就是不能通过刑法原则或者一般性的概念来解释以超越类型、来否定的犯罪构成要件的定型性的原因之所在。如果那样的话,法律意识的权威将取代法律文本作为类型的权威,刑法规定的犯罪类型将难以准确地通过解释而适用,人们将无休止地运用法律原则来诠释自己主张的合法性,几百年来刑法学构成要件的类型化的成果将被虚化。换言之,这也是对刑法罪刑法定原则的侵蚀,即不遵循形式的解释将不断侵蚀刑法文义的领地,类型化的规则难以避免地逐渐让位于个人的个性化的理念。法律文本有缺憾是不可避免的现象,我们可以通过修法来不断维持刑法的适正性,而不是允许类推解释让刑法的犯罪类型变得畸形和捉摸不定。

3. 推论方式区别说:演绎与论证之下界限再明晰

演绎推理在扩张解释中的功能在于:第一,选择类型化的法律规范或具体的文字作为刑法适用解释的大前提,有助于法官受到刑法规范文义的约束,避免不当入罪;第二,要求明示定罪量刑结论的推理的具体前置条件,这又有助于刑法平等原则和法的安定性的实现;第三,有助于最精确地审查所有论证前提和整个论证过程,从而有利于判断大前提是否还需要进一步论证,以及论证的事后监督。② 刑事判决证立的最主要目的是证实判决结果与刑法具体规范的符合性,实现这一目的的最佳方式是通过构成要件类型的涵摄进行演绎论证,将案件的事实归位于刑法具体规范的类型,在类型化的规定之下适用刑法规定。通过演绎推理的过程可知,法官适用刑法裁判说理的不仅仅是其过程,而且其结论也都必须遵守刑法构成要件的类型化限定。承认刑法中构成要件类型化的限定,也就等于承认文字可能含义的界限功能,文字可能的含义的界分以及作为论证大前提类型化构成要件的确认,我们在此可以看到类推解释与扩张解释相对清晰的界限。

阿列克西认为"解释即论证"。③ 解释应当以论证的方式来展开,解释的目

① 参见徐育安:《刑法上之禁止类推的生与死》,春风煦日论坛1998年版,第85~86页。

② 参见王祖书:《刑法目的解释论解释研究》,吉林大学刑法学2015年博士学位论文,第202页。

③ [德]罗伯特·阿列克西:《法·理性·商谈》,朱光、雷磊译,中国法制出版社2011年版,第70页。

标不能是或然的、更不能是任意的结果，而是正确的结果。只有举出充分的支持判决结果的理由，并且能排除反对它的理由之后，解释结果的正确性才能够被证成。但基于单纯的类比推理或者类推解释因其结论具有或然的必然性，无法排除反对它的理由，就不能够证明其结果的正确性。例如，如何证明类比推理的结论与前提中没有经过类比的属性也是完全相同的呢？尤其是如何排除这种怀疑呢？如何排除类推解释原则性大前提与类型化要件之间的空白区域作为论证大前提的不确定性抑或模糊性呢？同理，在刑法解释论中，类推解释的结论虽然符合刑法的原则或精神，但那只是一种“盖然性的标准”，并没有类型化的依据予以支撑，保证其到达“证据确实充分”的标准。此刑法要求的证明标准及对其相应的解释要求的准确性，决定了刑法只能进行严格解释，而这就决定了类推解释的结论达不到刑法解释所要求的合法性标准。①

六、扩张解释的三层次限定规则之提倡

刑法条文文字的应有含义与刑法规范的目的，这两个问题应该是同一问题的两个不同的侧面，即刑法规范的目的通过对刑法条文真正的含义的解释而被认识。但解释往往是一个制度的产物，或者说是一个权力结构的产物，一个集体活动的产物，而不是一个单纯的个人智识探讨的结果。② 目的解释是文义解释的一个理由，因为立法者所立刑法的目的本身就是条文的应有的含义，而刑法规范的含义均已经蕴含在条文之中，或者上下文（体系即语境）之内。虽然人的认识都基于前见，甚至“人在事物中寻找的东西，只不过是他自己曾经塞入的东西……”③在刑法教义学的逻辑体系中，刑法规范大前提是一个先验的封闭体系，而不是一个经验性的开放体系。进一步而言，因刑法罪刑法定原则的限定，它开放的是小前提即待评价的行为事实，以及结论的可商谈性，而不是大前提的可商谈性，这也是刑法解释论与其他法律解释论的本质区别。

基于以上考量，刑法扩张解释规则应包含三个规则：其一，扩张解释不能逾越刑法规范条款本身的文义阈界；其二，刑法规范扩张解释结论的条款之间应当相互贯通，能够自洽；其三，解释结论仍非唯一时，以法益衡量之择优确定。

（一）文义阈界之限定

文义的功能在于将待释事实或构成要件涵摄于刑法规范文义之下，而不是

① 一些类推解释的结论虽然不合法，但具有一定的而合理性，是因为那是属于立法或修法法律证成的范围探讨的问题或命题，而法律解释和立法建议的区别，正如立法和司法的区别一样。

② 参见张志铭：《关于中国法律解释体制的思考》，载《中国社会科学》1997年第2期，第107页。

③ ［德］弗里德里希·威廉·尼采：《权力意志》，吴崇庆译，台海出版社2016年版，第187页。

在解释者的主观目的之下。解释的目标不是得出主观的结果,而是得出正确的结果。那么刑法解释的正确性探讨的前提,在于确定正确性的标准,正确的标准必须能够排除反对它的理由。只有这样,正确性才能被证明,而这个正确性的法定的标准就是罪刑法定。换言之,"到底什么是罪刑法定原则所允许的解释限度,才是我们关心的"。① "如果我们不能坚守罪刑法定原则的信念,禁止类推定罪很容易流于言不及义的空谈,是为老百姓唱出了一出罪刑法定的《空城计》。"②质言之,罪刑法定的原则就是,刑法的扩张解释不能超过刑法规范的文义阈界。

原则是抽象的,它不仅仅锁定或衡量一个刑法规范,而是所有的刑法规范;它不仅仅给出一个答案,而是圈定答案的正确性范围,而被罪刑法定原则圈定正确性的标准就是刑法规范文义含义本身。换言之,在可能文义的界限点上,文义解释当然是应当优先考虑的,正如陈兴良教授所言:"文义因素绝对优先。"③易言之,任何解释都不能超越具体刑法规范用语的可能含义,即使结论符合刑法规范确定的抽象原则目的,因其对罪刑法定原则的突破不能被确认。

例如,《刑法》第 367 条第 1 款规定的"淫秽物品"可以包括"具体描绘性行为或者露骨宣扬色情的秽淫性的书刊、影片、录音带、录像带、图片以及其他淫秽物品",但无论如何也不能将"裸聊"也解释为"淫秽物品"。再如,《刑法》第 116 条破坏交通工具罪的对象是"汽车"等交通工具,对这里的"汽车"可作扩张解释,即包括"农村边远地区用于执行交通运输任务的大型拖拉机";对"电车"也应作扩张解释,即包括电瓶车和缆车,但无论如何不能将其解释为人力三轮车。又如,《刑法》第 347 条贩卖毒品罪中的"贩卖"应解释为出售、为出售而购买、居间介绍买卖三种行为,但无论如何也不能将"吸食"解释为"贩卖"。

在解释过程中,应当把文义解释作为解释的起点和终点,"文义解释是法律解释方法的优位选择"。④ 文义阈界不仅是刑法解释的基础,更是刑法解释不可逾越的鸿沟,而扩张解释往往就在鸿沟的内部边缘。如果对于扩张的文义解释仍然存在多种不同的理解,那么应进一步结合刑法规范章节、上下文体系语境,对规范的含义进一步限缩,做到符合刑法规范语境,使扩张解释的结论得以体系贯通。

---

① 陈兴良:《形式与实质的关系——刑法学的反思性检讨》,载《法学研究》2008 年第 6 期,第 96 页。

② 邓子滨:《中国实质刑法观的批判》(第二版),法律出版社 2017 年版,第 21 页。

③ 陈兴良:《判例刑法学》(上册),中国人民大学出版社 2008 年版,第 65 页。

④ 陈金钊:《文义解释:法律方法的优位选择》,载《文史哲》2005 年第 6 期,第 146 页。

（二）体系贯通之协调

法谚云："体系解释使法律之间相协调最好的解释方法。""只有整体把握刑法体系，单个刑法规范才能得到准确地定位。"①因为没有一个法律规范的文字是独立存在的，它们必须放在法律的节、章、篇之中去理解，即它们必须作为整个法秩序的一个部分要素去理解。② 基于体系的解释与文字可能的含义（扩张解释）、平常的含义（平义解释）或者被刑法限定的含义（限缩解释）之间存在交错，如图2所示。

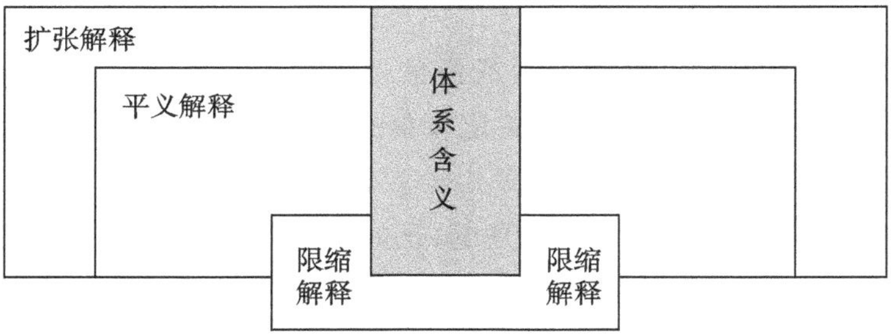

图2　体系限缩下扩张解释在文义解释中的位置

从解释逻辑上考察，一般的刑法解释是基于对文字通常含义的理解，即平义解释。如果需要探究文字可能的含义进行扩张解释，则还要在整个刑法体系内检验其是否符合刑法规范体系含义的要求；如果扩张解释符合文义的要求，但不符合体系的要求，则解释效力仍有待商榷。在此意义上，具体规范扩张解释的一个关键是要从规范体系的语境入手，进行文义多义理解的第二步限缩，消弭条款文义的间隔化而引发的在具体适用的多义纷争。"体系间的协调可能导向文字含义的限缩或严格查明，在此会产生严格的法律论证，从类逻辑的角度讲，出现的是对扩张解释的结论的限缩性修正。"③

单一刑法条文如果通过上下文的整体性理解，能更好地理解其具体文义，即通过体系上下贯通的理解，能使各种罪名、犯罪身份、刑罚保持体系性的统一。这种刑法规范内部不同规范文义的"商谈"，经过不同解释主体、不同立场的协调论证，会更好地诠释出刑法规范的真正含义。如果能成功解决单个刑法规范条文与其他款、条、节、章、篇的辩证关系，那么一个组织良好或者和谐的刑法规

---

① 李瑞杰：《误解与澄清：一个关于犯罪参与理论的规范考察》，载《光华法学》编委会编：《光华法学》（第十辑），法律出版社2016年版，第144页。

② 参见［德］魏德士：《法理学》，丁晓春、吴越译，法律出版社2015年版，第320页。

③ ［德］乌尔里希·克卢格：《法律逻辑》，雷磊译，法律出版社2016年版，第208页。

范体系就形成了。① 例如,对于刑法条文规定的“其他严重情节”等规定的解释属于我国刑法授权司法解释有权单位的“法的续造”,②它一方面要求尊重立法者的权威及法的安定性,另一方面要求司法机关进行融贯性解释,保障内容的明确性、适正性。

体系之协调,即以刑法规定的贯通性(统一性)理念为基础,体系性地解决单个问题,一是解释文义与款、条、节、章、篇甚至刑法全文的连贯性;二是文义与刑法总则一般规定的一致性;三是保障特别条款优于一般条款的原则。罪刑法定原则是启蒙思想留给近代刑法的最大遗产,也是法治社会刑法的内在精神之所在。法官必须总在法律文本各种可能的含义之间加以选择,“这种根据规则进行创造性(选择)活动,就被人们称之为解释”。③ 贝卡利亚力图阻止人们进行自由的解释,认为这正是擅断和徇私的源泉。④ 换言之,刑法规范的解释因其现实局限,既不能突破文义的圈定,也不能突破体系含义的决定。

(三)法益衡量之择优

然而论及法益衡量时,因“法益”是法律所确认和保护的、可能受到侵害或威胁之生活利益,法益可能是存在于立法过程中“主观法益”,也可以是存在于司法过程中“客观法益”;可以指立法文本所明确确认和保护的“明示法益”,也可以指隐含在立法文本中并可以从中推论出的为该文本所确认和保护的“隐含法益”(或默示法益);可以指整体法律秩序所确认和保护的一般法益,也可以指法官在司法裁判中具体确认的特殊法益;还可以指制度法益与非制度法益;此外,从现实化程度上看,法益可以分为实质法益与想象法益;从归属主体上看,法益可以分为个人法益、集体法益、国家法益和社会法益。由此可见,作为法益衡量之方法论硬核的“法益”是一个有着众多层次或多面相的范畴,在理论研究我们切不可“执一相而称全相”,而导致不必要之混淆,从而影响衡量方法的程序、技术和原则选择上的正确性。⑤

在存在多种可衡量的纬度之后,法益衡量应根据具体情况确定哪一种法益必须让步或被缩减。它必须遵守两个原则:一是位阶原则,即高位阶法益应比低

① 参见[德]罗伯特·阿列克西:《法·理性·商谈》,朱光、雷磊译,中国法制出版社 2013 年版,第 82 页。

② [德]罗伯特·阿列克西:《法·理性·商谈》,朱光、雷磊译,中国法制出版社 2013 年版,第 84 页。

③ [德]克劳斯·罗克辛:《德国刑法总论》(第 1 卷),王世洲译,法律出版社 2005 年版,第 84 ~ 85 页。

④ 参见[意]贝卡利亚:《犯罪与刑罚》,黄风译,中国大百科全书出版社 2003 年版,第 13 页。

⑤ 参见李可:《法益衡量的方法论构造——一项对被忽视或混淆之问题的微观研究》,载《法律方法》2012 年第 12 期。

位阶的法益得到优先保护，例如，人权法益应比物权法益得到优先保护，个体法益应比集体和国家法益得到优先保护，公共法益应比私人和集体法益得到优先保护；二是在同位阶的法益之间只能实行比例原则，即被影响程度较重的法益应比受影响程度较轻的法益得到优先保护，同时应尽可能地给不受保护的法益以最轻微和最小的限制，即如拉伦茨所言："为保护某种较为优越的法价值须侵及一种法益时，不得逾达此目的所必要的程度。"①

法益衡量的本质是一种揭开面纱的法定权利衡量，其并非单纯的法感，不是一种无法作合理掌握的过程，在某种程度上其仍须遵守若干可具体指称的原则。② 第一，合法性原则。法益衡量衡量的对象是法内的各种利益，即依照法内的利益逻辑进行的衡量，法益衡量是在有效规则的背景下进行的，因而像赫克所说的，法官必须接受现行法的约束。③ 现行之"法"从广义的角度看还包括宪法基本价值秩序及其刑法授权其他部门法的具体规定。第二，平等性原则。法益衡量所遵循的平等原则主要是一种法内的平等原则，即在同等情况下，不同主体的法益应当得到同等对待；在不同情况下，不同主体的法益应当得到区别对待。为了保证平等性原则得到贯彻，现代法治要求法官在适用法益衡量作出裁判时必须尊重先例。第三，人权保障原则。法益衡量既然是在宪法之价值秩序约束下进行的衡量，那么它必须尊重宪法作为人权法之特征，即高扬保障人之生命、自由和尊严及与之紧密联系的私有财产之旗帜，此谓德国法上的"自由权优先性"原则。④ 即便出于社会法益、国家安全之需要而必须限制上述基本人权时，也应尽可能使用最轻微之限制手段。

法益衡量是在解释结论无法对个案进行适法性判断的情况下采取的不得已之举，因而只能发生在法律的规定模糊不清并且相互冲突的情境下。即使在缺失上述规范性因素的情况下，法官也应在现行法秩序、法传统（如对情理、和谐的重视）、法目的（如人的自由的全面的发展、人与自然和谐相处、经济社会的可持续发展）、法原则（如平等原则、位阶原则）、法价值（如自由、秩序和平等）和法理想（如法治国理想）的界限内进行法益衡量。"法的确定性原则要求判决是在现行法律秩序之内自洽地做出的。……法的种种建制史构成了每个当代的判决实

---

① ［德］卡尔·拉伦茨：《法学方法论》，陈爱娥译，商务印书馆2003年版，第279页。

② ［德］卡尔·拉伦茨：《法学方法论》，陈爱娥译，商务印书馆2003年版，第286页。

③ 参见何勤华主编：《西方法学流派》，中国政法大学出版社2003年版，第148页。

④ Jarass/Pieroth：GG（5. Aufl.），2000. Art. 20，Rdnn. 80～82. 转引自李可：《法益衡量的方法论构造——一项对被忽视或混淆之问题的微观研究》，载《法律方法》2012年第12期。

践的背景。”①

七、余论

刑法中扩张解释概念的出现催生了对其规范化构造的探讨，对文字可能含义的“可能”的追问对追问者各方都面临巨大风险，但这不可避免。一方面，立法者将严重侵害法益、具有严重社会危害性的行为类型化为犯罪行为；另一方面，司法者基于个案正义的考量在个案解释中对类型化的行为予以规范范围内的实际修正、扩张、限缩甚至否定，两者的形式矛盾难以调和也致始终无法消解。② 德国对于“文字可能含义”之“可能”的语言学的研究进路实际上构建了我国扩张解释的实质性轮廓，但由于我国刑法解释论中“实质解释”“目的解释”有凌驾于“文字可能的含义”之外走向类推解释的现实性风险，所以对其解释逻辑的甄别也有必要作为防止类推解释的一个形式性标准。因此，在扩张解释与类推解释的区别中，“文字可能的含义”与“推论方式区别”这一实质与形式相对置的双重区别说值得提倡。此外，扩张解释与规范化的扩张解释是两个不同的问题，规范化的扩张解释的文义限定是其本身应有之义，体系与法益衡量的再次限定使得扩张解释最终得以规范化证成。但扩张解释的规范构造是一个繁杂的体系，本文的研究仅仅是一个开端。

Standard Construction of Extended Interpretation in Criminal Law

Ren Yuejin

Abstract: The expanded interpretation of criminal law has different positions in the Chinese and Japanese theoretical circles, "affirmative theory" and the German criminal law academic "negative theory," but both sides agree that "the possible meaning of words" is the limit of criminal law interpretation. Boundary theory based on the concept of "expanded interpretation" is different from German linguistic boundary theory. In the Chinese problem of the normalized construction of expansion interpretation, the existence of expansion interpretation is three-dimensional, and the boundary between analogy interpretation also needs to be

---

① [德]哈贝马斯：《在事实与规范之间——关于法律和民主法治国的商谈理论》，童世骏译，上海三联书店2003年版，第246页。

② 参见杜宇：《“类型”作为刑法上独立思维形式》，载陈兴良主编：《刑事法评论》（第26卷），北京大学出版社2010年版，第242～243页。

double-layered in terms of the substantive "literal meaning" and the form "inference form difference". Expansion interpretation rules should follow the definition of the threshold of meaning, the limitation of the system, and the limitation of the choice of legal interest measurement.

Key words: extensive interpretation the possible meaning of words analogical interpretation standard structure

论遗产管理人制度适用之边界

——兼评民法典草案三审稿第1145～1151条

■ 莫　志*

［内容摘要］　遗产管理人通过协调遗产处理以达到任何继承人单独行动所无法实现的遗产顺利分配的目的，其是民事继承法律发展中的重要制度。虽然我国现行《继承法》未有规定，但司法实践已经要求立法对其设立予以回应，并明确与遗嘱执行人的关系。遗产管理人的制度构建应以"管理"为核心，通过在立法上对行动宗旨、选任资格、行为限度以及适用情形予以必要的规定，从而确立制度的边界。为了遵循"管理"之内在要求，遗产管理人应当区别于遗嘱执行人，适用于无遗嘱或无继受人的情况，否则将会在民法典中出现其与后者概念的混淆，进而限制遗嘱信托的发展与被继承人的遗嘱自由。

［关键词］　民法典继承编　遗产管理人　制度边界　概念扩张　遗嘱执行人

---

* 莫志：四川大学法学院民商法硕士研究生。

一、问题的提出

“遗产管理人”制度是我国理论界诸多学者呼吁引入的重要制度之一，在此前继承法修订或者民法典编纂的专家建议稿中曾多次出现。① 随着编纂工作的深入，2019 年 12 月全国人民代表大会再次对民法典草案（三审稿）（以下简称草案）进行审议，相关内容包括选任（草案第 1145 条、第 1146 条）、职责（草案第 1147 条）、民事责任（草案第 1148 条）等。对比之下，我国 1985 年《继承法》仅出现了“遗嘱执行人”，且亦十分简要，第 16 条、第 24 条以及最高人民法院《关于贯彻执行〈继承法〉若干问题的意见》（以下简称《继承法司法解释》）第 44 条部分涉及了遗产处理中执行与保管等问题，除此便再无遗产管理人的相关规定，以至于学者们普遍认为我国尚未形成遗产管理人制度。② 然而司法实践中却已经出现了遗产管理人的身影，并产生第一个疑问：遗产管理人是否为遗嘱执行人？在 2014 年杭州市中级人民法院审理的“孙玉妹与孙国忠财产损害赔偿纠纷”（2014 浙杭民终字第 3321 号）中，由于被继承人在遗嘱中仅使用了“管理”而非“执行”或类似意思的词语，导致双方就上诉人的遗嘱执行人身份产生分歧，并分别就遗产管理人是否等于遗嘱执行人进行假设与论辩。但遗憾的是，法院简单地以“上诉人孙玉妹提出该条规定孙玉妹为遗产管理人，其具有遗嘱执行人身份的主张缺乏事实依据”为理由，回避了对“遗产管理人是否为遗嘱执行人”的解答。而在 2018 年上海市杨浦区的“方某 1 与方某 2、方某 3 法定继承纠纷”（2018 沪 0110 民初 4682 号）一案中，法院直接分别认定原告方某 1 为遗产管理人，案外人陈玉林为遗嘱执行人。这似乎给出了一个答案，即遗产管理人可以不等同于遗嘱执行人。

显然，民法典在一定程度上回应了上述司法实践中对遗产管理人进行调整的上位法需求，且第 1145 条“继承开始后，遗嘱执行人为遗产管理人”的规定更是试图在理论上将遗产管理人与遗嘱执行人之间关系的争议画上句号。根据该条，除遗嘱执行人仍然需要由遗嘱指定外，新增的遗产管理人制度将完全囊括原有的遗嘱执行人规定，从而“省去”后者在制度上的独立设计，以至于遗产管理人无意间成为遗嘱执行人之上位概念。③ 由此可见，遗产管理人制度在民事继承立法中不仅发生了从无到有的变化，而且出现了适用范围的扩张以及与遗嘱

---

① 包括徐国栋、陈苇、梁慧星、王利明、张玉敏、杨立新等学者都有相关的建议稿，具体内容汇总与评析，可参见石婷：《遗产管理制度研究》，群众出版社 2017 年版，第 176～201 页。

② 参见李轶：《继承程序的立法完善》，载《法学论坛》2013 年第 2 期，第 67 页；陈苇、石婷：《我国设立遗产管理制度的社会基础及其制度构建》，载《河北法学》2013 年第 7 期，第 13 页。

③ 不同的是，在我国香港《遗嘱认证及遗产管理条例》中，遗产管理人（administration）与遗嘱执行人（executor）为平行之概念，合称为遗产代理人（personal representative）。

执行人原有关系的反转，影响了“遗产管理人”在立法体系中的概念外延。然而制度的设立与调整需要以理论为根基，进而在设立中划定必要的边界，以实现自身的独立，并保护其他制度不受影响。草案第1145条之规定表面上似乎解答了当前司法实践中遗产管理人与遗嘱执行人的关系争议，然而由于扩张而带来的更深层的影响却未必得到妥善解决。这种改变是否符合“遗产管理人”制度的本身设立基础与目的，是否会对遗嘱执行人制度本身造成不利影响？因此，笔者类似地从比较法角度提出第二个新的疑问：遗嘱执行人能否为遗产管理人？

尽管民法典草案在对待遗产管理人制度的立法态度上与现行《继承法》相比发生巨大转变，但实际上，上述两个疑问都最终都指向了一个更根本、也是当前民法典编纂需要考虑的问题：当我们设置遗产管理人制度时，是否可以将适用边界拓展至遗嘱执行人？制度的边界不仅决定了“遗产管理人”所能涵摄的法律关系的范围之大小；而且还决定了其如何区别于其他制度而独立存在，同时还不会影响、阻碍其他制度之发展。本文首先从理论中的基本概念出发，对遗产管理人中的“管理”进行解读与阐释，进而探讨遗产管理人制度的设立目的与价值，此乃制度的根本，决定了制度的发展走向。藉此，以民法典继承编草案与现行《继承法》及其相关司法解释为研究文本，进入立法层面对制度的适用前提——边界之重要内容——进行比较法上的研究与建构。最后，论证将遗嘱执行人归入遗产管理人制度之下有失妥当，从而在根本上对遗产管理人适用边界之问题进行解答。

二、遗产管理人制度之基础

我国现行《继承法》尚未有涉及“遗产管理人”的任何表述；已公布的草案虽然对管理人的职责、选任、报酬等进行了规定，但也同样未给予明确的解释或立法上的概念界定。“法律概念对一项法律制度的内容进行表达往往反映出立法的主旨，只有借助法律概念，人们才能适用法律。”①尽管众学者的定义路径与方式各有侧重，但均围绕“管理”两字展开，如马俊驹以“管理”一词为中心，高度概括出遗产管理人“是指对死者遗产负责保存和管理的人”，②然而该解释却存在内涵上的高度不确定性，并未指明管理的程度、界限，也未能表达出该种管理秉承的是何种态度与价值理念。王改萍则从“人”为核心出发，认为遗产管理人是对被继承人的遗产进行妥善保存和管理分配的自然人、法人和社会组织，③这是

① 谭启平、冯乐坤：《遗产处理制度的反思与重构》，载《法学家》2013年第4期，第131页。

② 参见马俊驹、余延满：《民法原论》，法律出版社2010年版，第960页。

③ 参见王改萍：《论遗产管理人民事责任的承担》，载《山西高等学校社会科学学报》2015年第6期，第89页。

在主体身份上作了广义的理解。从该定义可以看到“管理”指的是“妥善保存”和“管理分配”。薛宁兰却认为“管理”应当还包括对被继承人的遗产进行清算。[①] 而石婷认为管理人的认定是“特定的主体在继承开始后直至遗产分割前这一阶段对遗产进行”的“一系列的综合性”行为的人。[②] 这样的定义存有“管理”被不当扩大之嫌，无法排除遗产管理人为一己私利的非正常与非正当行为。相比之下，《牛津法律大辞典》的解释则显得更为具体，对“管理”之内涵进行了解构与内容上的列举。其认为遗产管理人是“在被继承人无遗嘱或未指定遗嘱执行人、遗嘱执行人死亡或不接受被继承人财产的情况下，由高等法院家事法庭指定的收集被继承人财产，清偿死者债务，并将偿债后所余财产分配给根据未立遗嘱的情况或按照被继承人的遗嘱对遗产享有权利的人”。[③] 既然“管理”作为“遗产管理人”之概念基础的核心，那么其就不仅是法律意义上的概念构建，背后更是蕴藏着深刻而丰富的社会现实需求与经济基础。故对遗产管理人之设立与适用的扩张问题，仍然应从“管理”之内涵出发，结合其作为一项法律行为背后的本质属性，从而探讨“遗产管理人”制度在我国法律移植的过程中设立的目的与功能所在，如此方能廓清其在立法过程中所应当遵循的边界。

（一）“管理”之基本内涵

“管理”一词并非法律体系中原生的基本概念，其更多来源于经济与商业领域的实践。“管理就是由一个或更多的人协调他人的活动，以达到任何个人单独行动所无法达到的目标。”[④]然而对民法典中遗产管理人的“管理”之内涵的考察，不仅要从文本的原初语意上予以讨论，更重要的是诠释其法律话语上的规则以及在法律实践中所具有的特定经验。因为作为一项概念或者观念，其首先需要社会的实践与共识，进而通过一套正式的法律制度来支撑和强化，只有具备了一系列建制，才成为法律上的概念。[⑤] 这些法律建制实际上就是遗产管理人如何进行“管理”，或者说“管理”所包括的具体内容与要求。

正如《牛津法律大辞典》法律大辞典中将“管理”拆分成了收集被继承人财产、清偿死者债务以及分配财产三个方面，管理不是单一的法律行为，甚至可以

---

① 参见薛宁兰、邓丽：《构建我国遗产管理制度的若干思考》，载《中国继承法修改热点、难点问题研讨会论文集》，西南政法大学民商法学院、外国家庭法及妇女理论研究中心内部编印，2012 年版，第 238 页。转引自陈苇、石婷：《我国设立遗产管理制度的社会基础及其制度构建》，载《河北法学》2013 年第 7 期，第 13 页。

② 参见石婷：《遗产管理制度的体系化研究》，载《学术探索》2016 年第 5 期，第 75 页。

③ 《牛津法律大辞典》，光明日报出版社 1988 年版，第 18 页。

④ 马洪、孙尚清主编：《经济与管理大辞典》，中国社会科学出版社 1985 年版，第 1148 页。

⑤ 参见苏力：《这里没有不动产 法律移植问题的理论梳理》，载《法律适用》2005 年第 8 期，第 3 ~4 页。

说不是行为本身,而是对管理人行为之正当与否的评价。故其在法律概念中所投射的性质若何,是无法通过单纯的权利或者义务分析而获得结论。若其仅是一项单纯的权利,那么管理人可以权利自由行使的来自主决定是否进行管理、如何管理,但这显然与草案和域外立法中要求的内容相违背,如《德国民法典》第1985条专门规定"遗产管理人的义务和责任"。若其仅是一项单纯的义务,则无法解释管理人在管理过程中要求财产持有者移交剩余财产、在事实上对财产进行处分、对债务进行清偿等行为。所以,法律权利与法律义务的集合束将是"管理"在法律意义上的最好解释。那么,关于这一集合束的法律本质,或者说在法律体系中投射出的性质,学界主流观点有拟制代理说与法定任务说。

第一种是拟制代理说,①其认为管理人的行为即便没有获得继承人的授权,但其本质上都是为了继承人之利益,法律视其为继承人之代理,亦即特别拟制管理人为继承人法定代理人。但笔者认为这并不妥当。一方面,如果没有继承人,则被代理人是谁存在问题,此时正如有的学者所说的,我们必须在立法上将国库定为最后继承人才可以逻辑自洽,②草案第939条或将承担此任。另一方面,若暂时只出现了部分继承人,尚有一部分继承人不明,当未有出现或不知情的继承人与已出现的继承人发生利益冲突而形成类似"交易对手"的关系时,拟制的情况就必然会存在双方代理问题。而在有遗嘱的情况下,依据草案遗嘱执行人当然为遗嘱管理人,则有无可能其是遗嘱人之代理人?笔者也持否定态度,因为遗嘱执行人与遗产管理人皆是在遗嘱人死亡后才出现确定的,此时遗嘱人已经不再是法律上的人,管理人也就无从代理之说。这与《民通意见》第82条规定的情形也并不相同,因为死亡前遗产管理人并没有出现并获得权利。所以笔者认为,遗产管理人之管理并非拟制代理,遗产管理人乃独立之主体。另一种学说是法定任务说,③该说认为,遗产管理人于继承人出现之前所为之职务上行为对继承人有效,是为保护交易安全,继承人也不能否认管理人在职务上的管理行为,所以这是法律规定的任务。笔者赞同这种学说,该说既能解释了管理人权利的来源,同时很好地解决继承人不存在、尚有部分继承人未出现以及继承人无法否认管理人行为等实际问题。若遗产管理人是继承人共同推选决定的,那么"管理"就像是集体成员在"契约"下将权力让渡的结果,而非代理中的授权,个别继承人无法凭此就管理行为进行否认。若遗产管理人是像《继承法司法解释》第

① 参见史尚宽:《继承法论》,中国政法大学出版社2000年版,第370页。

② 参见刘耀东:《论我国遗产管理人制度之立法构建——兼论与遗嘱执行人的关系》,载《广西大学学报》(哲学社会科学版)2014年第4期,第113页。

③ 参见戴炎辉、戴东雄、戴瑀如:《继承法》,作者版2010年自刊,第225~226页。转引自刘耀东:《继承法修改中的疑难问题研究》,法律出版社2014年版,第280页。

44 条或者继承法草案第 1146 条所规定的由法院选定，那么此时法院作为法律执行的代表自然能够被法定任务说所解释，而在域外立法中也多是有主管的地方法院下达遗产管理命令，选定遗产管理人。

由于集合束状态下的“管理”所包含的基本法律关系复杂、行为性质多样，以至于域外立法中除了如《德国民法典》和《瑞士民法典》的传统的权利义务列举式规定外，还有另一种以“职务”或“职责”进行规定的模式，以契合法定任务说之理论，如《日本民法典》第 27 条与我国台湾地区“民法典”第 1179 条。传统的“权利义务”分列的方法在立法技术上虽然清晰，但会造成规定零散、语言冗杂、重复的问题。更重要的是，有些行为本身即是权利，也是义务，如“处置遗产”的权利与义务，以至于分列规定十分困难。而职务式列举法实际上是“权利”与“义务”的统称，是不直接对权利与义务予以泾渭分明的划分，例如保管遗产，管理人有权将遗产进行调查、清点、占有并实施保管行为，但是倘若其保管不当或者不履行保管职责，则亦违背了其相应的义务，发生损害时也要进行相应的责任承担。“职务”作为一个在法律寓意上亦相对复杂或者不那么标准的语词，反而与管理这本不源自法律体系的概念存在一定的对应关系。当具体到遗产管理人制度时，结合“管理”之原初解释，可将其定义为：管理人为了协调遗产处理程序所履行的职务，以达到任何继承人单独行动所无法实现的遗产顺利分配的目的。

在比较法上管理之职务可归纳为：(1)编制遗产清册；(2)出于保存遗产的必要而处置遗产；(3)申请法院通过公示催告程序通知遗产债权人和其他利害关系人在一定期间内报明权利请求；(4)清偿债权或交付遗赠物；(5)移交剩余财产。[①] 而我国现行继承法及其司法解释中尚未有对“管理”作出具体的规定，虽然出现了“保管”这一表述，但直到继承编草案第 1147 条才明确了管理之内涵：(1)清理遗产并制作遗产清单；(2)向继承人报告遗产情况；(3)采取必要措施防止遗产损毁；(4)处理债权债务；(5)按照遗嘱或者依照法律规定分割遗产；(6)兜底性质的条款：有关的其他必要行为。虽然职务式列举法在立法语言上较为简洁，但也易造成义务在表述上被权利隐藏、模糊，从而导致管理人失职风险的增加，所以草案紧接着在第 1148 条对管理人侵权的主观心态进行了要求。然而侵权责任之认定不仅仅是主观心态这一要件，第 1148 条仍需对可追责的部分进行明确规定，行使权利的方式予以细化。法院在认定管理人责任时可以第 1147 条所列举的职务为基础，以损害结果为导向，结合原《侵权责任法》之要件的规定，具体地观察管理人行为与结果之间的关系以及管理人主观之状态，采用

---

① 于晓：《继承人有无不明时的继承法完善》，载《政法论丛》2017 年第 6 期，第 155 页。

一般侵权之理论予以必要救济,而不必再另外考虑立法上的类型化设计。

(二)制度目的之再解释

遗产管理人作为一项现代民事继承中的重要制度,其设立必然是社会需求所推动的结果,而其制度价值本身也就反映了其设立之目的以及社会所期待解决的问题,并成为制度自身改造和演绎所依赖的路径。当前国内学者普遍认为,遗产管理人的制度优势或功能主要在于保证遗产的公平分配、保护债权人和国家的利益、保障交易的安全。① 但问题在于,该制度功能的推倒过程却往往为人所忽略,或者说缺少了制度本身的客观规律,而是建立在纯粹的价值需求之上。所以笔者拟依靠制度经济学的理论予以重新解释。

不可否认,遗产管理人是继承过程中起到重要作用的角色,从个案或者微观的角度看,其所发挥的职能在于保存、管理被继承人的遗产,促进遗产最终的合法、妥善分配,从而使各方利益主体(包括继承人以及被继承人生前的债权人)的权利能够公平、及时的实现。而就整个遗产处理过程来说,其呈现的是中介、润滑的一面,是为了帮助继承时的各方主体更好、更顺利地实现权利、履行义务。这是一个制度性的设计,而非一个主体性的、必要的现实存在。

(1)减少信息不对称问题:由于被继承人的债权、债务、财产范围以及相关的法律关系在其死亡的瞬间便已确定,所以问题就在于利益主体对于这些已经确定的财产和关系信息是否获取完备,是否存在信息的不对称情况(包括公告寻找所有继承人、部分继承人隐瞒占有的财产等)。在一个假设的信息完全、产权清晰的条件下,遗产管理人是不存在的,对于所有的争议,法院可以直接依据已知的真实信息作出分配决定。所以,阿尔钦又将交易成本视为了信息费用。②遗产管理人通过制作遗产清单、接受债权债务申报、调查遗产权属情况、公告寻找继承人等手段来收集信息,并向利益相关主体汇报以传递信息,降低各主体之间的信息地位差距,进而避免信息不对称所带来的遗产分配中的道德风险问题。(2)降低制度本身带来的交易成本:依据继承法律所设立的继承制度本身存在运行的成本,该成本是由于人的机会主义以及制度的执行问题,③使实际制度偏离最优制度的效率损失。④ 即使我国此前并未设立遗产管理人的职责与权利义

---

① 参见陈苇、石婷:《我国设立遗产管理制度的社会基础及其制度构建》,载《河北法学》2013 年第 7 期,第 13 页。

② 参见杨德才:《新制度经济学》,中国人民大学出版社 2015 年版,第 40 页。

③ 机会主义是威廉姆森提出的用以反驳理性人假设的概念,是人们利用信息不对称和交易对手的有限理性来进行说谎、欺诈的行为。理性人为利益最大化不择手段就要承认他们存在机会主义行为的倾向。参见洪名勇:《制度经济学》,中国经济出版社 2012 年版,第 7 页。

④ See K. J. Arrow, "Uncertainty and the Welfare Economics of Medical Care: Reply", *in American Economics Review*, Vol. 55, 1965, pp. 154 – 158.

务，也能够使继承活动完成。但随着现代社会财产形式的增加、遗产外延的不断扩大以及继承中各种新型、复杂情况的出现，信息的获取门槛提升，使得原有的继承活动即便能够进行，但却需要付出更大的交易费用以及机会主义带来的效率损失。遗产管理人的作用就在于通过信息集中、相对独立性、甚至专业性的手段来尽量降低遗产分配制度运行的成本。[①] (3)扮演可置信的中介："我们必须直面这样一个事实，个人自由的保有乃是与彻底实现我们有关分配正义的理念不相融合的。"[②]因此，在遗产分配过程中，需要通过对遗产管理人的选任来实现"契约"式的权利让渡，限制绝大部分参与人的自由处分权能，并由各方或者法律所认可的管理人来集中行使遗产的分配权利，而"管理人主观上需要具有中立性和专业性"。[③] 只有经过推选或者法院审查的遗产管理人才是各方博弈均衡后的结果，其方能够在制度运行中扮演为各方信任的中介，进而在最大限度上保证遗产分配过程中的合作与公平。

然而，无论是信息收集还是遗产管理人制度自身的运行，都逃不开成本的比较问题，而在法律中这直接反映为遗产管理人的必要费用的规定。倘若一次遗产的分配中，继承人数少，财产份额小，划分的情况也十分简单，那么此时就没有必要采用遗产管理人制度。"任何一定比率的成本都足以使许多在无需成本的定价制度中可以进行的交易化为泡影。"[④]因为遗产管理人的介入必然会产生属于该制度自身的交易成本，我们的逻辑在于当遗产管理人制度所降低的成本远大于其自身所产生的成本时，该制度是有效率并应当适用的。例如，《德国民法典》第 1982 条规定不存在与费用相当财产的，法院可以拒绝发布遗产管理命令，第 1988 条第 2 项也规定如果不存在与管理费用相当的财产，那么遗产管理就可以废止。依据该逻辑，笔者认为，我国民法典草案第 1145 条亦需要保留一定的豁口来允许继承人不推选遗产管理人或必要时终止管理活动，从而避免产生不必要的管理性费用。

另外，既然承认经济学视角下的遗产管理人是分配过程中起促进、润滑、节约交易费用的中介，除解决信息不对称带来的道德风险问题外，其制度目的还应该进一步地体现在促进分配效率之上，而并非局限于公正、安全。由于信息收集与传递的保障以及部分专业性和独立性的出现，遗产分配当中的产权界定得以

---

① 独立性主要体现在遗产管理人与其他继承人、债权债务人身份、职权的不一致，但是目前的立法情况并未很好地实现真正的独立性以避免道德风险问题，具体后文分析。至于专业性，主要是部分国家地区设立了专门的家庭法院、管理厅和专业遗产管理人等，如日本、德国、瑞士以及大部分英美法系国家。

② [英]F. A. 冯·哈耶克：《个人主义与经济秩序》，邓正来译，三联书店 2003 年版，第 30 页。

③ 付翠英：《遗产管理制度的设立基础和体系架构》，载《法学》2012 年第 8 期。

④ [英]罗纳德·哈里·科斯：《论生产的制度结构》，盛洪、陈郁译，上海三联书店 1994 年版，第 157 页。

清晰化,进而使得争议与纠纷减少,效率自然提升。而从近来民法商事化与商事民法化等讨论来看,商法的部分价值已然不知不觉地渗透入民事行为与相关立法中,其中自然回避不了商法的效率价值。已经有学者开始提倡借鉴商事法律中的部分制度来构建遗产管理人制度,认为我国遗产处理的制度应当借鉴企业清算制度进行设计,因为两者具有一致性。① 有的学者试图利用信托理论来解释遗产管理人的法律地位,同时明确指出遗产管理制度要"避免不必要的遗产损耗或闲置浪费,提高社会资源的利用效率……减少社会治理成本"。② 所以,虽然我们都在警惕民法过分商化所带来的社会价值的不利影响,但是,仅就遗产管理人制度来说,在分配上本就已经有法院作为最后的公平的保障,那么新加入管理人就可以兼顾效率和公平为保证,以实现更好的社会效果。

三、遗产管理人制度的适用前提

(一)设立管理人的行动宗旨

遗产管理人的行动宗旨是制度目的在具体规定上的体现,一定程度上反映了遗产管理人的制度需求,决定着遗产管理人制度的具体立法方向与选择。依据上文论述,管理人的管理行为最终目的是保证遗产的公平分配、保护债权人和国家的利益、保障交易的安全以及遗产分配的效率,所以在行动过程中需要保持中立态度,遵循"维护遗产价值和遗产权利人合法利益"的宗旨。③ 但是,问题在于,作为管理人行动的指导基础和处分行为选择的标准,目前立法及草案中却均未对此有明确规定,而管理人行动宗旨在立法上的缺失犹如法律原则之于具体规则的缺失,相应的职责、选任、权利等在适用与解释上也就缺失相应的基础。

第一,当前立法和草案无论是对遗产管理还是遗嘱执行均未有涉及行动宗旨或者制度设立目的等原则性条款,导致原则填补技术、类推解释、扩大解释等方法在司法裁判过程中难以被采用,法官只能前往《民法总则》中寻找更为抽象的条款,从而加大行为评价上的不确定性。如果遗产管理人从事了合理的管理行为,维护了遗产价值和遗产权利人合法利益,但是第 1147 条的列举中未有囊括,那么该行为就应该失去正当性吗?或者,如果某项行为是维护遗产价值和遗产权利人合法利益所必需的,而第 1147 条未有规定,就可以不采取吗?显然不是。草案第 1147 条对职责的列举仅有六项,其中作为兜底项之一的"按照遗嘱

① 参见谭启平、冯乐坤:《遗产处理制度的反思与重构》,载《法学家》2013 年第 4 期,第 119 页。

② 参见武晋:《民法商法化背景下遗产管理制度构建的价值选择》,载《河南财经政法大学学报》2017 年第 4 期,第 105 页。

③ 参见陈苇、石婷:《我国设立遗产管理制度的社会基础及其制度构建》,载《河北法学》2013 年第 7 期,第 13 页。此处的"权利人"不局限于继承人,还应当包括被继承人的债权人和受遗赠人。

或者依照法律规定”无法涵盖现实，因为目前可见的立法文件显然没有更多的对于遗产管理人的规定。那么，这一项规定要么是内容为空的规定，要么是等待未来立法可能或者被继承人立有遗嘱的规定。所以，三审稿中又增加了“其他必要行为”这一项内容，以待法院可通过解释方法来进行适用。由于解释方法并非所有情况都能够随意适用，而是需要遵循预先规定原则以及逻辑一致原则，否则将面临成文立法在司法过程中的无限扩张。所以，一方面，在预先规定原则下，立法需要予以司法进行解释的空间，在第1147条“职责”中加入具有概括性的一项，“其他必要行为”应当表述得更为具体，即“其他维护遗产价值和遗产权利人合法利益的行为”。另一方面，当具备一定的解释空间后，若想对特定的管理行为进行类推解释或者原则解释，首先就需要对行动宗旨予以相关的规定，以确保解释逻辑具有制度目的上的一致性，从而在根本上正确评价管理人之行为是否符合“管理”之要求。所以，行动宗旨在立法上的明确实际上是为了提供判断的参考，确保法官能够准确判断那些立法未列举的行为是否符合管理人的要求，并为实际上维护了遗产价值和遗产权利人合法利益的行动提供合法的辩护。

第二，行动宗旨不仅为制度构建提供框架，为法律解释提供逻辑一致的参照；同时还为区分遗产管理人和遗嘱执行人提供了目的基础，即前者在于维护遗产价值和遗产权利人合法利益，而后者在于实现被继承人生前所立的有效遗嘱。这也就导致他们在行动选择上会有不同的侧重，具体内容笔者将在第四章对遗产管理人制度的独立性部分进行分析，在此不赘。

（二）明确管理人的行为限度

尽管管理人拥有较大的权利以实现“管理”之目的，但这并不意味着其行为没有边界和底线。正如权利的行使与义务之履行一样，“管理”行为中遗产的处分权行使与保管义务的注意程度同样需要遵循一定的规则。

第一，对于管理行为中财产处分权利的界限何在，我国现行《继承法》未有规定，而最新的继承编草案相比此前增加了“必要行为”之规定。然而其应当是与所有权的处分权相同的处分权，还是以必要支出费用为额度的处分权？是否还要考察该处分行为的善良、合理、符合专业判断？以及处分行为的目的是为了保值还是增值，是否会让财产陷入一定的风险，允许的风险程度有多少？笔者认为，管理遗产并非经营企业，其目的是为维护遗产价值不受侵害，①从而保证遗产权利人合法利益。所以，除遗产的最后分割外，其他时候的处分行为都应当采用谦抑之态度，不到不得以之情况不能做额外处分，且必须以财产保值为目的，而不是追逐财产之增值以使其陷入风险当中。对此，《瑞士民法典》第585条、

① 参见杨立新：《民法分则继承编立法研究》，载《中国法学》2017年第2期，第80页。

《日本民法典》第918条以及“台湾民法典”第1179条均采纳的是“必要”之限度。而《德国民法典》第2038条对共同继承人的管理权限分为三种情况，即必要的、适当管理的以及超出适当管理范围的。① 所以，继承编草案中加入了对管理人处分行为的评价标准，即以“必要”为前提，而不能只以盈利或者损失来判断其履职适当与否。否则在为避免更大损失而故意采取了必要行动以发生较小损失时，第1148条将成为管理人被不当责难的条款。

第二，对于管理人的注意义务，有学者认为，应当以其是否获得报酬来判断所负注意义务的程度。如果获得报酬，则应当负善良管理人的注意义务；反之，则应当负与处理自己事务同一的注意义务。② 但笔者并不赞同，因为在我国立法中，遗产管理人自身具备一定的身份特殊性，当其自身也作为继承人的一员而对遗产享有期待性权利时，在遗产分割前其属于共同共有人，无论获得报酬与否，理应像处理自己事务一般尽到管理义务。“台湾民法典”第1176条对于放弃继承权的人，对于他所管理的遗产仍要求与处理自己事物同一的注意程度，而不论其是否获得报酬或者是否仍为继承人。更何况尚未抛弃继承权的遗产管理人。正如史尚宽所言：“遗产管理人之注意程度，与失踪人财产管理人之注意义务程度相同……不应因其请求报酬与否而异其注意程度。”③我国民法典立法草案第1148条之规定仅将故意和重大过失列为追责的主观要件正是这一义务程度的体现，普通过失并不会导致管理人的责任，因为这并非是严格的出于商业交易等目的的管理行为。

（三）限制管理人的选任资格

除在管理行为上要受到行动宗旨的限制外，遗产管理人是否适格很大程度上是由法律所直接规定的，主要包括“人”之范畴、行为能力的限制以及专业性的限制三个方面。

第一，遗产管理人中的“人”并不局限于自然人，还可以包括法人、其他社会组织，对此我国现行立法并未明确，但司法实践中通常以死者生前所在工作单位或者遗产所在地基层组织为管理人。④ 大陆法系的其他地区立法也未对此进行详细规定，但从规定来看，仍然主要是以自然人为主，且不排除法人与社会组织的适用。如《瑞士民法典》第595条允许由被继承人最后住所地的主管官厅作为遗产管理人，而《德国民法典》第1981条规定原则上由遗产法院发布遗产管

① 参见[德]雷纳·弗兰克、托比亚斯·海尔姆斯：《德国继承法》，王葆莳、林佳业译，中国政法大学出版社2015年版，第189～190页。而对遗嘱执行人《德国民法典》第2216条则仅规定为“适当”之限度。

② 参见于晓：《继承人有无不明时的继承法完善》，载《政法论丛》2017年第6期，第155页。

③ 史尚宽：《继承法论》，中国政法大学出版社2000年版，第380页。

④ 参见马俊驹、余延满：《民法原论》，法律出版社2010年版，第961页。

理命令。但是这种由外部非自然人介入的管理在我国面临三种挑战：一是中国传统思想认为遗产分配、继承等是家族内部的事务，保守的思想更愿意在内部由自己人解决，而不愿意外人过多参与；[①]二是在许多简单的情况下，第三方遗产管理人的选任显得十分不必要，而且还必定要付出相应的费用以支持他们的工作；三是我国此前并未出现过遗产管理人制度，倘若采该路径，则必定需要社会具有一定数量的专业管理人作为基础，这需要有一系列的资质认定规则予以配套，否则制度将会落空。因此，当前民法典草案在决定遗产管理人时仍然规定以内部人推选为先。

第二，在自然人方面，其资格应由其行为能力的不同而作出相应限制。可惜同非自然人的立法一样，我国立法以及其他地区立法也未有作出相应限制性的规定。参考法国、德国、日本及意大利的立法例，它们却要求遗嘱执行人必须为完全民事行为能力人，破产人、不能负担债务之人、限制民事行为能力人以及无民事行为能力人均不能担任。[②] 笔者认为，之所以出现这种遗产管理人未做资格限制而执行人却有相关立法的情况，原因是大陆法系地区的管理人乃选任之结果，在无人继承下，管理人为法院、主管官厅等担任或者指定、选任；在有继承人却无遗嘱下，由全体继承人或者全体利益方选任，这些措施都能够尽量保证适当的管理人被选出，甚至其要求得更严格；而遗嘱执行人往往由被继承人的遗嘱所确定，存在不适当人选或者被指定人未来丧失行为能力的风险，需要由法律明确最低限度的要求，这是遗产管理人与遗嘱执行人相互独立、分别立法的必然结果。而英美法系国家不仅允许等待被指定的未成年执行人成年后再行分配事宜，更重要的是对于继承存在一个必要的遗嘱检证程序，也即它们的管理人和执行人最终均由法院授权，其道理同上。与遗嘱执行一样，遗产管理行为同样涉及较多复杂的社会活动，非完全民事行为能力人是难以胜任这一职责以实现财产分配的效率和公平。我国属于大陆法系国家，且没有遗嘱检证程序，因此，针对草案中未另外规定遗嘱执行人制度，而统一将遗嘱执行人归为遗产管理人的立法，笔者在比较法的观察下提出补充管理人资格限制这一建议。否则，继承开始后选任的管理人、被继承人在遗嘱中选定的执行人为非完全民事行为能力人，或

---

① 有学者对于重庆地区民众在对父（母）死后遗产由谁来管理的选择做过研究调查，接近一半（44.5%）选择由“被继承人的继承人一起管理”，其次是选择“遗嘱所指定的执行人”（17.6%）。尤其在农村地区，这种由家庭成员来管理的意愿更为强烈。在北京，遗嘱所指定的人和子女仍然是选择率最高的两个选项。具体参见陈苇：《当代中国民众继承习惯调查实证研究》，群众出版社2008年版，第123、302～303、387～388页。

② 参见《法国民法典》第1028条、第1030条；《德国民法典》第2201条；《日本民法典》第1009条；《意大利民法典》第701条。这些立法中均要求不具备完全行为能力的人不能担任遗嘱执行人，由于遗产管理人与遗嘱执行人在职责上有相似之处，所以我国可参考这些立法要求予以完善。

者该管理人在继承过程中丧失了完全民事行为能力,其处分遗产的行为就将存在效力上的瑕疵。

第三,有学者认为,遗产管理人需要具备专业性,以应对纷繁复杂的新型财产和财产性权利。① 亦有学者认为,管理人只需要具有一定的社会生活经验、基本的法律知识和较高的道德水平。笔者认为,该分歧的解决系于管理人的选任究竟是从无利害关系的第三方中确定,还是允许继承人优先担任遗产管理人。对于前者,因只能从第三方中选任,那么必然是具备专业遗产管理知识的人来担任这一职位为最优选择。对于后者,因为继承事件的发生是没有行业区别的,非专业遗产管理人同样会面临继承事务,如果允许继承人担任管理人,那么未必具备专业的遗产管理知识。只要其具备一定的社会生活经验、法律知识和道德水平,那么也可以担任遗产管理人,当面对复杂的新型财产及权利时,其可通过委托聘请专业第三方的方式来协助其完成管理的工作。

(四)区分管理人的适用情形

根据继承编草案第1145条,遗产管理人出现于三种情况:有遗嘱执行人时,执行人为管理人;有继承人却无指定执行人的,由继承人推选或者共同成为管理人(此又可分为有遗嘱无执行人和无遗嘱两种情况);没有继承人或均放弃继承人的,被继承人生前住所地的民政部门成为管理人。所以,无论是否有遗嘱,或不论是否有继承人均会产生遗产管理人。进一步说,在民法典草案的体系中,由于并未再另行规定遗嘱执行人的内容,所以,遗嘱执行人必为遗产管理人,适用遗产管理人之规范,而遗产管理人未必是遗嘱执行人。

然而在比较法视野下,可以发现两种模式:

1. 大陆法系各地区民法典普遍分别规定了遗产管理人和遗嘱执行人的具体制度。② 在无人承受遗产或者无遗嘱时,选任遗产管理人,按照法定之职责行

---

① 参见付翠英:《遗产管理制度的设立基础和体系架构》,载《法学》2012年第8期,第33页。

② 《法国民法典》第四目(第812~814条)无人承认继承的遗产部分规定了管理人,同时又在第七目(第1025~1034条)遗嘱执行人部分另外做了专门规定,其产生由遗嘱确定。《日本民法典》在第六章(第951~959条)中专门规定了继承人不存在时选任遗产管理人,又在第七章第四节(第1004~1021条)中专门规定了遗嘱执行人的内容,其可以由遗嘱制定,也可以委托第三人或法院选任。《瑞士民法典》第554条第1项规定了遗产管理命令的适用条件,其中包括当继承人不在且无代理人、声明人中无人能证明其继承权,或某继承人生死不明,或未知悉被继承人的全部继承人时,同时亦在第十四章第五节专门规定了遗嘱执行人的内容,未规定遗嘱未指定执行人的情况。《德国民法典》关于无人承受遗产是分散规定的,对于无人承认的遗产是由遗产法院进行保全(不得处分),但是,管理命令必须由遗产债权人申请。而遗嘱执行人在第2197~2228条做了专门规定,其产生有四种方式,包括遗嘱指定、委托第三人指定、遗产法院任命以及遗嘱执行人任命。"台湾民法典"在继承编第二章第五节中规定了无人承认之继承(第1177~1185条)的内容,由亲属会决定遗产管理人,或者由利害关系人或检察官向法院申请指定。在第三章第四节执行(第1209~1218条)规定了遗嘱执行人的内容,其产生可由继承人指定、委托第三人指定、亲属会决定或利害关系人申请法院指定。

事。而在有遗嘱时，又分为两种情况：第一种是遗嘱指定了执行人，则适用遗嘱执行人之专门规定；第二种是有遗嘱却未指定执行人的，多数地区通过其他方法选定遗嘱执行人，如德国、日本、中国台湾地区。在理论方面，我国学者亦普遍将遗产管理人制度归入遗产处理或无人继承的遗产部分，而将遗嘱执行人归入遗嘱继承部分。如张平华等著的《继承法原理》将管理人制度写入了“无人承认继承的具体问题”之中；[①]郭明瑞等著的《继承法研究》选择了第四章第三节“无人承受遗产的处理”中的“继承人旷缺制度内容”；[②]张玉敏的《继承法律制度研究》选择了第十章“遗产无人继承”部分来阐述遗产管理人；[③]史尚宽的《继承法论》选择了第三章第五节“无人承认之继承”部分。[④]

2. 而在英美法系中，遗嘱执行人和遗产管理人统称为遗产的“代理人”，两者具有相同的法律地位，[⑤]其中遗产管理人适用于无继受人、无遗嘱或者有遗嘱却未指定执行人的情况。相应地，遗嘱执行人就只能适用于有遗嘱、有继承人且指定的执行人接受任命的情况。因为它们主要实行间接继承主义，“继承开始以后，遗产不直接归属于继承人，而由遗嘱执行人或遗产管理人管理”，[⑥]如中国香港《遗嘱认证及遗产管理条例》第 10 章第 10 条规定“遗产须归属遗产管理官”。更重要的是，在英美法系地区，只要有遗嘱存在，那么不论是执行遗产、管理遗产或者信托都需要通过遗嘱认证程序，所以无论如何都需要有一个中介在继承人之前获得遗产、管理遗产与清偿债务，其是英美法中间接继承、限定继承实现的前提。所以，当遗嘱指定了执行人时，遗产归属于执行人；而若遗嘱未有指定时，遗产归属于管理官员。

对比两种模式不难发现，其大体上并无二致，主要分歧在于有遗嘱却无执行人时，究竟是由法院等代表的官方组织根据法律规定来直接承担分配责任，还是仍允许相关人通过申请、选任等方式决定遗嘱执行人。形成此一分歧的原因有二：第一，英美法系的间接继承主义决定了继承人并不会在被继承人死后直接获得遗产，由此作为可置信的中介成为必要，即便遗嘱制定了执行人，仍然需要通过认证方能实施分配；而未指定执行人时，财产自然仍保留在中介，即遗产管理官手中。第二，这一分歧更本质的差别在于英美法系与大陆法系对继承人决定

---

① 参见张平华、刘耀东：《继承法原理》，中国法制出版社 2009 年版，第 444 ~ 446 页。

② 参见郭明瑞、房绍坤、关涛：《继承法研究》，中国人民大学出版社 2003 年版，第 177 ~ 182 页。

③ 参见张玉敏：《继承法律制度研究》（第二版），华中科技大学出版社 2016 年版，第 116 ~ 117 页。

④ 参见史尚宽：《继承法论》，中国政法大学出版社 2000 年版，第 369 ~ 392 页。在该书的其他章节中也出现了遗产管理人进行管理的相关内容，但是管理人的职责、责任、选任等主要内容仍放在无人继承部分。

⑤ 参见陈苇：《外国继承法比较与中国民法典继承编制定研究》，北京大学出版社 2011 年版，第 318 页。

⑥ 张玉敏：《继承法律制度研究》（第二版），华中科技大学出版社 2016 年版，第 59 页。

遗产分配过程的自由度之上，前者注重分配过程的交易安全，所以采取更为中立的法院或遗产管理官来主导遗嘱的分配；而后者注重作为遗产所有者的继承人的意思自治，由其进行推选或申请法院指定新的执行人。就我国选择来说，笔者倾向于采取第一种即大陆法系普遍的模式：一方面，这与我国直接继承主义的立法体系相配套，且我国也未设置遗嘱认证程序；另一方面，由继承人之间来决定遗嘱执行人，能够照顾到我国“家事不外扬”的文化传统与习惯。

故此，对于遗产管理人之选任情形，我国应选择适用于无人继受遗产或者无遗嘱的情况；而若有遗嘱，则应当围绕“遗嘱”来建立单独的遗嘱执行人制度。这实际上是与“遗嘱执行人”的概念构建相符合的。从其字面理解，遗嘱执行人的存在也应是以遗嘱的存在为前提，而为了区分遗产管理人，遗嘱自然成为两者之间划分的客观界限。即便是在遗嘱未有指定执行人的情况下，由于遗嘱人的意思自治，其仍有可能对遗产的处分有着特殊的安排，或者虽未指定执行人，却对未来的实际执行者有着特殊的要求，那么执行人便仍是围绕遗嘱人的意愿来开展工作，而非依据法律之基本要求。相比于我国当前继承编草案不区分有无继受人、有无遗嘱，而采取单一立法模式，令遗嘱执行人一律适用遗产管理人制度的立法思路，笔者认为这将会导致遗产管理人概念在民法典体系中的扩张，并带来概念上的混乱。

四、民法典草案规则的不当扩张

（一）遗产管理人具有制度独立性

我国继承编草案对遗产管理人和遗嘱执行人的处理思路有别于其他地区的立法及学说理论，这种差异本质上是对于遗产管理人与遗嘱执行人概念之间的联系和差异的忽略。但实际上，“遗产管理人与遗嘱执行人不能完全等同，两者存在区别”。[①]

遗产管理人与遗嘱执行人之间的联系在于其职责。两者均是在被继承人死亡之后对遗产进行管理的主体，即在遗嘱有指定的情况下，执行人扮演着遗产处分、分配程序当中的管理者角色；在无人继受或者遗嘱未指定的情况下，遗产管理人扮演着该过程中的管理者角色。[②] 两者对于遗产的处分与分配都相对具有超出其他主体的一定的权能，但同时也肩负着比其他主体更多的义务。也就是说两者在遗产处理程序过程中均具有遗产管理者的身份，是处理被继承人财产

---

① 王利明、杨立新、王轶、程啸：《民法学》（第五版），法律出版社2017年版，第852页。

② 为避免混淆，笔者以“遗产管理人”或“管理人”来称呼法律文本中所规定的身份，而“管理者”指代在事务处理当中承担管理职责的人。前者是特定的法学概念，而后者是普遍的生活概念。

的程序中的重要参与者，对其他主体来说占据一定的权能上的优势地位。但是这并非意味着它们的权限内容、管理目标及行动约束完全一致。

但依据草案第1145条的表述可知，我国实际上采取了单一的立法模式，即遗嘱执行人适用的是遗产管理人的法律规定。这种立法模式虽然能够避免管理人与执行人在部分相同之处的立法重复，但更多时候，下述的差异将会导致立法上的困境与取舍问题，甚至是不相容的冲突。

第一，在管理目标上两者并不相同。遗产管理人的宗旨为“维护遗产价值和遗产权利人合法利益”，而遗嘱执行人围绕遗嘱之安排来行动，是“根据遗嘱人的生前指定或者法律的规定而使遗嘱内容得以实现的个人或组织”，①内容上更为丰富。相应地，执行人的管理行为受到遗嘱的约束，为了实现遗嘱所指定的管理目标，执行人处分与分配遗产除了遵守法律之规定外，还须遵照遗嘱之指示。“遗嘱执行人执行职务，实质上是受遗嘱人的意志支配的。”②而对于遗产管理人，其是在没有遗嘱或者没有继承人的情况下，为了公平有效的分配遗产、保护各方主体利益而作出的制度性安排，其只需遵照法律之规定及管理人之普遍宗旨即可。相比于管理人，除了遵照法律之最低规范外，遗嘱执行人之行动还要考虑遗嘱人之遗嘱目的。甚至有时遗嘱人目的与法定的遗产管理人之目的相冲突，“生者与死者的矛盾常见于信托和遗产处分领域”，③当执行人为信托管理人时，其追求的可能是财产的增值与延续，而管理人的目的乃遗产的及时清算与分割。

第二，针对两者的管理权限，在有遗嘱的情况下并非完全重合。“意思自治在继承法中被表述为遗嘱自由”，④所以被继承人可以在遗嘱中自由安排执行人的权利义务内容，部分超越常规管理人的限度，如要求遗嘱执行人完成信托管理人的任务，或者部分权限被剥夺，禁止其处分部分财产等。“遗嘱执行人权利义务之范围，依遗嘱之旨趣而定。”⑤甚至在英国，遗嘱执行人还受到包括时间、地点及任意附条件的限制，如需待执行人成年后方能分割遗产。⑥《瑞士民法典》第518条规定：“遗嘱执行人与官方遗产管理人有相同的权利与义务。但被继承人另有指定的，不在此限。”当然，此种自由是“受到具体法律规则和诸如公序良俗等法律原则的限制”。⑦ 总的来说，遗嘱人的意思自治是执行人行动的另一套

① 马俊驹、余延满：《民法原论》，法律出版社2010年版，第947页。

② 谭启平：《“遗嘱执行人”探微》，载《现代法学》1986年第3期，第42页。

③ [美]柯尔斯登·R.斯莫伦斯基：《死者的权利》，张平华、曹相见译，载《法学论坛》2014年第1期，第34页。

④ [德]安雅·阿门特－特劳特：《德国继承法》，李大雪等译，法律出版社2015年版，第17页。

⑤ 史尚宽：《继承法论》，中国政法大学出版社2000年版，第585页。

⑥ 参见陈碰有：《英国遗嘱继承制度研究》，载《厦门大学法律评论》2001年第2期，第311页。

⑦ 叶朋：《公正视角下的遗嘱自由与限制私法研究》，江苏大学出版社2011年版，第47页。

准则，这套准则甚至有时可以部分排除法律之规范，从而导致遗嘱执行人对遗产管理法定规范之差异的产生。故而继承编草案第 1147 条第 5 项在依照法律规定分割遗产之前多加了一句“按照遗嘱”以避免遗嘱人对执行人的安排与遗产管理人相关法律规定间的冲突，但可惜该补充仅适用于遗产分割事由。

第三，在处分权的排他性上，两者也并不相同。由于法律允许被继承人依据遗嘱来自由处分自己的财产，所以为了实现遗嘱而选任的遗嘱执行人便获得了依照遗嘱处分遗产的权能，并且该权能应当具有对其他作为遗产共有人的继承人处分权的排他作用。此时，虽然继承人作为遗产的共有人，但其丧失了相应的处分权，否则与执行人之处分权能的冲突将会导致遗嘱实现落空的可能。这种排他性的处分权能是法律对意思自治和遗嘱自由的保护。如我国台湾地区“民法典”第 1216 条就规定了继承人在遗嘱执行人履职中，不得处分与遗嘱有关的遗产，也不得妨碍其职务的执行。《日本民法典》第 1113 条也规定了继承人处分权的丧失，要求有遗嘱执行人时，继承人不得处分继承财产或实施妨碍遗嘱执行的其他行为。该处分权的丧失应当是针对遗嘱有规定的遗产而言的，而遗嘱未有涉及的遗产因为遵循法定继承，与遗嘱执行人无关，所以继承人之处分权并不被执行人的处分权排除，我国继承编草案亦是如此。一方面，是因为管理人之职责仅为法定的管理性行为，继承人的处分行为并不会妨害到其职责的履行；①另一方面，草案第 1151 条已经规定存有遗产的人负有妥善保管之义务，不得侵吞或争夺，因此也就无必要再为遗产管理人赋予排他性的处分权能。

第四，遗产管理人与遗嘱执行人具有并存的可能。《日本民法典》第 1114 条规定“遗嘱系关于特定财产者时，前三条的规定，只适用于该财产”，其中前三条规定指的是执行人制作目录、处分权限及继承人处分权丧失。所以，倘若被继承人的遗嘱仅对其部分遗产（无论是其已知还是未知的遗产）作出了遗嘱的规定并设立了执行人，那么对于其他遗嘱上未写明的遗产，遗嘱执行人不能当然地接手处置，而首先按法定继承来分配。此时对应适用遗产管理人之规定，选任相应的遗产管理人以完成法定继承。在这种情况下，同一继承事件中就出现了遗嘱执行人与遗产管理人的并存。

第五，遗产管理人与遗嘱执行人所存在的道德风险程度不同。并非每一个继承人和其他利害关系人都能够清楚掌握被继承人生前的财产状况，②最了解的人是被继承人自己，所以，遗嘱具有在被继承人死后传递信息、减少纷争的效

① 参见刘耀东：《继承法修改中的疑难问题研究》，法律出版社 2014 年版，第 283 ~ 284 页。
② 参见胡建成：《遗嘱的作用和意义》，载《人民之声》2017 年第 10 期，第 51 ~ 52 页。

果。① 遗嘱作为继承事件中的一项重要信息，往往包含了执行人的指定、被继承人的财产情况以及分配意愿。在遗嘱真实的前提下，其所承载的这些信息能够无成本、无差别的被各方主体所获取，遗产情况的信息不对称也就相应减少，从而弱化继承人与债权人、执行人与其他继承人之间的道德风险问题。相反，遗产管理人由于没有相应的遗嘱来发挥信息传递的作用，从而使信息的获取是有成本的，如司法部与银监会出台的《关于在办理继承公证过程中查询被继承人名下存款等事宜的通知》第1条就规定继承人需要公证机构出具的《存款查询函》方能获取被继承人的存款信息。而对于不属于车辆、房屋及存款的需要登记的动产类财产，如果没有遗嘱，更是难以获取、查询、证明归属并制作完整的遗产清单。而越是复杂的财产权利，在信息获取过程中所需要的成本越高，进而造成的信息不对称也就越大，管理人的道德风险就越突出。因此，遗产管理人迫切需要引入相应的监督机制。②

遗产管理人制度具有自身的独立性，其并不能等同于遗嘱执行人，亦不可简单地将二者的适用范围与基本规则进行混淆或者参照适用。但我国民法典草案三审稿中简单规定了遗嘱执行人为遗产管理人，这显然是忽略了遗嘱执行人与遗产管理人之间在制度上的细微差异，从而造成遗产管理人制度适用地不当扩张。

（二）草案中的“两个遗产管理人”

梳理上文对遗产管理人概念的比较以及域外立法的考察，我国民法典继承编第四章“遗产的处理”部分实际上导致了“遗产管理人”概念的扩张与混乱。

理论上遗产管理人适用于无人继受遗产以及无遗嘱的情形之下，而根据继承编草案之规定，遗产管理人之适用不考虑是否有遗嘱，也不考虑是否有继受人，在遗嘱指定了执行人之时，其为遗产管理人。继承编草案第1145条所呈现的遗产管理人的适用情况，如表1所示。

表1

		适用情况			约束
		继受人	遗嘱	执行人	
遗产管理人（广义）	遗产管理人（狭义）	无	无	无	法律规范
	遗产管理人（狭义）	有	无	无	法律规范
	遗嘱执行人	有	有	无	遗嘱与法律规范
	遗嘱执行人	有	有	有	遗嘱与法律规范

① 参见段伟伟：《遗嘱自由的功能分析》，载《社科纵横》2013年第3期，第73页。

② 参见王改萍、王勇：《论遗产管理人监督机制的构建》，载《山西高等学校社会科学学报》2014年第6期。

从中可看到,继承编中实际上存在两个“遗产管理人”,使原本只有一个意义的概念发生了扩张与分裂:一个是包含了遗嘱执行人概念的遗产管理人,其适用所有的继承事件,包括没有继受人、有继承人无遗嘱、有继受人有遗嘱无执行人和有继受人有遗嘱有执行人四种情况,笔者称之为广义的管理人。而在无人继受或者有继承人却无遗嘱时,又存在另一个我们通常意义上的“遗产管理人”,其为上文讨论的与遗嘱执行人相独立的概念,仅受到法律关于遗产管理人的规定之约束,而不受被继承人意思自治的约束,笔者称之为狭义的管理人。这就意味着遗产管理人与遗嘱执行人之间原本相互独立、适用不同情况的关系将转变为遗嘱执行人乃广义的管理人之下位概念,此时原本狭义的管理人之概念被立法设计所扩张,从而出现两个“遗产管理人”的问题,法律结构的逻辑上产生混乱。

第一,在法律表述与理解上易带来混淆。无论是广义还是狭义的管理人,二者在继承编中均采用了同一个词语来表示。在第 1145 条中,第一个“遗产管理人”应做广义之理解,以避免其与狭义管理人之间的矛盾。而剩下的“遗产管理人”则都是狭义管理人适用情况下的规则,故做狭义之理解。同一条文中的同一语词就已经有两种不同的含义,这容易给法律适用及今后相关司法解释、行政法规等衍生规则带来理解上的困难。

第二,第 1145 条的规定造成了遗嘱执行人实际上被草案中的遗产管理人制度所定义,架空了“遗嘱执行人”在民法典中的本来概念。由于未再有关于遗嘱执行人的其他条文规定,从而使实践中涉及的遗嘱执行人的内容其实都是狭义管理人的内容,遗嘱执行人无法独立于狭义管理人。倘若将“为”改为“参照”,则执行人至少可以获得一个法律上的独立地位,为将来的立法打下基础。据统计,继承编草案中“遗嘱执行人”出现的频率为 4 次,除第 1145 条出现 2 次外,第 1133 条、第 1150 条仅各出现了一次。其中,第 1133 条与第 1150 条中的内容均未涉及遗嘱执行人自身法律上的特征。如果未来对遗嘱执行人不再有新的立法,那么继承编中的相关词语就完全可以用狭义的“遗产管理人”来替代,遗嘱执行人概念在民法典体系中存在的可能性及未来立法的希望将进一步磨灭。而如果未来对遗嘱执行人会有更多立法,或者对于有遗嘱的情况均采用“遗嘱执行人”的表述,那么实际上就形成了一个独立的制度,此时第 1145 条“遗嘱执行人为遗产管理人”的规定将显得毫无必要,甚至会是遗嘱执行人制度发展的束缚。

第三,遗嘱执行人仍然是以遗嘱的意思自治来决定自身的管理行动,而被继承人之意思自治的范围与选择是无法穷尽列举的。似乎草案可以依靠第 1147 条第 5 项来保证遗嘱意思自治的发挥,同时希望在遗嘱未有具体安排或者违反法律安排的情况下，可以管理人制度来对被继承人的意思自治进行补充与兜底，从而保证执行人制度能够充分发挥其应有社会功能。但问题在于，该条款仅仅适用于遗产分割部分，而遗嘱自由所囊括的内容远不止于此。这样的立法仅是权宜之计，而民法典编纂理应秉持长远之眼光，对遗嘱执行人制度进行单独的立法，区别于遗产管理人。

虽然也有学者认为，在有遗嘱执行人时，遗嘱执行人即为遗产管理人。[①] 但正如杨立新教授所言，“在完善的遗产管理制度中，遗嘱执行人同时也是遗产管理人”。[②] 其中隐藏着两层含义：第一，完善的遗产管理制度要求继承法律中对于遗嘱执行人具有单独的、专门的规定，如德国、法国、日本、中国台湾地区等都专门设立了章节来规定遗嘱执行人的制度，以避免上述的“架空”发生。而继承编草案中并未有出现，属于不完善的情况。第二，杨立新教授对上位概念采用的表述是遗产管理制度而非遗产管理人，这就很直接地将管理人制度与执行人制度中的共同点——管理——准确提取，同时在语言上达到了对广义管理人和狭义管理人区分之效果，从而避免逻辑上的混乱。

（三）遗产管理人概念的澄清与校正

在广义管理人与狭义管理人均采用了“遗产管理人”这一词语的情况下，第1145条“遗嘱执行人为遗产管理人”中的“遗产管理人”必不可能作狭义之理解，因为二者存在诸多差异，是相互独立的概念，前文已有讨论。倘若作广义之理解，则该广义管理人的内涵中就应当包含狭义管理人与遗嘱执行人之间相同的元素，排除相异的部分，进而以广义之理解来完成立法上的设计，否则将会发生实际立法安排与遗嘱执行人理念的冲突。然而，继承编草案第1145～1151条部分的制度均是以狭义的遗产管理人之理论来进行设计的，如在选任上以被继承人生前住所地的民政部门为最后的管理人选，以保证遗产管理人不会缺失；如管理人职责中要求其制作清单、保管遗产、处理债权债务等，以保证遗产尽快得到公平清算与分配。这些规定无一不与狭义的管理人的宗旨“维护遗产价值和遗产权利人合法利益”相吻合。然而，如前文所述，遗嘱执行人与遗产管理人的行动目标及外在约束是不相同的，所以简单地在遗产管理人的职责部分加入“按照遗嘱”的规定是不够的，其缺少了遗嘱执行人的排他性处分权、遗嘱执行人辞职或拒绝接受指定、遗嘱执行人资格限制等内容。这些内容部分可以引入遗产管理人制度当中，以促进二者的融合，如上文论述的自然人选任的资格限制；但部

① 参见郭明瑞、房绍坤、关涛：《继承法研究》，中国人民大学出版社2003年版，第135页。

② 王利明、杨立新、王轶、程啸：《民法学》（第五版），法律出版社2017年版，第852页。该书继承法部分是由杨立新教授完成写作。

分内容本质上却与管理人制度难以相容：

第一，遗嘱执行人的职责种类及范围是随着遗嘱自由而呈现多样化的，但是草案第1147条前4项已职责已经被固定，遗嘱人无法行使意思自治来排除其中的某一项，而第5项遵守遗嘱规定的内容也仅限于遗产分割事项之上。这实际导致了遗嘱自由的范围被大大缩小，遗嘱执行人的活动范围也被大大限制。

第二，如上文所述，遗嘱执行人对于遗嘱中规定的遗产具有排他性的处分权，而遗产管理人不具有。如果遗嘱执行人适用狭义的遗产管理人之规定，那么其排他性的处分权在立法上将存在两难。

第三，遗产管理人与遗嘱执行人追求的方向可能相反。遗产管理人处理遗产的最终结果是清算的完成及相应财产的分割与交付，从第1147条关于管理人职责的规定就可以看出，但遗嘱执行人却未必有同样的方向。"《信托法》原则上采取意思自治原则，允许委托人为了各种各样的目的设立信托"，①意思自治使得遗嘱与信托发生了结合，在本质上"遗嘱执行人为遗嘱人的信托受托人"，②此时，遗嘱执行人追求的方向便和遗产管理人发生了冲突，遗嘱人通过设立各种遗嘱信托来保证遗产的延续与独立，而不是清算与交付。所以，继承编将遗嘱执行人归入遗产管理人的规定，将会阻碍我国未来民事遗嘱信托的发展。

第四，在遗嘱执行人与遗产管理人并存的情况下，本应分别确定各自的权利义务及管理事务，遗嘱执行人仅对遗嘱涉及的财产进行管理，而遗产管理人的对象为未涉及的财产。但是依据我国继承编草案，遗嘱执行人为遗产管理人，此时遗产管理人已经跳过了推选环节，而法定优先确定，那么实际上该遗嘱执行人（也是遗产管理人）就具有管理所有遗产的权利和义务。一方面，这样的立法最有效率，节约了再次选任以及两位管理人之间沟通、协调的成本，同时也可能是最遵循被继承人生前意愿的安排；但另一方面，当遗嘱未涉及之财产与已有之遗嘱执行人具有重大利害关系，以至于可能产生相应的道德风险时，选任程序的忽略就将成为破坏遗产分配公平公正的因素。所以，为了遗产分配的公平公正性，不应当直接规定遗嘱执行人成为遗产管理人。

综上所述，第1145条将遗嘱执行人归为遗产管理人的做法将会导致遗产管理人概念上的混乱与制度的冲突，侵害被继承人的遗嘱自由。所以，笔者建议删除该句，澄清"遗产管理人"的概念，防止广义管理人与狭义管理人共用一个语

---

① 葛俏：《我国继承法遗嘱信托制度构建》，法律出版社2015年版，第37页。

② 江平、周小明：《建构大陆的信托法制的若干设想》，载《政法论坛（中国政法大学学报）》1993年第6期，第7页。

词的情况，并在继承编第三章“遗嘱继承和遗赠”中单独规定遗嘱执行人制度，对两者分别立法，“只要我们的记号语言中一切都得到正确处理，我们也就有了一个正确的逻辑观点”；①或者将“为”改成“参照”，并在相关规定的最后部分增添“遗嘱上有其他安排的，从其安排”，以保留遗嘱上的意思自治的空间，以及遗产管理人与遗嘱执行人概念间的独立并存。

五、结语

继承编是我国《民法典》的重要组成部分，二次审议稿中增加的遗产管理人制度创新十足。然而当前司法实践已经向我们抛出了更为具体的问题，即遗产管理人究竟是什么？其与遗嘱执行人之关系如何厘清？草案并未给出合理的解答，相反却仍然采取了两者混同的立法思路。

完善的制度需要独立而非混淆，遗产管理人的设立及其概念的引入必然需要相应的规则予以支撑，从而廓清制度适用的边界。而对遗产管理人而言，“管理”必然是其制度构建的核心。因此，在继承编引入遗产管理人制度时，需要对“管理”之内涵、界限及其制度功能予以判断，进而在具体规则中对行动宗旨、选任资格和适用情形予以相应的立法。管理人的管理行为在于通过解决信息不对称、扮演可置信的中介、降低交易费用三种途径来协调遗产分配过程，确保遗产分配的公平、公正和效率。管理不仅仅是享有一系列的权利，同时亦要负担相应的义务，由此在立法上表现为管理人的“职务”。由于“管理”之内在要求，管理人在采取行动时应当遵循“维护遗产价值和遗产权利人合法利益”的宗旨，并且在资格上受到相应限制。

由“管理”出发所发展的遗产管理人制度决定了其在价值、制度功能和法定权利义务上无法与以遗嘱自由为核心的遗嘱执行人制度相重合。在我国尚未对遗嘱执行人专门立法，遗产管理制度尚未完善的情况下，应当明确遗产管理人和遗嘱执行人的适用条件及概念的差别，不应当草率地认为“遗嘱执行人为遗产管理人”，并适用其相关制度，否则将会导致遗产管理人在语言使用、立法逻辑上的混乱，对遗嘱人的意思自治造成限制。笔者收稿之日，《民法典》亦已进入了编纂工作的高潮，若最终通过的《民法典》能够厘清遗产管理人与遗嘱执行人两者之间的关系，分别立法，则实为我国继承法律的一大进步；反之，笔者便仍坚持此文观点，坚持认真审视遗产管理人和遗嘱执行人之间的遗嘱自由。

---

① ［奥］维特根斯坦：《逻辑哲学论》，贺绍甲译，商务印书馆 1996 年版，第 50 页。

A Study on the Boundary of the Application of Heritage Administrator System

—With the Comments on the Article 1145 - 1151 of the Third Draft of the Civil Code

Mo Zhi

Abstract: it is an important system in the development of civil inheritance law that the administrator coordinates the disposition of heritage to achieve the goal of the smooth distribution of heritage which can not be achieved by any successor alone. Although there is no provision in the current inheritance law of China, the judicial practice has required the legislation to respond to its establishment and clarify the relationship with the executor. The construction of the system of the administrator of heritage should take "management" as the core, and establish the boundary of the system by making necessary provisions on the purpose of action, the qualification of selection and appointment, the limit of action and the applicable situation. In order to comply with the inherent requirements of "management", the administrator should be different from the executor of will, which is applicable to the situation of no will or no successor. Otherwise, it will be confused with the concept of the executor in the civil code, and then restrict the development of the testamentary trust and the freedom of the will of the decedent.

Key words: inheritance law administrator system boundary concept expansion executor

家事案件调审模式的选择:调审合一的证成与构建

杨　杰*

[内容摘要]　调审关系是家事调解制度的重要内容,主要包括调审合一与调审分离两种典型模式。但调审合一模式多为学界所诟病,普遍认为其直接导致了以判压调、程序保障缺失、调解和审判的司法功能相混淆、造成心证突袭等弊病。反之,调审分离的模式可以避免上述缺憾,促进调与审的专业化发展,利于纠纷处理质效。但基于家事案件的特殊性以及我国的司法传统,通过对我国家事调解的现状进行分析,可以发现调审合一具有诸多优势,"以判压调"等推论更多是一种假象,调审合一才是我国家事调解制度中调判关系的应然路径。

[关键词]　家事调解　家事诉讼　调审合一　调审分离　以判压调

* 杨杰:四川大学法学院硕士研究生。

一、引言

家事案件数量大、[①]当事人间身份关系特殊,具有较强的身份性、传统性和伦理性。[②] 家事纠纷实质上是亲属间情感上的纠葛,这类纠纷往往涉及范围广泛,需要进行特殊化的处理。相较于审判,家事案件的特殊性使之与调解具有更紧密的契合性。一方面,调解不必拘泥于以证据认定事实;另一方面,调解在程序上的柔和性以及不公开原则都有效照顾了当事人双方的情面,有利于化解纠纷。[③] 鉴于此,家事案件的高质效解决必须仰仗家事调解制度的完善。实务数据也可对此予以佐证。由图1可知,家事案件的调解结案率一直显著高于普通民事案件的调解结案率,一则说明了家事案件更易通过调解的方式结案解纷,另则也可能说明家事案件的当事人和法官更倾向于使用调解结案,表明家事案件更适合通过调解化解纠纷。

或许正是基于家事调解与家事案件契合性认识的加深,最高人民法院陆续发布的《最高人民法院关于开展家事审判方式和工作机制改革试点工作的意见》《最高人民法院关于人民法院进一步深化多元化纠纷解决机制改革的意见》《最高人民法院关于进一步深化家事审判方式和工作机制改革的意见(试行)》以及《最高人民法院关于深化人民法院司法体制综合配套改革的意见——人民法院第五个五年改革纲要(2019~2023)》等文件无不涉及家事调解的改革与完善,不仅提出"人民法院审理家事案件,应当增强调解意识,拓展调解方式,创新调解机制,提高调解能力",甚至提出了要"将调解贯穿案件审判全过程"。[④]

尽管各项改革举措彰显了改革者对于完善家事调解、推动家事调解制度化、专业化所做出的努力,但是在选择"调审合一"亦或"调审分离"模式等关键问题的处理上,[⑤]又暴露出其对于家事调解某种程度上认识的缺失。我国传统上常采调审合一模式,即由案件的主办法官实时进行调解;相反,许多其他国家遵循调审分离的理念。而我国对于家事调解中调审关系的研究就如同理论上的"弃

---

① 近两年来,每年婚姻家庭、继承纠纷一审案件都超过了180万件,案件数量仅次于"合同、无因管理、不当得利纠纷"。参见最高人民法院网:http://gongbao.court.gov.cn/ArticleList.html?serial_no=sftj。而一定数量的家事案件和家事案件的特殊性可以支撑起家事特别程序的构建。参见陈爱武:《家事诉讼程序:徘徊在制度理性与实践理性之间》,载《江海学刊》2014年第2期,第140~141页。

② 张伟:《家事纠纷解决机制的调查与研究》,载《河南财经政法大学学报》2012年第6期,第61页。

③ 张艳丽:《我国家事调解程序前置的立法设计》,载《河北法学》2019年第10期,第27页。

④ 《最高人民法院关于进一步深化家事审判方式和工作机制改革的意见(试行)》第6条。

⑤ 调审关系可根据法官是否同时或分别担任同一个案件的审判员和调解员,将之划分为"调审合一"与"调审分离"两种模式。这两种模式实质上是权力运行及分配的结构问题。在纠纷中,直接以法官所应扮演的角色予以体现,即裁量者或调解人。

子”，鲜有人对其进行探讨，就算有也只是对域外实践简单的对照比较。部分学者更将国外实践奉为圭臬，不顾家事案件与普通民事案件间的差异性，套用普通民事案件中所谓调审分离的“理论共识”、盲目照搬域外实践。① 最高人民法院似乎也对此进行了回应，并着力于“推动调解与裁判适当分离”。② 而司法实务中却将“适当分离”变为了操作更为简便且不区分案件类型和特点的绝对分离，而家事案件也在这种普遍的操作中迷失了“自我”。理论与实务往往附庸于普通民事案件的中调审关系的模式安排。虽然适当分离也变成实务中部分法院处理家事案件的寻常做法，③但是部分学者并不满足于这种“适当分离”，而是寻求调解与审判的彻底分离。④⑤

然而，家事调解调审模式的确立与制度设计必须要立足于案件的特质，建立于一国的传统和文化基础之上，才能迸发出活力。而若不顾我国国情和家事案件的特殊性，只能变成盲从，不仅与我国司法传统相龃龉，也会削弱案件处理的质效，导致理论与实务的多重悖反。只有透彻地认识家事调解的特殊性，才能进而做出适当的论证与选择，铸就具有中国风格与气派的家事调解制度。

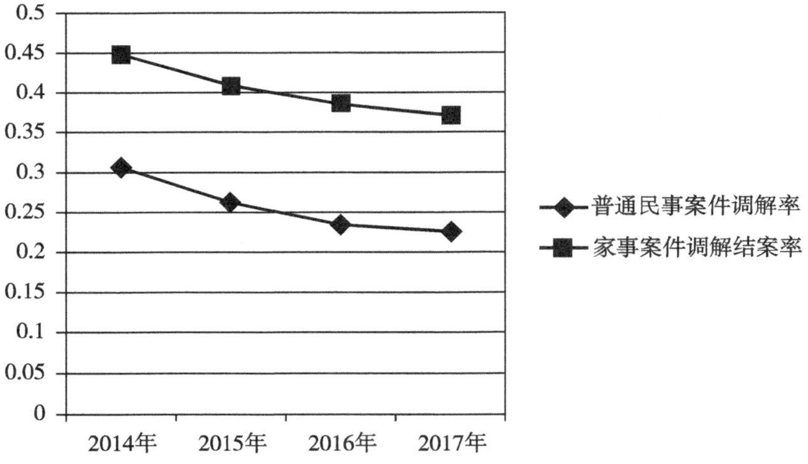

图 1　普通民事案件与家事案件调解结案率

① 参见张艳丽：《我国家事调解程序前置的立法设计》，载《河北法学》2019 年第 10 期，第 25 ~ 27 页。

② 《最高人民法院关于人民法院进一步深化多元化纠纷解决机制改革的意见》第 30 条规定：“建立案件调解与裁判在人员和程序方面适当分离的机制。立案阶段从事调解的法官原则上不参与同一案件的裁判工作。在案件审理过程中，双方当事人仍有调解意愿的，从事裁判的法官可以进行调解。”

③ 据笔者了解，部分法院中，家事案件在立案时与诉讼中两个阶段现已遵循了调审分离的原则。

④ 所谓彻底分离是指，从事调解的法官不能参与同一案件的裁判工作，而从事审判的法官则不能参与案件调解。即使在案件审理过程中，双方当事人仍有调解意愿的，也只能移付调解员或调解组织等进行调解。

⑤ 参见汤鸣：《家事纠纷法院调解实证研究》，载《当代法学》2016 年第 1 期；张艳丽：《我国家事调解程序前置的立法设计》，载《河北法学》2019 年第 10 期。

二、观点争鸣:学界对于调审合一的批判

我国传统上所采用的调审合一多为学界所诟病:一是认为调审合一直接导致了以判压调。二是认为导致程序保障缺失。调解与诉讼混同在一个程序空间之中,混合下的产物是“实体与程序约束双重软化”,①既没有做到纯粹、充分的程序保障,也没有使纠纷得到快速、妥当的解决。三是认为导致调解和审判司法功能相混淆的不科学性。② 四是认为造成心证突袭。由于调审合一,调解过程中接触到的事实虽然不能作为裁判证据使用,但难免会让法官形成心证,造成事实上的“心证突袭”的风险。③ 法官既是审判员也是调解员虽然具有一定的优势,但其先入为主容易导致案件裁判不公,在一定程度上也影响调解的效果。④还有学者认为,“调审合一模式在发展趋势上呈现出调解人员紧缺与法官职业精英化的矛盾、当事人对职权探知的需求与法官居中裁判的矛盾以及修复社会关系的价值追求与审限不可随意突破的矛盾”。⑤ 而在调审分离的模式下,调解与审判人员相分离,不仅可以避免上述缺憾,还能保证调解与审判各司其职、各尽其用,促进二者专业化发展,利于提高效率,优化纠纷处理结果。⑥

以上对于普通民事案件中调审合一模式普遍性的批判,并不能简单套用到家事案件之中。而且仅从以上观点进行分析,难以解释调审合一的模式为何会在我国具有如此顽强的生命力。由于调审合一的展开必须具备时空与主体两个必要前提,即家事案件中调审关系论争的场域、法官参与调解的必要性,而如果不满足该要件,调审合一便无展开讨论的必要。因而本文以此分析为起点,再通过对上述学界之常见观点进行一一驳斥并论证调审合一的优越性,以实现对于家事调解中确立调审合一模式的合理证成。

三、研究起点:调审合一的时空与主体要件

(一)调审关系论争的场域

调审关系论争的场域是指发生调审关系论争的时间与场合,即在什么时空

---

① 参见李浩:《论法院调解中程序法与实体法约束的双重软化——兼析民事诉讼中偏重调解与严肃执法的矛盾》,载《法学评论》1996 年第 4 期,第 12 ~ 15 页。

② 李浩:《论法院调解中程序法与实体法约束的双重软化——兼析民事诉讼中偏重调解与严肃执法的矛盾》,载《法学评论》1996 年第 4 期,第 11 页。

③ 汤鸣:《家事纠纷法院调解实证研究》,载《当代法学》2016 年第 1 期,第 145 页。

④ 参见王琦:《聚焦我国家事审判改革的几个面向》,载《政法论丛》2018 年第 1 期,第 109 页。

⑤ 叶甑皓:《离婚纠纷多元化解机制的构建:以调审适当分离为中心》,载《法律适用》2019 年第 17 期,第 44 ~ 45 页。

⑥ 参见叶甑皓:《离婚纠纷多元化解机制的构建:以调审适当分离为中心》,载《法律适用》2019 年第 17 期,第 46 页。

中或者说在纠纷化解的哪个阶段才会发生调审合一抑或调审分离模式优劣的论争。而只有首先明确调审合一的场域，才能找到分析的落脚点，进而展开精细的法律分析，加深对于调审关系的认知对调审模式的优弊进行深入分析、论证。

2016年《最高人民法院关于人民法院进一步深化多元化纠纷解决机制改革的意见》提出“探索建立调解前置程序……有条件的基层人民法院对家事纠纷……引导当事人在登记立案前由特邀调解组织或者特邀调解员先行调解”。可知，最高人民法院并未提出法院可以主持立案前的调解。2018年《最高人民法院关于进一步深化家事审判方式和工作机制改革的意见（试行）》提出“对适宜调解的纠纷，登记立案前，经当事人同意或者当事人虽未提出调解申请但人民法院认为有必要调解的，①可以委派给特邀调解组织或者特邀调解员进行调解”。尽管该意见似乎昭示了人民法院可以在立案前不经当事人同意下进行委派调解，突破了调解适用的自愿性，但仍然没有提出法院可以参与诉前调解。虽然日本等国家确定家事调停前置主义，规定家事纠纷必须由调解委员会进行调解或仅由法官②先进行调解，才能进入诉讼。但是法院在立案前尚未取得管辖权，如此规定有违司法的被动性，难免会受到越权的责难。而且，法院过度介入诉前调解也不利于社会调解机构和组织的发展，弱化了多元化解的效用，阻碍了社会治理能力的提升。因而，法院调审合一只应发生在诉讼当中，包括立案后庭审前以及开庭以后，也即调审关系的论争只能发生在案件受理后的场域之内，一旦脱离这个场域就行探讨，则不仅是对于理论与实践的悖反，也是空中楼阁，并无实益。

（二）法官参与调解必要性的证成

在讨论调审关系之前，应该明确家事法官参与调解的必要性，因为如果没有必要参与调解，也就意味着家事法官只管审判而无权调解，那么调审必然应该分离，调审合一便再无讨论余地。事实上，就算需要进行调审分离的改革，避免同一个法官同时参与一件案子的调解和审判，但让法官参与调解也是有合理性和必要性的。

首先，法官理应成为家事纠纷解决的最关键角色和中坚力量。在我国的传统文化与司法体制下，审判权与调解权相互交融，法官不仅是专业的审判者，也是有丰富经验的调解员，几乎是最擅长调解的群体。我国法官长期处在调审合

---

① 在此之前，最高人民法院也做过类似的规定，例如，最高人民法院于2009年发布的《诉非衔接若干意见》第15条则规定：“经双方当事人同意，或者人民法院认为确有必要的，人民法院可以在立案后将民事案件委托……进行调解。”但该条规定是在特定时期做出的并不太符合调解特质的规定。

② 这里的法官即“调解法官”，其由地方裁判所和简易裁判所每年从所属的法官中指定，专门从事调解工作。参见王亚新：《对抗与判定——日本民事诉讼的基本结构》，清华大学出版社2002年版，第244页。

一的模式中经受训练,具有丰富的调审经验,在调解能力上是有保障的,国外调审分离下的法官的调解能力无疑难以与我国法官等而视之。婚姻案件虽是民事案件中的一种,但又不同于一般意义上的民事纠纷,其具有典型的伦理性、情感性和身份性,它解决的不仅是当事人双方的感情问题,还要解决子女抚养、财产分割、债务承担等附带问题,因此,它要求承办法官不仅要有丰富的理论功底,还要有一定的审判经验和生活阅历。[①] 由于调解过程瞬息万变,就算是以调解的方式解决纠纷,其中也涉及许多法律问题,甚至存在当事人对案件性质误解或者调解过程中出现新事由、新事项而不应继续进行调解等情况,此时便需要专业人士进行判断和公正的考量,而且调解结果往往需要笼罩在法律的阴影之下,即"调解应当依据'法律、法规、规章和政策'"。[②] 而家事法官无疑是最适合也最不可或缺的调解员。此外,家事调解不仅是一个专业活,更是个经验活和技巧活,但经验、技巧与专业知识需要经过较长时间的培养才能够积累起来。可以预见,短期内根本无法"批量生产出"满足需求的调解员并且调动这么多的资源参与其中,而家事法官为家事调解提供了基础的人才支撑。[③]

其次,家事法官不仅应该是个优秀的裁判者,也应该是个优秀的调解员。正如《最高人民法院关于进一步发挥诉讼调解在构建社会主义和谐社会中积极作用的若干意见》第2条所提到的"诉讼调解是我国诉讼制度的重要组成部分,是人民法院行使审判权的重要方式,是和谐司法的重要内容",法官的调解能力是法官的职业能力的应有内涵。调解虽然不是裁判能力最典型的表现,却是裁判能力的应有体现。调解与诉讼在诸多方面具有相似性和共通之处,如都是在中立第三方的主持之下为解决纠纷而展开的;都需要基于一定的事实与法律知识;法官主持下的调解和诉讼都是当事人之间博弈的一种表现形式,法官需要对当事人心理进行一定的把控,才能使庭审高效快捷,甚至达到令双方当事人都信服的结果。[④]

再次,若完全将调解与审判隔离追求所谓的"专业化",让法官全心投入"审判",不得染指调解,犹如让法官和调解组织自断双臂,因为"过度的专业化未必

① 参见张伟:《家事纠纷解决机制的调查与研究》,载《河南财经政法大学学报》2012年第6期,第52页。

② 陈骏:《社会协同 公众参与 法治保障——人民法院指导人民调解工作的实践观察》,载《光华法学》编委会:《光华法学》(第八辑),法律出版社2014年版,第7页。

③ 我国台湾地区和其他国家如日本也规定了家事审判官参与诉前强制调解。日本《家事审判法》第22条第1项规定,调解委员会由1名家事审判官和2名以上的家事调解委员会组成。

④ 除此之外,还有学者认为:"如调解和判决:共同作为法定的民事解纷方式(目标均为解决纠纷);都是法院行使审判权的解纷方式(审判权包括调解权和裁判权,均具有司法权性质);都是民事纠纷的司法最终解决方式(区别于诉讼外纠纷解决方式,都具有终结效力和执行力)等等。"参见田平安、杨成良:《调审分离论:理想图景与双重背反——兼与李浩教授商榷》,载《湖南社会科学》2015年第5期,第55页。

总是优点，有时可能是弊端——缺乏常识；但中国目前的问题在我看来主要不是专业化不高，而是过度”。① 而且过度追求法官的专业化可能导致家事诉讼的对抗加剧。因而家事调解融入法官的参与是必要和恰当的。当然，在家事纠纷中，介于其特殊性，仅依靠法官并不一定有效、人手也难以保障，融入社会的参与更有利。法官参与调解，一方面可为调解提供法律支撑，能降低对调解员法律素养方面的要求，且增加调解的权威，提高当事人对调解团队的信赖，从而提高调解的成功率，形成良好的社会反响和示范效应。而社会群众、组织的参与，有利于法官接受“再教育”，提高法官的调解和说理能力。同时，法官参与调解也能起到一定的监督作用，有利于对调解进行指导，规范调解程序、确保结果合法，提供司法保障，也有利于调解员与法官互相交流学习。

最后，法官参与调解对于防范虚假诉讼具有一定的效用。家事案件中，判决及调解关涉第三人以及社会公共利益，不能任由当事人提出虚假事实和证据，法官应主动遏制此类行为。“为发现案件真实、维护社会公益和司法权威，法官以社会公共利益和司法正义维护者的身份而依其职权探知事实真相。家事审判采取实体真实主义，以真实为基准，根据真实解决案件。”②虽然对于虚假诉讼等的遏制需要综合性的制度安排，仅凭家事调解制度难以解决，但是法官的参与对于虚假诉讼的发生无疑具有一定的震慑作用。

四、逐一驳斥：基于家事案件而对调审合一批判的剖析

前文所引述的学界对于调审合一缺陷的观点在调解中并非具有普遍性和必然性，在家事调解中，上述所谓的缺点反而可能成为化解纠纷的优点。下文通过对调审合一的缺陷进行一一驳斥，挖掘调审合一的深刻内涵，可以证成调审合一存在的现实合理性、必要性乃至优越性。

以审压调在家事调解审判中可能是个伪命题。否定调审合一模式者实质上是以审压调是否“强制”达成调解协议来对进行批判的，认为强迫调解，即如果强制达成了调解协议，则因协议而使一方的实体权利打了折，而未达成协议，则法官在裁判中削减了不接受调解协议方的实体权利，甚至使之败诉。但仔细思考则会发现这种观点存在诸多漏洞。首先，“在大调解机制特别是诉讼程序中的全程调解模式下……进入庭审阶段的案件能够调解的数量较少、难度较大”。③

---

① 苏力：《送法下乡》，北京大学出版社 2011 年版，第 90 页。

② 参见王琦：《聚焦我国家事审判改革的几个面向》，载《政法论丛》2018 年第 1 期，第 105 页。

③ 田平安、杨成良：《调审分离论：理想图景与双重背反——兼与李浩教授商榷》，载《湖南社会科学》2015 年第 5 期，第 55 ~ 56 页。

在此种情况下,当事人能够达成调解协议者较少,更难以因之认为损害了当事人的实体权利。[①] 其次,就算通过上诉改判,也不能推论出法官以审压调诱发了一审"不公",因为法官的观念、对法律的熟悉程度、裁判能力等因素都会影响法官的判断,认为法官以审压调而损害了当事人的权利,有将个案或推论普遍化的嫌疑。最后,实体权利受损中的权利,究竟是当事人主观认为的应获保障的权利,还是指实体法下的实体权利?而且权利是否受损的标准具有相对模糊性,仁者见仁,智者见智。此外,实践证明,调解过程中,在涉及实体问题时,当事人并不会轻易放弃自己的权利。[②] 就算有权利"受损",也难言是以审压调导致的而非当事人的自愿处分。因而,认为通过调解协议贬损当事人的权利无法证实。

就后者而言,拒绝调解与当事人败诉之间没有因果关系,不能机械地将其归为"以审压调"。[③] 根据汤鸣教授的分析,家事纠纷适用调解的案件数量及其使用率本就比较高,调解率考核对其使用调解的影响也不明显,而法官的精神需求、纠纷不能彻底解决带来的挫败感、当事人的否定性评价或者反复纠缠在一定程度上影响法官引导当事人适用调解的因素。[④] 尽管不能完全排除部分法官在考核等因素的刺激下,使调解走向异化,但总体而言,以审压调的普遍性更多的是一种理论上的推理。在实务中,法官也会受到既有法律规定、当事人上诉申诉甚至信访、考核等多种机制的掣肘,不可能任意而为。相反,在当事人情绪激动、对抗激烈时,法官更应循循诱导而不可能"压调"。法官反复调解而当事人不接受的情况,反而让法官明白了当事人"不好糊弄",在给法官更大的压力之下,他会更加积极地调动其才智、精力以进行更充分的推理和论证,裁判的结果和质量可能更高,从某种程度上来说提高了法官的水平,甚至推动了法治的发展。更为实际的是,有些"以审压调"即调解人"通过其权威、影响及资源对双方当事人施加影响、帮助、暗示和指导等作用",[⑤]但这是"调解的应有之义",亦是法官晓以利弊、降低预期的方式,一种促使当事人进行更为理性选择的调解技巧,而几乎所有类型的调解,包括人民调解、律师调解等都会运用到这种技巧,因而不应该将其"妖魔化"。

---

① 除此之外,这种情况也说明了,诉讼中家事调解的主要任务不应以达成调解协议为目标,家事调解对于调解员的能力要求往往更高。

② 高洪宾:《论我国法院调解制度的重构》,载《法律适用》2006 年第 12 期,第 14 页。

③ 汤鸣:《家事纠纷法院调解实证研究》,载《当代法学》2016 年第 1 期,第 144 页。

④ 参见汤鸣:《家事纠纷法院调解实证研究》,载《当代法学》2016 年第 1 期,第 144 页。

⑤ 任方真:《法院调解制度中的行为法律经济学》,载《光华法学》编委会编:《光华法学》(第二辑),法律出版社 2008 年版,第 50 页。

以调解结案而申请执行占比的增高来论证“以审压调”的存在可能并不全面合理。第一，申请执行率只有放到家事案件整体中来考察才具有意义，因为当家事案件调解结案比增高时，意味着裁判结案的占比在下降。此时，如果家事案件整体申请执行率增高，才有可能说明“以审压调”的存在；相反，如果家事案件整体申请执行率不变甚至降低，则可能说明“以审压调”或许很少甚或不存在。实际上并没有此类数据进行论证。第二，影响自动履行率的因素众多。调解率的增高大概率的会伴随着申请执行率的增高，因为其中出现不主动履行调解书的原因更为复杂多样，当事人品性的复杂多样性、社会的道德风尚的变化、经济的发展情况、制度的完善程度等都会影响调解的自动履行率。第三，调解书申请执行率的增高，可能说明了调解的质量不高，而非必然因为强制调解的原因导致。第四，就算实行调审分离，也会出现调解书申请执行的问题。第五，家事案件中许多义务的履行具有长期性、多次性，意味着长期履行过程中，仍然随着当事人之间的各种互动，这提高了案件自动履行的风险。[①] 第六，以审压调往往有损原告的权益，而对被告更为有利，此时常常并不会因为原告的原因而导致申请执行率的提高，而被告在从调解中获利的情况下，也不愿意履行调解书，也难以指望该类案件以判决结案时其能主动履行判决书。这时候其实人们往往过多地去指责调解，而忽略了调解中当事人的问题。而且在政策导向下，增加的那部分以调解结案的案件中是否不执行的占绝大多数呢？当然，或许有可能是因为被告想得寸进尺，想在执行中进一步获利，也有可能想拖延时间、转移财产等，但这也不能说明调解的问题，而是“自利商人”的导向加上制度设计的缺陷所发生的复杂反应。由此也可说明，达成调解协议并不应成为调解成功的理想指标。

虽然家事调解结案率自 2014 年底取消对调撤率考核以来逐年有所下降，[②] 但由图 1 可知，2017 年已趋于平稳，其调解结案率仍然较高。然而这并不能说明对调撤率的考核而增加了“以审压调”的出现，使调解异化，而可能说明在设置调撤率考核时，调解更受法院重视并调动了其调解的热情，从而提高了调解率。也有许多人认为，考核的因素促使法官花费更多的时间和精力来做

① 高野耕一先生通过研究发现，家事纠纷与民事纠纷相比有以下几个重要的特征：……第四，家事纠纷的处理结果往往伴随着家事纠纷的拖沓、复杂和呈现出的困难态势，而出现当事人不予执行的情况。参见高野耕一：《家事调停中裁判官的责任》，载《案例》第 72 号。转引自李青：《中日“家事调停”的比较研究》，载《比较法研究》2003 年第 1 期，第 83 页。

② 《最高人民法院召开党组会议决定取消对全国各高级人民法院考核排名》，载《人民法院报》2014 年 12 月 27 日，第 1 版。

当事人的工作,[①]促使甚至强制当事人接受调解,但是这可能只说明在政策、考核等因素的刺激下,通过法官花费更多的时间精力或司法资源来挖掘案件调解结案的“潜力”,额外增加调解结案的案件的数量及占比。当然,也不必然排除个别“以判压调”的可能性。再加之家事案件调解结案率本就很高(见图1),而且比统计数据更高。因为在我国《民事诉讼法》以及原《婚姻法》等相关法律法规的规定下,法官、当事人、国家等各方主体基于各自的利益考量,形成了“二次离婚诉讼”的审判规则或者说审判习惯,就法官而言“对首次离婚请求判决不准予离婚和对再次离婚请求判决准予离婚同样服务于同一个目的——增加结案数和降低法官的不利风险”。[②] 而在二次诉讼离婚的审判规则之下,人为地增加了案件的数量,也即在计算调解结案率时扩大了分母,相应的调解结案的数据随之下降。加之,撤案率占比较高,离婚案件在家事案件整体中占比大,对数据整体的影响也大。因而我们所看到的数据往往是低于实际的调解结案率的,就算“以判压调”真实存在,可能也没有想象中那么多。

再者,“以审压调”可能并不以调审是否合一而发生多大的差异。[③] 部分以审压调现象的存在,难说是调审合一所导致,司法政策、考核等因素或许才是导致部分调解异化的根本原因。若以审压调普遍存在,事实上也难以避免以审压调的出现。在适用调审分离的模式时,当庭审法官向调解员抱怨案件太多或指责其调解能力不行、[④]考核不达标、政策的改变等时,某种强制可能随之形成了,

---

① 有学者的实证研究表明:“绝大部分法官认为‘当前法院系统所要求的调解率过高,法官为完成调解任务,不得不花费比判决大数倍的精力去做双方当事人的调解工作,在双方当事人均不愿调解的情况下,法官也不敢轻易下判’。”参见张嘉军:《民事诉讼调解结案率实证研究》,载《法学研究》2012 年第 1 期,第 44 页。

② 参见刘敏:《当代中国民事诉讼调解率变迁研究》,中国政法大学出版社 2013 年版,第 152 ~ 161 页。除此之外,法官遵循“二次诉讼离婚”审判习惯的原因还包括“判维持夫妻关系……就可以给当事人以此机会,若婚姻关系果真无法维系,当事人自然会再次起诉,到时再判离也比较妥当”。参见王晓玲:《冲出围城——M 法院离婚案件调查报告》,载徐欣主编:《司法程序的实证研究》,中国法制出版社 2007 年版,第 208 页。

③ 在实务中遵循“调审分离”的模式下,这种强制因素仍然存在,就已证实“强制性”并不会因为调审模式的转变而消亡。“在法官助理进行庭前调解,从而与审判法官的身份相互分离之后,这种强制因素却依然存在于法官助理进行的庭前调解活动中。”参见白彦、杨兵:《有关“调审分离”的若干问题及对策》,载《法律适用》2011 年第 4 期,第 75 页。该作者后文中又阐述了一些在该种制度安排下,调解强制性因素产生的包括“法官助理对法官在管理上的依赖,是庭前调解中强制因素存在的制度土壤、法官助理自身的利益动机、诉讼调解本身所具有的强制性因素”三个原因。正如笔者所在 S 省 C 区一些法院采取诉前与立案后调审分离的模式,在此种模式下,基于以上因素及其更强的权威性、利益考量等,以判压调的可能性或许更高。

④ 实务中就已证明,调解员与法官之间是有紧密的联系和相互的影响的。如有法官所谓调审合一下,“简案庭调解不成再移送审判庭,审判庭光‘啃骨头’往往有意见,影响了庭与庭之间的团结”。参见高洪宾:《论我国法院调解制度的重构》,载《法律适用》2006 年第 12 期,第 18 页。

其调解“成功率”也可能随之而涨跌。而且任何调解员或多或少都希望自己能够成功地化解其主持的纠纷，无论是基于“没有上诉改判发回的风险”、①考核、政策等功利性因素，还是展现自己能力、精神上的满足等心理上的考量，都会对处理好纠纷产生积极性，而这种积极性正是调解所需要的。如果没有这种积极性，还能指望调解员有动力来通过调解解决纠纷吗？只是这种积极性可能在某些情况下被扭曲为“以审压调”的动能。一是同样的“工具”在不同人手中有不同的用法，能发挥出不同的用处。调解员对于各种因素的敏感度或抵抗力的大小不同等而可能产生大小不同的积极性，甚至超越积极性本身而成为一种强制或强迫，而人类的个体性也决定了无法设计出完美的考核方案和制度。二是考核的指标及其强度影响了法官调解的强度，例如，在审限有限的情况下，仍以结案速度作为考核的重要指标，可能导致法官在极短的时间内无法处理手中大量且耗时的案件，进而走向强迫。但就算调审合一下存在部分“以审压调”的现象，若以此就否定调审合一模式，无疑反应过激。这不仅消减调审合一的诸多优势，有损调解的制度功能，而且可能引发诸如“一案两审”、重复劳动、拖延诉讼等诸多弊端，对本就司法资源紧张的法院，特别是基层法院而言无疑是雪上加霜。

程序可救济，实体正义才能保障。程序保障不周与心证的形成往往具有密切的联系，两者都可能造成裁判的不公，而心证的形成往往由程序的展开而引发。首先，程序权利保护具有相对性，难以设计出尽善尽美的程序规范。“历史会告诉我们不可能什么只有优点，没有弊端的完美制度。”②而且，部分的程序保障与实体正义的实现并没有必然的联系，因为法官的裁判需要基于证据规则对案件事实进行职业化、专业化认定，法官的审判经验与娴熟的法律运用使其对于当事人情绪化的、虚虚实实的表达更具有免疫力。在调审合一的模式下，庭前形成的所谓心证、多数程序上的缺失可以通过在诉讼中辩论、发问等方式予以事后纠正；相反，非法官的调解员可能更容易受当事人情绪的影响，使最终达成的调解可能离法律和公正的距离更大。其次，法官的心证是难以避免的。正如有学者所谓“当当事人坐在被告席的时候，法官即已经产生了某种确信”。同时，假设设立诸如日韩等国式的附设型的调解委员会，实行审前的调审分离，审后的审判员难道就完全与审前调解隔离开来，不应去了解任何的相关信息吗？审前的调解员难道就不会将其某种倾向影响到审判案件的法官吗？同时，也很难说心

① 李西川：《镶嵌在现实中的法官思维与行为模式——基于基层法官参与社会管理的实证分析》，载《光华法学》编委会编：《光华法学》（第六辑），法律出版社2011年版，第54页。

② 苏力：《送法下乡》，北京大学出版社2011年版，第67页。

证就会导致错误的判断和裁判的不公。心证可能会更多地引导法官更全面地引导当事人进行阐述、举证。调审合一模式下,调解过程中法官所发现的疑点,可以通过庭审得到确认,以更全面、深入地发现案件事实。详言之,法官在参与调解的时候,能够捕捉到更多的细节,更有利于未来有针对性的调查证据,在庭审中有针对性地释明、发问,发现事实。再者,仅凭形式正义并不能保证程序利益的实现。评判"调审结合"的程序利益固然不能忽视程序正义的要求,但如果将程序正义作为唯一标尺甚至是终极目的,则会使程序正义沦为旁观者(法学家)的形式正义,而不是当事人的程序利益。①

调审分离虽然符合程序正义的形式化要求,但其实效却往往欠佳。② 调审合一能够促使当事人形成合理的预期。审前调解方案与庭审法官主持下所提供或达成的调解方案在某些方面的一致性有利于解决纠纷,因为前后在某些重要方面的一致,让当事人更坚信判决的合理公正性。在调审分离的情况下,如果调解员在调解过程中的意见或调解方案和法官提供的方案不同时,可能出现其中一种方案对一方或双方当事人更不利的情况,特别是在对一方有利而另一方更不利的情况下,可能抑制庭审中或庭后调解的进行,而且也使当事人乃至社会对于调解员专业性和能力产生质疑。而若让审判中的法官去了解调解的情况,③无论是法官在对于调解方案了解过程中挖掘出的一些案件细节,还是其在向调解员了解过程中得到的一些倾向性甚至偏向性的表述,都可能会对纠纷的公正解决产生一定的影响;但最直接和必然的影响就是解决纠纷成本的提高,而成本的高低也是案件处理质效的重要指标。并且,在信息传递的时候,可能发生严重的信息失真,加剧调解与审判的不公,弱化对当事人程序与实体权利的保护。再者,审前与庭审中调与审的分离,对于当事人来说可能是一种矛盾升级的信号,并不利于纠纷的化解。

调审彻底分离过于理想化,会造成程序复杂冗长、当事人难以理解、增加司法成本、影响司法效率和裁判效果等一系列后果。④ 如在针对庭前已经过调解的复杂、疑难且争议激烈的家事案件调解失败并进行庭审后,调审分离造成了重

① 王聪:《调审分离还是调判结合:再论法院调解的中国图景——为"调判结合"辩护》,载《河北法学》2019 年第 9 期,第 196 页。

② 王聪:《调判分离还是调判结合:再论法院调解的中国图景——为"调判结合"辩护》,载《河北法学》2019 年第 9 期,第 192 页。

③ 就算在遵循调审分离的日本也难说调停委员会不会影响到家事法官的心证。根据日本《家事裁判法》第 24 条的规定来看,在调停不成立时,家事法院要听取调停委员会的意见,根据案情、当事人的意见等衡平裁判。

④ 周建华:《司法调解:合同还是判决——从中法两国的比较视野出发》,中国法制出版社 2012 年版,第 265 页。

复劳动,[①]而且进入庭审可能说明了案件处理难度较高,相应的了解程度和对问题的把握应该更深刻。甚至可能庭审中的法官还得再去询问调解过程中法官或者调解员对案件的态度,提高了司法成本。而“两者的结合有利于全方位纠纷解决机制的完善,有利于维护解纷机制的生态平衡。同时,调解和判决两种机制的融合可以实现‘1+1>2’的制度功效,提高解纷效率”。[②]

又如,我国台湾地区的“家事事件法”根据调审分离的原则,制定了“移付调解”制度,对于调解不成并进入家事裁判程序案件,若当事人还有调解意愿的,家事裁判庭不能直接进行调解,而将案件移送给专门进行家事调解的调解委员会进行调解。但在诉讼过程中出现了有利于调解的局面或当事人合意请求调解,此时,可能法官对于促成调解产生了一定的效果,其对于该案情及其进展的把握更全面充分,由其主导调解更利于纠纷的有效解决。若全盘借鉴我国台湾地区的移付调解制度,可能不利于纠纷解决的连贯性和高效性,使调解员对于庭审的情况和当事人的心理变化难以充分掌握,甚至在新的陌生环境中出现当事人反悔、矛盾激化等情况。如此也将调解与审判过度割裂、分割开来,否定了两者在功能上实际具有的一致性与协调性,不利于充分发挥出调解与庭审的互补性,无法保证庭审连贯进行,也给当事人带来了不便,造成了诉讼拖延,可能还会抑制当事人对于调解的选择。因而,在此情况下,可以引入调解员协助配合法官进行调解,此时由家事法官主导效果也更加适宜,调解员也能在某种程度上弥补法官智识等的不足,两者相得益彰。所以,鉴于质效的考虑,家事裁判法官有必要承担一部分的调解职能,否则,过度的专业化以及分工可能造成诉讼案件处理的过度复杂化。而且调解中双方当事人陈述的内容与方式可能与庭审中差异悬殊,兼听则明对于案件事实和法律适用更为有益。因此,调审分离在很多时候会导致调审衔接不畅、提高司法成本和当事人的成本,而调审合一不仅可以避免以上弊端,而且更兼具灵活性。

五、合理证成:调审合一是家事调解的应有路径

调审合一是家事调解的应有路径。通过前文的分析,可以清晰地看出在家事调解中贯彻调审分离并不利于纠纷的解决与成本的降低,反而会带来诸多副作用,也附带性地指出了家事案件中调审合一所具有的某些优势。此外,调审合一还能够在维护传统、基于现实的基础上,带来改善民事诉讼运行的整体环境、

---

① 家事纠纷的特殊性对于情感修复等的顾及,因而需要对当事人性格等方面熟悉程度较高。按照符号互动理论,随着程序、参与化解纠纷的第三人的变化,当事人直观感受可能也会随之变化,认为矛盾再次升级,当事人间情感性成本也随之上升。

② 田平安、杨成良:《调审分离论:理想图景与双重背反——兼与李浩教授商榷》,载《湖南社会科学》2015年第5期,第55页。

提升纠纷化解的质效、助力司法改革和提升法官调判能力等多重功效。

首先，家事案件下的调审合一利于形成制度化的家事调解模式，以区别于其他民事调解，加深学界和法律界对于调解的认识及其特殊性的认知，进而在民事诉讼中对其他类型调解的适用进行调整，避免调解的过度滥用或泛调解化，有利于当事人主义在民事诉讼中的繁荣。

其次，调审合一是保证将调解贯穿家事案件审判全过程的必要举措，调判完全分离不符合诉讼调解的改革方向。2009 年《最高人民法院关于建立健全诉讼与非诉讼相衔接的矛盾纠纷解决机制的若干意见》第 16 条提出："对于已经立案的民事案件……开庭前从事调解的法官原则上不参与同一案件的开庭审理，当事人同意的除外。"2016 年《关于人民法院进一步深化多元化纠纷解决机制改革的意见》第 30 条提出"推动调解与裁判适当分离。立案阶段从事调解的法官原则上不参与同一案件的裁判工作。在案件审理过程中，双方当事人仍有调解意愿的，从事裁判的法官可以进行调解"。最高人民法院并没有绝对化地排除开庭前参与调解的法官参与同一案件的开庭审理，对于庭审中调审合一更未作出限制。前述两个"意见"对于庭前各阶段调审的规定存在差异：前者规定"开庭前从事调解的法官原则上不参与同一案件的开庭审理，当事人同意的除外"；后者则无当事人同意的限制，似乎最高人民法院对于调审合一、特别是庭审中调审合一的态度更加宽容。但事实上，同时参与庭前调解和庭审对案件处理公正性的影响可能更小，如对于法官心证的影响。在审前参与调解的法官可以通过庭审中的诉讼活动来消除其心证；而参与庭审的法官在辩论结束的情况下再主持调解，此时当事人可能出现言及那些在庭审中并未提及或认诺的事实等情况，更有可能影响法官心证，损害当事人的程序性权利。但如果认可这种调审合一的模式，在此类情况下是否可以通过赋予法官或当事人必要的权利对这一弊端予以弥补，则值得考虑。

家事审判的实务中，最大问题恰恰并非调审是否应该分离，反而是在一些阶段，调解与庭审自然分离影响了案件处理的质效。例如，在立案后庭审前，法官所办理的案件数量过多，精力受限，抑制了其在此阶段主持参与调解的积极性。[①] 相

---

① "目前离婚案件的调解集中在庭中或庭后，能调则调，不能调则判。""在当前调审合一的模式下，法官多采取庭后调解的方式，边调解边考虑判决因素。受审限及工作量的限制，法官并没有足够的时间与精力协助促进双方修复情感，其主导的调解目的明确，即促使双方达成合意。故法官对调解成功的追求会高于对促进双方关系改善、修复的价值追求。"参见叶甑皓：《离婚纠纷多元化解机制的构建：以调审适当分离为中心》，载《法律适用》2019 年第 17 期，第 44～45 页。"绝大多数法官表示，因案件数量压力大，基本只能在开庭后进行调解，不存在因纠纷性质而优先调解的概念，能调则调。"参见汤鸣：《家事纠纷法院调解实证研究》，载《当代法学》2016 年第 1 期，第 143 页。因此，笔者认为，所谓的庭前调解与庭审适当分离的改革或做法实无必要。

反，在庭审中进行处理则更为简便、省时、省事，直接导致了庭前调解的空缺。在法院设立专门的调解机构时，法官更不可能参与庭前调解了：一是不参与理由更加强大了，因为有"调解员"专职负责调解；二是法官如果参与庭前调解，工作量会急剧走高，庭前调解会更耗时间，法官受理的案件数量却不会因此而减少。因而就算没有规定调审分离，法官也几乎不可能积极参与庭前调解；就算规定了调审合一，也难以推行开来。[①] 在未规定强制庭前调解的情况下，法官对于参加庭前调解的积极性不高，同时参与案件的庭前调解和审判的案件数量就更为有限了，[②]因此没有必要刻意规定庭前调解与庭审分离。再加上，由于家事案件的调解成功率高，主动进行审前调解的可能都是法官认为调解成功率高的案件，通过审前调解可以化解很多纠纷，这部分案件就不会再进入庭审阶段；也就是说，只剩下了部分已经过庭前调解的案件进入庭审，即在庭前调解展开之下，往往只有疑难、当事人对立情绪异常严重等案件才会进入庭审（而这些案件不仅难以通过强制达成调解协议，而且更可能因强制而对法官产生厌恶，导致更难达成调解协议），才会发生庭前与庭后调审合一的问题。因而，就算以审压调的现象真实存在，而此时所能够影响的案件数量也较为有限。"以审压调"的发生率或许可以忽略不计，相反，需要作出必要的规定以督促、鼓励法官参与庭前调解，以对不参与庭前调解的"常态"进行纠偏，提高调解的质量，促使调解员与法官能力的相互提升。

最后，审判与调解两者相辅相成，[③]调审合一的模式强化了法官职业能力的训练和提高，使法官能够更娴熟地运用调解与审判，促进纠纷得到更高质效的化

---

① 我国台湾地区调解机关由法官进行调解（"家事事件法"第 27 条），法官也可选任家事调解委员先行调解。根据台湾地区"家事事件法"第 27 条规定"家事事件之调解程序，由法官行之，并得商请其他机构或团体志愿协助之"。同时台湾地区"家事案件审理细则"第 45 条规定"调解由法官选任符合家事调解委员资格者一至三人先行为之"。但现行家事调解中，法官亲自调解的事件虽有但不常见，大多家事法庭之调解多以调解委员为主体，调解成立后送请法官于调解笔录上签名。参见李太正：《家事事件法之理论与实务》，元照出版有限公司 2014 年版，第 147 页。在日本，就算设置了专职从事调解的家事法官，其参与调解的比例都不太高，何况规定主要从事审判的法官参与庭前或诉前调解呢？"实际上，由于家事调停事件相当多，法官人力不足，因此，家事法官不参加调停委员会而全由调停委员会负责的情况也很普遍。"参见[日]广中俊雄：《家事裁判所〈法和裁判〉》，东京大学出版会 1961 年版，第 172 页；转引自李青：《中日家事调停的比较研究》，载《比较法研究》2003 年第 1 期。

② 最高人民法院《多元化解改革意见》提出"推动调解与裁判适当分离。建立案件调解与裁判在人员和程序方面适当分离的机制。立案阶段从事调解的法官原则上不参与同一案件的裁判工作"。可见目前的改革往往都是强调庭审之前各个阶段的调解与庭审中审判的分离。同时，据笔者了解，现在实务中，在当事人起诉后立案前，法院在征询当事人意见的情况下，由法官主持调解，在调解失败进入诉讼程序后，再由其他法官介入。

③ 最高人民法院也认为两者是法官司法能力的应有之义。"法官的司法能力是一种综合能力，既包括驾驭庭审的能力，也包括调解案件的能力。"详见《最高人民法院关于进一步发挥诉讼调解在构建社会主义和谐社会中积极作用的若干意见》第 26 条。

解。在调审分离的制度设计之下,由于可能出于对考核的应对、审判的便捷性等因素的考虑,法官就算在庭审中发现了调解的契机,也可能视而不见。如那些有调解可能性甚至明显可以通过调解化解纠纷的案件,可能更能说明当事人间对抗性低,就算判决强化了当事人间一定的对抗,亦能够结案息诉。长此以往可能导致审判与调解能力双双下降。当案件处理得很棘手时,法官也有可能"以审压调",将"包袱"扔给调解员。若直接规定进入庭审中的案件不能再进行调解,又不利于当事人之间情感的修复和纠纷的解决。"调审分离"实际上弱化了调解对于家事纠纷化解的效用,阻碍了将调解贯穿到整个家事诉讼程序中。相反,鉴于家事纠纷的化解往往具有长期性、反复性,由同一个法官参与到案件解决的整个流程中,更容易积聚力量,形成合力,发现矛盾的根源,纠除矛盾的根子。

正如高洪宾法官所言,法官强调调解,或采取"调审合一","并非其本人偏好调解,更不是有利可图,而是出于一种社会责任心和法官的良知"。[①] 理论研究应该避免形式理性过多的纠缠,而应努力回归实践理性,吸纳调审合一所具有的合理性、可行性、经济性等优势,修正调审合一下潜在的缺陷,才是提高纠纷化解质效最有效的路径。

六、制度构思:家事诉讼中调审合一模式的构建

(一)庭前调解员与法官的角色分工

庭前调解的运行首先要确定权力分配。除法官独任调解以外,无论法官是否参与庭前调解,庭前的调解都应该由非法官调解员或不参与庭审的法官主导,而庭审中的调解则由主审法官主导。这样设计首先可以避免在庭前调解阶段所谓"以审压调"的指责。其次,让法官的适度参与,有利于其更加深入地了解案情并对之提出更好的方案,并且可以促使案件解决的流程更加顺畅和连贯,辅助调解员化解纠纷。再次,让调解员成为先行调解的"帝王",有利于增强调解员的职业荣誉感和获得感,使其更努力地发挥出自己的能力调解纠纷,以达成调解员与法官之间的分工配合,也符合专业分工的发展路径,否则,可能让调解员认同人民陪审员一样成为审判权的附庸。最后,法官是法庭上的"王侯",而非任何场景中的"帝王",庭审中的法官应该拥有更强的权威[②]与更多的权力;并且在这种制度构建之下,有利于让家事法官在庭前调解中增进调解能力、拓宽视野,不致成为法律适用的"自动贩售机"。

---

① 高洪宾:《论我国法院调解制度的重构》,载《法律适用》2006 年第 12 期,第 18 页。

② 正所谓"近之则不逊",在庭前调解中保持沉默、中立、神秘可能带来更多的权威。

（二）庭前调解法官与庭审法官适度分离

《最高人民法院关于建立健全诉讼与非诉讼相衔接的矛盾纠纷解决机制的若干意见》第16条规定“开庭前从事调解的法官原则上不参与同一案件的开庭审理，当事人同意的除外”。相较于以当事人同意与否作为决定法官是否能同时参与庭前调解与庭审的标准，以当事人有无异议为标准或许更为合理。一方面，有利于保障当事人的程序权利与实体权利，一定程度上避免调解的不公延续到庭审；另一方面，避免当事人的权利滥用，也能够一定程度上约束调解法官的权力，有利于调解的公正进行；再者，当事人未提出异议也是当事人对法官认同的表现，而认同或信任会给法官带来更大的权威，有利于促进纠纷的解决，也有利于对法官形成正向激励。因而，可以规定“当庭前调解无法达成合意、化解纠纷，而即将进入庭审的家事案件，若有法官参与庭前调解，应让其参与庭审，但当案件当事人有合理原因诸如能够初步证明该法官参与庭审会导致裁判不公等请求该法官在庭审中回避的或当事人都申请该法官回避不参与庭审等情况下，则例外地允许参与庭前调解的法官不再参与庭审”。但就算规定强制法官参与，可能也难以推行开来，或许可以规定“案件疑难或者调解员请求法官参与时，法官应该参与”，这样方能兼顾多方的利益。此外，除了抑制当事人滥用排除调审合一的权利，还可以通过降低诉讼费用、提高诉讼效率等方面予以诱导，激励当事人接受调审合一的模式。

（三）开庭后案件调解与审判合一

根据我国原《婚姻法》第32条规定，人民法院审理离婚案件应当进行调解。根据《最高人民法院关于适用简易程序审理民事案件的若干规定》第14条规定，婚姻家庭纠纷和继承纠纷应当在开庭审理时先行调解。由此可知，以上家事案件应当在庭审中进行调解，至于法官在庭审中具体哪个阶段进行则未予以明晰。如果调解特别是辩论完结后的调解过程中出现影响案件审理的重要事项，为维护当事人的程序权利，在当事人的申请下或法官认为有必要者，应当继续审理。而在庭审结束后，参与庭审的法官受当事人的请求进行调解的，可以主持调解，但调解过程中出现影响案件审理的重要事项，应该再次开庭审理。责任制的约束与二审救济的制度保障下，为了避免调审的过度割裂、提高调审效率，就算当事人认为庭审中调解法官“以审压调”，也不排除法官主持调解，除法官自愿回避以外。在家事法官的主持下，可以允许当事人选择调解员或者有关人员参与调解，如此也可以在一定程度上起到监督、制衡的效用，抑制法官强迫调解的倾向。

七、结语

调审合一下对于以审压调的担忧,暴露出了人们只片面地注意到了调审合一下对于调解的强化,而忽视了调解对于诉讼的软化。2018 年《最高人民法院关于进一步深化家事审判方式和工作机制改革的意见(试行)》提出要将调解贯穿家事案件审判全过程。该意见或许并非单纯地强调调解的适用,而是期望家事诉讼融入调解的柔和性,运用柔性司法的理念修正诉讼的刚性,以更好地化解家事纠纷。而调审合一则是该理念的泉源,坚持调审合一才能创制出契合家事案件特征的家事审判程序,提高纠纷解决的质效,促使调解与审判相得益彰。

The Choice of Mediation and Trial Mode in Family Cases: Justification and Construction of the Integration of Mediation and Trial

Yang Jie

Abstract: The relationship between mediation and trial is an important part of the family mediation system, which mainly includes two typical modes: the integration of mediation and judgment and the separation of mediation and judgment. However, the former is mostly criticized by the academic circles. It is generally believed that the integration of mediation and trial directly leads to the disadvantages such as the pressure of judgment, the lack of procedural security, the confusion of judicial functions of mediation and trial, and the sudden attack of psychological evidence. On the contrary, under the mode of separation of mediation and trial, the above defects can be avoided, the professional development of mediation and trial can be promoted, and the quality and efficiency of dispute handling can be improved. However, based on the particularity of family affairs and the judicial tradition of China, we can analyze the current situation of family mediation in China. We can find that the combination of mediation and trial has many advantages. The inference of "forced mediation" is more of an illusion.

Key words: family mediation domestic proceedings combination of mediation and trial separation of mediation and trial forced mediation

论继续履行合同判决的类型化执行

■ 向东春*

[内容摘要] 实质意义上的继续履行合同判决是一个双务判决，用辩证法看待义务的履行，合同双方权利义务在判决生效后都须依照合同内容履行，任何一方违反约定的，都可能作为被执行人。对继续履行合同判决的执行内容化解为常见的金钱履行行为、物之交付履行行为、作为或不作为履行行为，实施类型化执行，多种执行措施攻克执行难现状。

[关键词] 继续履行合同判决 双务判决 类型化执行 执行难

通过对继续履行合同判决适用情形的分析，原被告双方均负担履行义务，被告履行在先的情形才是执行法面临的难题（见表1）。笔者认为，继续履行合同判决执行难问题并不在于继续履行请求权基础的正当性，而是缺少对继续履行合同判决的辩证研究，致使在执行中出现执行依据不明的争议。苛责继续履行违约责任的适用治标不治本，

* 向东春：西南政法大学法学院硕士研究生。

并不是在解决执行难问题，而是在回避执行难问题。基于继续履行合同判决作为双务判决的定位，正是为解决执行难提供新思路。①

表 1

起诉时义务负担情形	原 告	被 告	判决类型
仅一方负担履行义务	胜 诉	败 诉	一般给付判决
	败 诉	胜 诉	驳回原告诉讼请求
双方均负担义务，原告履行义务在前	胜 诉	败 诉	形成判决及一般给付判决
	败 诉	胜 诉	驳回原告诉讼请求
双方均负担义务，被告履行在前	胜 诉	败 诉	继续履行合同判决
	败 诉	胜 诉	驳回原告诉讼请求
双方均负担义务，同时履行	胜 诉	败 诉	同时履行判决
	败 诉	胜 诉	驳回原告诉讼请求

一、继续履行合同判决的执行难症结

继续履行合同判决的优势在于，涉及合同双方履行行为时，都能通过判决一次性固定下来，在判决主文中不用费太多笔墨。但是，大部分学者否定继续履行判决执行力，认为继续履行合同判决仅对合同效力作了认定，判决主文缺少明确的执行内容，不符合判决明确权利义务关系的规则。笔者将继续履行合同判决执行难问题归结于判决主文是否明确及合同履行内容如何分解执行。

（一）继续履行合同判决的性质之争

继续履行合同判决的性质直接影响到判决能否执行，对此，目前学界存在三种观点：第一种观点认为继续履行合同判决主文仅载明“合同有效，继续履行”，只能明确合同效力的内容，而无法直接获取判决主文的执行内容，便无给付内容，应定性为确认判决。第二种观点认为属于给付判决，判决主文虽然没有直接列明执行内容，但可以将判决确认过的合同作为补充，符合执行标的明确的要求，只要符合《合同法》继续履行的条件，就应当维护生效判决的权威。第三种观点并不一概认为是确认判决，原则上继续履行合同判决不具有执行力，执行机关对合同进行解释违背审执分离的改革目标，只有在特殊情形中才有执行力。②

① 参见向东春：《论继续履行合同判决的适用及既判力范围》，载《华中师范大学研究生学报》2019 年第 3 期。

② 参见黄金龙、葛洪涛：《继续履行合同类判决的执行问题》，载《法律适用》2011 年第 12 期。

笔者认为，继续履行合同判决与确认合同效力的判决存在很大区别：其一，确认之诉的原告仅以确认现有法律关系为目的，并无期待被告作出相关履行行为的需要，而继续履行合同判决是对原告享有继续履行请求权所作出的权威性判断，认可了原告这项给付请求，当然不同于确认判决；其二，如果认为继续履行合同判决属于确认判决，岂不是等同于请求确认合同效力的判决，然而请求确认合同效力的判决可以中间判决作出，继续履行合同判决却是终局判决。笔者分析继续履行合同判决性质出现争论的原因，主要是作出履行判决首先的前提是确认合同效力，然后才有是否继续履行的可能，正是这类继续履行合同判决包含了一种确认效力，才导致了学者对继续履行合同判决的性质产生了分歧。

（二）继续履行合同判决的解释主体之争

在继续履行合同判决作为给付判决的判断之下，执行中需要结合判决确认的合同内容才能具体实施，按照起诉—审理—判决—执行的顺序，作出继续履行合同判决前就需要对合同内容进行审查，合同的解释与漏洞的填补本应在判决作出时就该完成的，而事实上通常是在执行中出现合同履行争议，由执行机关进行解释还是由原审判组织解释存在争议：第一种观点主张由执行机关进行解释和确定，执行部门对判断双方义务及其次序、申请执行方是否已完成了己方的义务有执行裁决权，属于其正当职能；第二种观点主张继续履行合同判决具有复杂性，填补合同漏洞、处理违约问题，均涉及实体法权利的判断，不建议由执行机关处理，否则会违背"审执分立"的原则，难以控制执行权的边界。笔者赞同第二种观点，即涉及合同内容的争议属于当事人的实体权利救济范畴，不宜剥夺当事人通过正当程序确定争议条款、填补合同漏洞的救济途径。如何通过原审判组织、以何种方式作出判断也是今后探讨的方法论。

（三）继续履行合同判决的执行方式存疑

基于继续履行合同判决作为给付判决的前提，司法实务对被执行人的执行方式存在疑虑。首先，争议焦点为强制执行是以实现合同目的为标准，还是以合同约定步骤执行，最为典型的例子如商品房买卖合同、建设用地出让合同等涉及相关行政行为。一种观点认为，继续履行合同判决属于对合同内容的继续，不能对合同内容进行任意解释，否则有违审执分离；另一种观点认为，严格按照合同约定有损执行效率，在不违反强行法的前提下应以实现合同目的为准。

笔者认为，第二种观点按照合同目的采取执行措施更合理。当事人行使强制履行请求权目的是为获得合同利益，尽量实现合同利益也是执行程序的目标，更维持了当事人对强制履行救济方式的信赖。①

进一步而言，合同的强制履行并非单一的履行行为，其中包含金钱履行行为、物之交付履行行为以及作为或不作为的履行行为。我国执行方式虽然除直接执行外，还有代履行、间接强制措施；在日本民法上，这三种执行方式存在适用顺序，而我国没有适用上顺序限制，由执行法院自由裁量，②对待履行合同内容进行分解，选择相适应的执行方式并非易事。

二、继续履行合同判决的执行审查

对执行依据的审查主要涉及执行标的的识别、执行当事人、执行时效三个重要内容。当原告提供继续履行合同判决申请强制执行时，执行机关需要审查执行依据是否符合实质要件与形式要件；③申请执行人与被执行人是否为执行依据所记载当事人。④

（一）执行标的的识别

1. 继续履行合同漏洞的解释

实务界对继续履行合同判决的执行内容如何确定，“由谁解释”一直是执行机关与学者讨论的问题。根据德国的学说及判例，德国的执行机关有权对执行内容进行解释，但须遵循适度性原则；⑤从执行文制度来看，除了德国以外，日本、韩国均存在赋予执行文程序，赋予机关需要对执行力、执行标的进行识别，当然具备对执行依据的解释权限。⑥ 笔者认为，继续履行合同判决中原合同内容是判决主文的补充，合同内容就是执行标的的范围。当合同约定存在有漏洞，需要根据《合同法》第 61 ~ 63 条规定的合同漏洞填补规则予以确定；合同约定不明确之处，根据《合同法》第 125 ~ 126 条规定的合同解释的方法予以确定。由于直接涉及原合同内容，执行内容的确定涉及实体权利的判断与补充，在当下审执分离模式下应当由审判组织进行完成，按照起诉—审理—判决—执行的顺序，作出继续履行合同判决前就需要对合同内容进行审查，合同的解释与漏洞的填补本应在判决作出时就该完成的，这便对审判组织提出了新的要求——尽可能填补合同漏洞、解释争议条款；若在执行中仍存在争议，由原审组织释明保障裁判

---

① 参见黄金龙、葛洪涛：《继续履行合同类判决的执行问题》，载《法律适用》2011 年第 12 期。

② 参见韩世远：《合同法总论》（第三版），法律出版社 2011 年版。

③ 实质要件包括：债务人给付内容；有给付可能；给付内容合法；给付内容明确；给付内容适合执行。形式要件：公文书；记载债权人及债务人；表明应执行事项。

④ 参见杨与龄：《强制执行法论》，中国政法大学出版社 2002 年版。

⑤ 参见马家曦：《执行内容确定之程序展开——以“执行依据”不明的解释及应对为中心》，载《甘肃政法学院学报》2019 年第 3 期。

⑥ 参见陶婷：《执行文制度研究》，西南政法大学诉讼法学 2017 年博士学位论文。

规范，例如，对于继续履行合同判决中的笔误，由原审判组织根据《民事诉讼法》第154条裁定补正，举轻以明重，比笔误更重要的合同漏洞更需要由原审判组织释明。①

2. 继续履行合同执行标的的类型化

继续履行合同判决的执行并没有想象中的那么抽象，无非是金钱履行行为与非金钱履行行为的排列组合，笔者建议将合同履行内容进行类型化执行，根据《德国民事诉讼法》、中国台湾地区"强制执行法"的立法例，将继续履行合同的执行标的拆分为三种履行内容（如图1所示），也为我国大陆地区学者所提倡。② 针对金钱履行行为并不是继续履行合同判决的难点，本文着重讨论非金钱履行行为的强制执行。德国法将动产、不动产的担保权益纳入金钱债权的执行范围，对动产或不动产的交付予以单列；③韩国及中国台湾地区的立法继承了德国法，对物之执行与物之请求权执行作了区分，前者对动产、不动产的执行是为实现金钱债权，如行使抵押权、质押权，而后者以交付物为执行目的，取得对物的支配，④行使继续履行请求权多为后者。对于作为或不作为履行义务的强制执行，是以债务人的特定行为为执行对象，或可转化为金钱债权的强制执行法问题。⑤

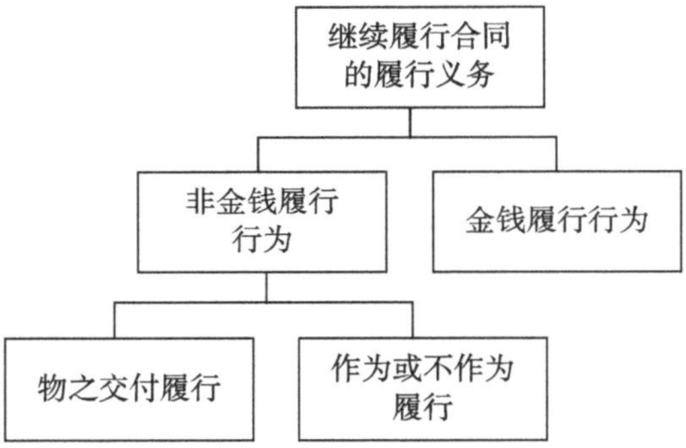

图1

（二）执行当事人的确定

1. 继续履行合同执行当事人的确定标准

执行当事人分为执行债权人、执行债务人，原则上由执行依据记载内容进行

① 参见杨春华：《论判决执行依据瑕疵的处理》，载《法学杂志》2008年第2期。
② 参见江必新、贺荣主编：《强制执行法的起草与论证（三）》，中国法制出版社2014年版。
③ 参见张卫平、齐树洁主编：《德国民事诉讼法典》，丁启明译，厦门大学出版社2016年版。
④ 参见黄金龙、葛洪涛：《继续履行合同类判决的执行问题》，载《法律适用》2011年第12期。
⑤ 参见赖来焜：《强制执行法总论》，元照出版有限公司2007年版。

确定,德国、日本实行执行文制度,[①]债权人申请执行前须获得执行文,由执行文确定执行当事人。执行力主观范围与既判力主观范围的关系,存在两种认识:一种是"同一说",认为两者是一致的,执行当事人的范围以既判力主观范围为限;另一种是"不同说",认为执行力主观范围大于既判力主观范围,执行力主要指向被告。[②] 笔者认为,对于继续履行合同判决应采用"同一说",强制执行的目的就是为了实现判决确定的权利,如果超出既判力的射程范围,便会对存在争议的权利实施强制执行,有违"判决—执行"的逻辑顺序。诉权经历了由私法诉权说到公法诉权说的演变,而强制执行请求权一开始就定位公法权利,导致人们对执行权的专断过度理解,那么执行权不应当采用主观目的论——仅指向被执行人。用既判力理论约束执行力扩张范围,才是将执行权关进"笼子"最好的方式。

在执行难情况下,先从既判力扩张理论中寻找理论依据。执行程序的一切逻辑起点来自执行依据,执行依据就是既判力效力记载,执行依据(生效裁判)的逻辑起点来自诉权的行使。学者论述执行力主观范围的扩张并没有跳出既判力扩张的正当性根据,例如,扩张的主体为诉讼担当人、现实占有人、利益归属主体等。[③] 执行力主观扩张的理论并不是其独有的,如果既判力主观范围都没有扩张至第三人,承认执行力的扩张效的理论依据从何而来?相反,笔者认为,执行力主观范围来源于既判力主观范围更能解释代位执行制度的合理性,因为次债务人受到既判力的约束,执行其到期债务属于正当化执行。若认可执行力主观范围的独立性,代位执行时必须审查次债务是否成立。[④]《最高人民法院关于民事执行中变更、追加当事人若干问题的规定》中涉及执行当事人的变更或追加基本上属于利益归属的第三人,没有超出既判力主观范围。由此,"同一说"更能解释继续履行合同判决执行中主观范围扩张的理论问题。

2. 继续履行合同判决对原告的执行效力

根据继续履行合同判决的既判力主观范围,原审原告和被告均受既判力的约束,无新事实、新理由不得再行争议,可见原告相对于被告的履行行为也获得强制执行效力。不妨借鉴我国台湾地区学界在"对待给付判决能否作为被告的执行依据"的问题上的探讨,寻找理论根据:第一,否定说认为对待给付判决属于债权人获得的执行依据,被告行使的抗辩权并不能直接产生给付请求权,不属于

---

① 执行文是指为了证明执行依据存在的事实,由专门的审查机关附写在执行依据正本末尾的文字,是存在执行依据以及执行依据可以执行的官方证明,其作用是在执行前对执行要件予以审查,避免情势变更导致错误执行。

② 参见肖建国、刘文勇:《论执行力主观范围的扩张及其正当性基础》,载《法学论坛》2016 年第 4 期。

③ 参见向国慧:《论执行力主观范围扩张》,西南政法大学诉讼法学 2014 年博士学位论文。

④ 参见常廷彬:《民事判决既判力主观范围研究》,中国人民公安大学出版社 2010 年版。

独立的诉讼标的，无既判力及执行力；①第二，肯定说认为赋予被告强制执行请求权，纳入既判力范围，符合诉讼经济、诉讼便民原则；第三，折中说之一认为视被告有无实际履行而定，若已实际履行即可作为被告的执行依据；第四，折中说之二认为视执行依据种类而定，若是对待给付判决则不可作为执行依据；若是调解或和解书，两造互为债权人，可作为执行依据。②《日本民事执行法》第31条、《德国民事诉讼法》第756条、中国台湾地区“强制执行法”第4条均明确将原告已履行对待给付作为执行程序启动要件，③这也并不排斥继续履行合同判决中的被告在完成履行后提出对原告的强制执行请求。笔者提及此处是为被告在履行合同义务后原告违约时提供救济思路，以保护被告的合同利益。继续履行合同判决是申请执行人获取给付利益的执行依据，以往的观点是先入为主将原告等同于申请执行人，而在继续履行合同判决的执行中不能故步自封，辩证看待既判力主观范围，判决也可以作为被告的执行依据。④

（三）执行时效的判断

我国《民事诉讼法》第239条规定了申请执行的期间为2年，而德国、日本、中国台湾地区等将其称为执行依据之时效，适用消灭时效的规定，督促当事人行使经判决确认的请求权，与我们以往理解执行时效不同，⑤如中国台湾地区“民法总则”第137条明确规定，经判决确认的请求权适用5年的消灭时效。可见，执行依据之时效与执行时效的性质存在差别。随着我国学界对执行请求权的深入研究，已逐步向大陆法系靠拢，如《最高人民法院关于适用〈中华人民共和国民事诉讼法〉的解释》（以下简称《民诉法司法解释》）第483条第1款作出规定，执行时效经过时，执行机关仍要受理强制履行请求，被执行人在执行中未主张的，继续履行合同行为有效。就继续履行合同判决而言，执行时效不是限制债权人申请强制执行的时间限制，而是对继续履行请求权的限制，经过2年执行时效，仍可以申请强制执行，但不一定能实现债权。从这个意义上讲，强制执行请求权与诉权类似，均属于公法权利，时效经过产生抗辩的效果，功能一致但不可混同。根据《民诉法司法解释》第2款可以得知被执行人部分履行后主张执行时效抗辩的，仅对后续履行产生效力。笔者考虑到继续履行合同判决有其特殊性，合同已经部分履行后中止可能导致合同目的不能实现，出现与解除合同相似的后果。因此，继续履行请求权的实现路径不仅受到《合同法》“四要件”的限制，还受到诉讼时效、执行时效的限制。

---

① 参见赖来焜：《强制执行法总论》，元照出版有限公司2007年版。

② 参见杨与龄：《强制执行法论》，中国政法大学出版社2002年版。

③ 参见张登科：《强制执行法》，三民书局2012年版。

④ 参见常廷彬：《民事判决既判力主观范围研究》，中国人民公安大学出版社2010年版。

⑤ 参见刘学在：《论执行时效制度之理解误区及其矫正》，载《北方法学》2014年第4期。

三、继续履行合同判决的类型化执行

(一)继续履行之金钱履行行为的执行

对金钱履行行为的强制执行亦称金钱执行,对债务人的财产实施强制执行,将所得金钱交与债权人,清偿其债权。德国、日本以及中国台湾地区对金钱债权的执行均依照查封、换价、清偿三个阶段进行。[①] 虽说是以获得金钱为目的,但执行方法因财产类别不同而存在差异,其中大陆法系将抵押权、质权、留置权等权利的实现也作为金钱债权的执行,而动产与不动产的执行方式又稍有差异,例如,《日本民事执行法》对不动产可采取强制竞卖和强制管理获得收益清偿债务,对动产主要采用竞卖方式。[②] 对于继续履行合同判决而言,在金钱债权的执行方式上无异于一般给付判决;特别之处在于被执行人完成金钱债务的清偿后,合同依然存续,势必期待申请执行人完成对待给付义务。如房屋买卖合同中,约定买方先支付部分价款,卖方变更权属登记后支付剩余价款,若买方作为继续履行合同判决的被执行人,在完成预付款的履行后,有权请求对卖方的交付房屋进行强制执行。从法理上讲,卖方的义务受既判力所阻断,获得强制执行效力;从情理而言,买方被强制执行后,自然获得对价履行的期待,有必要获得执行权的保障,此为继续履行合同判决执行的独特之处。

(二)继续履行之物的交付执行

在大陆法系中,当事人要求继续履行合同标的物的交付所依据的权利称为物之交付请求权,包含物权请求权和债务请求权,故可对其执行标的物(特定或不特定的动产、不动产)实现移转占有。[③] 继续履行合同判决属于给付判决,物权变更需要办理移转登记才产生效力,笔者认为有必要分类讨论:一类行政事项如房屋、船舶、航空器等纯粹变更权属登记的行政审批行为,并不会与法院的执行权产生冲突,继续履行合同判决就是变更权属登记的执行依据,在债权人提供完备的材料后,行政机关有义务变更登记,因而司法实务中采用协助办理通知书并无不当。若债务人拒绝应交出的文书时,可借鉴我国台湾地区“强制执行法”第 101 条,宣布该文书无效。另一类行政事项如交付土地时建筑物的处理,我国台湾地区学者对此存在两种意见,一种意见认为交付土地之执行名义与拆除建筑物属于不同执行性质,应当另行申请执行名义;另一种意见为“最高法院”判

---

① 参见杨与龄:《强制执行法论》,中国政法大学出版社 2002 年版。

② 周寓先:《虚假诉讼何以约束案外人:第三人撤销之诉的反向考察》,载《光华法学》编委会编:《光华法学》(第八辑),法律出版社 2016 年版。

③ 参见赖来焜:《强制执行法各论》,元照出版有限公司 2007 年版。

例认为交付土地的执行名义虽然仅载明交付土地，应当推定指明债务人拆除该建筑物。① 再如，房屋建设土地出让条件中要求达到开发总额的25%，如果未达到25%，不影响合同效力，但不能直接由执行机关进行执行。笔者认为，这可以视为附条件的执行，行政前置程序应当作为合同的法定补充条款，可以提供两种方式处理，一种是由代履行方式到达转让条件，另一种是转为违约损害赔偿。

（三）继续履行之可替代履行行为的执行

继续履行合同判决中时常包含对债务人作为或不作为之请求权，与前文物的交付行为所有不同，此处的请求权对象为债务人自身行为，而不是以该行为获得物的占有为目的。债务人的作为义务可分为可替代履行行为和不可替代履行行为；不作为义务不具有代履行内容，只能采取间接强制执行措施。因间接强制执行种类的复杂性，于后文论述。

1. 可替代履行行为的代履行

继续履行合同判决执行中，对非金钱履行行为的执行首先就是要区分何为可替代履行行为，在实践中执行难的因素之一是可替代性的判断。我国原《合同法》第65条、《民事诉讼法》第252条及其司法解释均提到了代履行方式，但并没有对代履行的适用条件予以明晰，司法实践中存在较大的裁量余地，执行工作亦陷入两难境地。② 我国《行政强制法》对代履行适用规定了比较详细的适用条件，笔者认为，制定民事强制执行法时有必要进行借鉴。我国学界对代履行研究起步较晚，作为大陆法系普遍适用的强制执行方式之一，"代履行被认为只能适用于相对人承担的可替代性义务，即他人履行该行政法义务能够达到相对人履行同样的状态"，③即能否到达被执行人履行相同程度上讲，代履行不能成为对金钱给付义务、不作为义务、具有高度人身依附性义务执行方式，否则将会面临代履行方式的滥用，使执行权遁入私权。

有学者将代履行分为以下两种情形：第一种情形是物之交付请求权，例如在买卖合同中，守约方请求继续履行的，如果是种类物的交付，与其长时间等待履行，不如采用代履行方式转化为金钱债权；如果是特定物的交付，例如，加工承揽合同，若能完成相同质量要求的产品，采用代履行并无不当。注意，《民事诉讼法》第251条规定协助财产权证照等附随义务的转移执行并不是这里所讲的特定物交付。④

① 参见张登科：《强制执行法》，三民书局2012年版。

② 参见李元桦：《民事执行法论：强制执行法》，五南图书出版股份有限公司2007年版。

③ 参见杜国强：《第三人代履行：制度适用与主体确定》，载《河北法学》2018年第4期。

④ 参见罗维鹏：《民事诉讼中行为保全的操作难题与应对》，载《光华法学》编委会编：《光华法学》（第十一辑），法律出版社2019年版。

第二种情形是完成一定行为的执行，如原《民法总则》第179条排除妨害、消除危险、恢复原状、继续履行、赔礼道歉等行为。其中，赔礼道歉与人格利益相关，学界的争议较大，实践中若被执行人拒绝赔礼道歉，则常采用公布法律文书内容来减轻当事人的人格损害。[①] 不作为义务、具有高度人身依附性义务属于不可替代履行行为。人身依附性义务比较广泛，譬如画家作画、歌手演出、知识产权创作、票据的背书等均属于不可替代履行行为。[②] 不作为义务只能针对特定个人的消极行为，无法通过代履行予以实现。因此，可替代履行行为与不可替代履行界限主要是不作为义务、人身依附性义务。

2. 继续性履行合同的代履行

继续履行合同判决为何采取代履行，而不直接解除合同？首先，作出继续履行合同判决依据的是被告有履行的可能，并不以被告最终实际履行为前提。判决生效后执行中当事人履行意愿变幻不定，在可替代履行行为中，代履行也是一种实现债权人继续履行请求权的稳妥方式。其次，笔者认为，采取代履行可以尽可能实现守约方的利益。合同已履行部分而解除势必让交易处于不稳定的状态，很难让案外人参与交易，代履行正好既可以将最终履行风险保留在违约方，同时又可以让案外交易方获得一部分合理履行利益。但是，代履行具有临时性，代履行方式并不是万能的。

以长期经营合同为例。长期经营合同双方当事人存在特殊的信赖关系如同普通合伙人，信赖基础比经济利益更值得保护。未约定或未出现终止条件的，违约方拒绝履行时，采取代履行方式不一定能契合守约方的意愿，继续履行请求所要实现的内容具有长期性、持续性，与实践中对建设施工合同强制执行采取代履行存在差异，可考虑将其作为不可替代履行行为。长期经营合同实质上属于框架协议，没有严格的始期和终期，当合同内容未对价格、履行方式、履行地点等作出明确约定，按照交易习惯确定执行内容才能达到合同交易的目的。

四、继续履行合同判决的间接强制执行

（一）间接强制执行措施的比较法

1. 间接强制执行种类构成

民事间接强制执行是执行机关采用对债务人相关的财产或人身设定不利

---

① 参见韩明智：《论民事强制执行中替代履行制度》，载中国法学网，http://www.iolaw.org.cn/showNews.asp?id=14556，2019年7月9日访问。

② 参见黄家靖：《论行为的民事执行》，西南政法大学民事诉讼法学2011年硕士学位论文。

益,形成心理强制,从而迫使债务人履行的执行制度。[①] 纵观大陆法系各国家及地区立法,间接强制执行种类构成存在两种立法体例:一种是以法国、日本为代表的单一制,仅规定财产罚;另一种是以德国、我国台湾地区为代表的复合制,既有财产罚也有行为罚。[②] 从我国间接强制执行措施上来看,其属于复合制(见图2),[③]而立法传统和法律意识的国情决定了复合制的优势,即对继续履行合同判决中不可替代履行行为可以采取财产罚和行为罚双重措施。英美法系中,美国法规定的间接强制执行方式分为代履行、执行禁令、接管、藐视法庭罪,其中,执行禁令是要求被执行人实施或不能实施某种行为,适当配合罚款;接管等同于我国的保全制度,防止移转、隐藏财产;藐视法庭罪有民事、刑事之分,民事藐视法庭罪与诉讼程序相似,开始和终止的主动权在当事人。[④] 笔者对我国目前间接强制执行的种类并无异议,但各种间接强制执行方式的适用条件比较混乱,[⑤]难以实现对继续履行合同判决的执行效果。

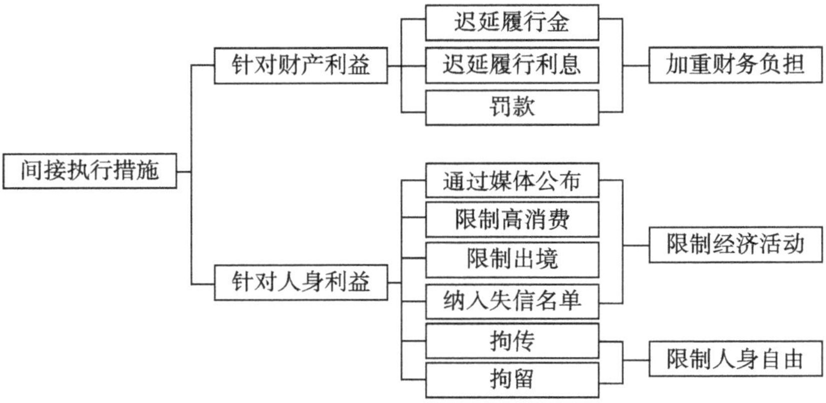

图2

2. 间接强制执行对继续履行合同债务的影响

根据大陆法系国家的观点,间接强制执行能否充抵继续履行合同的债务存

---

① 参见廖中洪主编:《民事间接强制执行比较研究》,中国检察出版社2013年版。

② 参见马登科:《民事间接强制执行比较研究》,载《法律科学(西北政法大学学报)》2012年第4期。

③ 图2来自马明夫:《梳理与重构:民事间接执行措施的体系化路径分析》,载贺荣主编:《最高人民法院深化司法改革与行政审判实践研究(下)——全国法院第28届学术讨论会获奖论文集》,人民法院出版社2017年版,第946页。

④ 参见齐树洁主编:《美国民事司法制度》,厦门大学出版社2011年版。

⑤ 参见马明夫:《梳理与重构:民事间接执行措施的体系化路径分析》,载贺荣主编:《最高人民法院深化司法改革与行政审判实践研究(下)——全国法院第28届学术讨论会获奖论文集》,人民法院出版社2017年版。

在三种模式:其一,债务仍存和收缴国库模式,如《德国民事诉讼法》规定的强制罚款、违警罚款与中国台湾地区现行“强制执行法”规定的怠金不能充抵执行债权;其二,充抵债务和损害赔偿模式,如《法国民事执行程序法》规定的逾期罚款与《日本民事执行法》规定的强制金作为损害赔偿充抵执行债权;其三,混合模式,如目前我国间接强制执行的性质定位为“混合模式”,除了加倍支付迟延履行期间的债务利息、支付迟延履行金外,其他执行方式属于第一种模式。① 在继续履行合同判决中,申请执行人的利益最终仍要确定在经济利益,只不过经过了一系列履行行为,对被执行人采取的间接强制执行所获得利益应当冲抵申请执行人的债权,否则债权既得不到清偿,债务人的责任财产也在减少,逾期利息继续增长,所以采取第一种不利于债务的清偿。已经有部分学者提出反思民事诉讼罚款制度的合理性。从性质上讲,逃避执行只是损害执行债权的民事侵权行为,虽然外观上是对执行权的对抗,挑战司法权威,但是,执行机关应当弥补执行债权损害赔偿来维护司法公信力,而不是使其遭受罚款制裁。②

(二)对我国继续履行合同执行的启示

在民事执行中,代履行通常独立于民事间接强制执行,而在行政法领域,代履行与执行罚均归属于间接强制执行手段。如前所述,继续履行合同判决中不作为义务、人身依附性义务作为不可替代履行行为,可以采取民事间接强制执行督促债务人履行。③ 继续履行合同判决执行中反复出现相同违约时,如何执行也是难题,实践中可以按照对此类问题的复函进行处理,因《民事诉讼法》的修改,其实质内容是不作为另诉对待,依照现行《民事诉讼法》第 111 条及司法解释第 189 条,采取妨害民事诉讼强制措施直至追究刑事责任。④

对于我国目前间接强制执行措施的体系,基于国情考虑,笔者认为,在继续履行合同判决执行中应尽量减少罚款的适用,增加迟延履行金或针对人身的限制。罚款数量过多除了给被执行人造成心理压力外,还导致债务人履行财产的

---

① 参见马登科:《民事间接强制执行比较研究》,载《法律科学(西北政法大学学报)》2012 年第 4 期。

② 参见占善刚:《民事诉讼中罚款之检讨》,载《法商研究》2013 年第 6 期;郭翔:《论民事诉讼中的罚款——立法预期与实践效果的背离及修正》,载《当代法学》2013 年第 1 期。

③ 参见袁晓贵:《论我国行政强制执行中的代履行制度》,山东大学法学院 2012 年硕士学位论文。

④ 2001 年 1 月 2 日,最高人民法院作出的《关于已执行完毕的案件被执行人又恢复到执行前的状况应如何处理问题的复函》(〔2000〕执他字第 34 号)。在司法实践中,被执行人对于原执行标的实施同样妨害行为,应当把握的不是次数问题,而是时间问题。短期内对已执行标的的妨害行为,可以认定在原判决拘束的范围内,无须重新起诉。但原执行案件早已结案很长时间后,原被执行人对原执行标的的妨害,本质上应视为另一次侵权,应作为新的案件进行审查。最高人民法院曾办理过一个案件,主张“六个月”为“短期”,这一观点可以作为参考。

减少，更不利于合同的继续履行。①

五、结语

从原《民法通则》《合同法》到《民法总则》等多部法律中可以窥探到继续履行请求权的法律地位，故有必要深入研究。笔者用辩证的思维看待继续履行合同判决作为执行依据，试图打开实现继续履行请求权合理路径。笔者理论功底有限，故本文尚存在缺陷之处，比如合同类型繁多，不能进行针对性研究，对于哪些类型合同适宜继续履行难以详述。但不可否认，笔者所提出的每一部分都是解决继续履行合同判决的执行难关键环节，最终会影响执行中对合同权益实现程度。对继续履行合同判决内容进行类型化执行，可以进行繁简分流，破解执行难问题。对代履行、间接强制执行适用范围进行分离，防止执行不作为转向代履行。总而言之，继续履行合同判决只是当前司法实践的一个缩影，深入理论研究有助于履行利益的及时实现。

On the Type Enforcement Research of Continuous Performance of Contract Judgment

Xiang Dongchun

Abstract: In essence, the continuing to perform the contract judgment is a Dual-obligation judgment. The performance of obligations is treated dialectically. The rights and obligations of both parties to the contract must be performed according to the contract content after the judgment takes effect. Any party who violates the agreement may be the person to be enforced. The execution content of the continue to fulfill the contract judgment can be resolved into common money performance, delivery performance, act or omission performance, and the implementation of type execution can overcome the current situation of difficult execution.

Key words: continue to fulfill the contract judgment　dual-obligation judgment　typical enforcement　difficult execution

① 参见荆平、陆佳：《对我国税收优先权理论与实践的反思》，载《光华法学》编委会编：《光华法学》（第七辑），法律出版社2013年版。

《高等学校课程思政建设指导纲要》实施背景下高校课程思政建设的问题及对策

■ 李昌超*

[内容摘要] 目前高校课程思政建设存在诸多问题,集中体现在三个方面:教育主管部门普遍尚未出台高校课程思政建设的实施细则,对各高校及教师课程思政建设工作的指导和监督有待强化;各高校在课程思政建设的保障机制、激励机制、质量评价体系建设有待进一步构建与优化;高校教师课程思政建设的意识、课程思政建设的能力有待加强。建议各地教育主管部门尽快出台《高校课程思政建设实施细则》,设立课程思政建设工作的组织机构,完善思政建设的质量评价体系,搭建课程思政优质资源共享机制和平台,实施课程思政建设的其他配套机制。各高校应组织课程思政建设的专题学习活动、设立常态化的激励机制与保障机制;将教师的课程思政意识与能力作

* 李昌超:西南政法大学法学院讲师、硕士生导师,法学博士。

为招聘、考核环节的重要参考因素；制定详细的课程思政建设激励机制；加强对课程思政的学术研究、理论探讨、教改立项等。各高校教师应当厘清思政课程与专业课程的关系，高度重视、充分理解课程思政的重要性，精进课程思政能力、提升课程思政本领并深入落实在教学的各个环节。

［关键词］ 高校课程思政建设　思政能力　思政育人　教育部纲要

2020年5月28日，教育部印发《高等学校课程思政建设指导纲要》（以下简称《纲要》），为深入贯彻落实中央精神，切实实现《纲要》中的目标，本文分析现阶段高校在推动课程思政建设过程中存在的问题，并形成具体建议与意见，以期作为下一阶段各高校课程思政建设工作的重要参考。

一、现阶段高校课程思政建设中存在的问题

（一）教育主管部门普遍尚未出台高校课程思政建设的实施细则，对各高校及教师课程思政建设工作的指导和监督有待强化

目前，很多教育主管部门并未制定出高校课程思政建设的实施细则，各高校、教师缺少必要的指导，在开展课程思政活动过程中，一定程度上缺乏组织的方向标和具体的实施路径。此外，课程思政建设需要通盘考虑，总体谋划，教育主管部门与宣传部门、人社部门等机构协同参与、齐抓共管的工作格局有待进一步强化落实。

（二）高校课程思政建设的保障机制、激励机制、质量评价体系建设有待进一步构建与优化

现阶段，部分高校在课程思政示范课程立项建设、课程思政讲课比赛、课程思政教学研究等方面尚较为薄弱；[①]专业课、通识教育课、在线课程等课程的思政建设辐射面较窄，远达不到课程思政全覆盖的目标；课程思政建设工作的责任主体、承担主体、审核监督主体尚不清晰；课程思政建设的经费支持、人员支持、奖励机制尚不健全；对于课程思政开展的实践情况和经验教训，各高校尚未及时开展行之有效的总结，缺乏相应的反馈机制，也未对近年来课程思政建设的实施效果予以实时评估。

（三）高校教师课程思政建设的意识、课程思政建设的能力有待加强

部分高校教师并未深入学习课程思政建设的战略意义、对课程思政建设的重要作用理解不够，导致其在专业课程与思政课程关系问题的认知有误区、有偏

---

① 赵志伟：《我国高校“课程思政”的脱嵌性问题研究——以社会科学类课程为例》，载《中州学刊》2020年第4期。

差，对于如何科学设计课程思政教学体系尚处于懵懂阶段；[①]部分教师尽管已经将课程思政融入课堂教学，但仍存在方法单一、模式单调、实效不理想等问题；[②]也有部分教师尚未抓住课程思政建设的核心，在课程的教学内容和目标设计上存在盲目性；对于在课程设置中如何深入挖掘课程思政所蕴含的各种课程和教学方法、如何在专业课程中加入思政元素，部分教师还没有找到足够的点子。不仅如此，对于课程思政建设的具体实施路径，课程思政建设有无规律可循等问题，部分教师还处于初步的摸索期，并未形成系统性的课程大纲或教学方案，教师课程思政的意识、课程思政建设的能力及技巧普遍有待进一步强化。

二、高校推动课程思政建设纵深化发展的建议

（一）建议各级教育主管部门尽快出台《高校课程思政建设实施细则》（暂命名）

目前，《纲要》已经对课程思政改革的要点与方向进行了明确，建议各级教育主管部门应当围绕课程思政专门组织机构的设立、课程思政质量评价体系的建立、课程思政激励机制的健全、课程思政条件保障的提供等方面，尽快出台《高校课程思政建设实施细则》。现阶段，《实施细则》应规定以下四大内容：

1. 设立高校课程思政建设工作的组织机构。建议由各级教育主管部门成立高校课程思政建设协调小组（委员会），协调小组具体负责协调各高校共同制定高校课程思政建设实施方案，结合各高校不同发展情况、不同专业课程及学科的特点，制定共同性与差异性兼顾的高校课程思政建设实施方案。对于建立健全市校两级课程思政建设体制机制的迫切问题，建议各级教育主管部门督促各高校尽快制定完成规范的本科、研究生课程思政教育建设方案、课程思政建设指导意见等，实行课程思政责任制，尽快确定各学科及相关课程的负责人和课程团队。

2. 完善高校课程思政建设的质量评价体系。建议各级教育主管部门在对高校进行学科评估、本科教学评估、一流专业和一流课程建设、专业认证、“双高计划”评价时，将高校思政建设作为其中一个环节。同时，制定文件明确要求高校把课程思政建设的参与度和课程思政建设的教学效果作为教师考核评价、岗位聘用、评优奖励、选拔培训的重要内容。

3. 搭建高校课程思政优质资源共享机制和平台。建议各级教育主管部门协

---

① 于桂花：《“课程思政”教学实践路径探析》，载《教育理论与实践》2020年第15期。

② 薄萌萌：《高校教师在“课程思政”改革中的元认知过程——质性研究的视角》，载《教育学术月刊》2020年第4期。

调有关高校、相关部门，加快推进课程思政优质资源共享机制建设，支持各高校搭建课程思政建设交流平台，分区域、分学科专业领域开展经常性的典型经验交流、教学观摩、教学培训等活动，借助现代信息技术手段，促进优质资源在各层次、类型的高校间共享共用。

4. 实施高校课程思政建设的其他配套机制。建议各级教育主管部门每年组织全市高校范围内的课程思政讲课大赛，树立课程思政建设的教师典范；建议各级教育主管部门在各级教育主管部门年度社科计划“重点项目”“一般项目”等研究项目中继续加大对课程思政类研究选题的立项支持；教师课程思政的意识与能力对课程思政建设起到决定性作用，[①]各级教育主管部门应注重教师相关能力的提升，在组织教师岗前培训时应当将其作为重要环节予以培训和考察。同时，应为提升教师课程思政意识与能力等课程思政建设工作提供政策引导和足够的经费支持。

（二）各高校应组织课程思政建设的专题学习活动、设立常态化的激励机制与保障机制

1. 建议各高校应从学校层面整体布局、协同推进课程思政建设。课程思政建设是一项复杂系统的工程，也是一个有机统一体，涉及思政课程与其他课程、第一课堂与第二课堂、教学工作与学生工作等多个方面，并非单个部门或学院可独立完成的，须由各高校顶层设计、总体协调、统筹推进，才能保证方向正确、决策权威、执行有力。建议由各高校党委成立“学校课程思政建设工作小组”，领导本校的课程思政推进工作。

2. 建议各高校组织专题学习活动，宣传课程思政建设的重大意义和决定性作用。为促进教师深刻理解课程思政建设的战略意义和重要作用，各高校应当组织专题学习活动，使教师了解课程思政建设的重大意义。高校教师过去在这方面没有做好，授课过程只重视知识传授或者能力培养，不特别重视价值的塑造。思政课提出来，不仅是思政作为显性教育，同时课程思政要配合思政，显性教育和隐性教育两方面同时发力，立德树人。至于课程思政怎么做？笔者认为，应当提高施教主体思政育人的意识、能力与技巧。一是观念上，高校教师须认识到思想上要改变，任何一门课程，作为教师都承担着思想政治教育的作用和功能，观念上要发生改变。[②] 二是能力上，特别是知识储备上，要讲好一节课程，教师在专业方面需要非常精非常专，但真正要做思政，要育人，很多教师可能还要补充一些人文社会科学的知识，提高自己的人文社会科学素养，包括传统文化的

---

① 顾晓英：《教师是做好高校课程思政教学改革的关键》，载《中国高等教育》2020 年第 6 期。

② 顾晓英：《教师是做好高校课程思政教学改革的关键》，载《中国高等教育》2020 年第 6 期。

理论、历史、哲学等，这些知识教师们应该要拓展。三是教学的艺术也要调整，很多教师教专业课很强，水平也很高，但思想政治教育效果有效。总书记说思想政治教育工作就像用盐，用盐是一个技巧，不可能光吃盐，盐要适量的、恰当地融入饭菜里，才能成为一桌美味佳肴。思想政治教育课程思政里都要实施，但关键是要讲究技巧，不能开头讲点马克思、最后讲点马克思，开头讲点大道理、后面讲点大道理收尾，这种教学方法显然是不行的，课程思政的元素要恰当的、有机的穿插到教学活动的每一个环节中。

3. 建议各高校将教师的课程思政意识与能力作为招聘、考核环节的重要参考因素。各高校在引进、招聘教师时应当将教师的课程思政意识与能力作为重要因素，并鼓励高校将课程思政纳入在岗培训、师德师风教育培训、教学能力专题培训等工作中。

4. 建议各高校制定详细的课程思政建设激励机制。各高校应当将教师课程思政建设的实施情况与实际效果作为教师年度考核、晋升晋级等工作的一项参考依据，对于高质量完成课程思政建设工作的教师给予优先考虑或推荐。建议以人事制度改革牵引课程思政建设，完善岗位聘用标准，建议把教师参与课程思政建设情况和教学效果作为教师考核评价、岗位聘用、评优奖励、选拔培训的重要内容。在教学成果奖、教材奖等各类成果的表彰奖励工作中，突出课程思政要求，加大对课程思政建设过程中产生的优秀科研成果、教学成果的支持力度。

5. 建议各高校加强对课程思政的学术研究、理论探讨、教改立项等。鼓励各高校设立课程思政教学研究中心，鼓励有条件的高校聘请相关的专职、兼职人员开展学术研究工作；鼓励高校教师围绕专业课程与思政课程的融合积极撰写经验体会、研究心得或是学术论文，构建多层次课程思政建设研究体系。总结地方乃至全国高校课程思政的先进经验，邀请专家学者共同探讨课程思政的建设理念和方法。鼓励各高校每年设立校级、院级课程思政相关教改项目。

6. 建议各高校明确课程思政建设的责任主体和监督主体。针对部分高校课程思政建设工作的责任人、承担主体、审核监督主体不清晰的问题，各高校的各教学单位党委书记、院长负责课程思政内容的审核、把关和监督；教务处、党委宣传部统筹负责课程思政建设工作。针对人才培养特点、学科专业特色和学生思想特征完善教育教学体系，明确不同类别学科课程思政元素挖掘重点。

（三）高校教师应集中深入学习《纲要》精神，精进课程思政能力

1. 各高校教师应当通过教研室研讨、学生参与等多种途径、方式，重新设置教学大纲和教学的重难点，将时政与专业相结合，开设课程思政专题课，增强时

效性；制定周密的课程思政教学计划和教学方案，并认真评估其可行性和科学性，罗列出能够突出本学科、本专业的课程思政“核心元素”“主要板块”，[①]并于正式上课前在教研室、院系内开展研讨。对于部分教师在挖掘思政元素、探索课程思政建设实施路径、课程大纲设置等方面出现的困惑与难题，建议开展思政课教师与专业课教师集体备课、思政课程与课程思政教学经验分享等活动，研讨教学内容改革。建议教师针对不同学科、不同课程的特点、思维方法和价值理念，深入挖掘课程思政元素，有机融入课程教学。

2. 各高校教师应当坚持课程思政的“第一课堂”与“第二课堂”融合贯通。课程思政的建设工作中，教师队伍是“主力军”，课程建设是“主战场”，课堂教学是“主渠道”。[②] 但思政课程绝不应当只局限课堂教学，在学生的学术研究、学术创作、实习实践、调查研究等各个环节中，教师应均应当贯彻思政教育，最终形成第一课堂为基础，第二课堂为拓展的良好氛围。

3. 各高校教学名师应当充分发挥“传帮带”作用，带动青年教师树牢课程思政育人理念。建议长江学者、国家级、各省级教学名师发挥先进作用，积极打造课程思政教学团队，将育人经验传承创新，激励和带动广大中青年教师树牢课程思政育人理念。教师要不断激发思政育人的潜力，彰显思政课程的特色与评估思政的效果，这是当前课程思政的难点。[③] 特别是专业知识教学过程中怎么样保证专业知识教授是完整的，不能因为课程思政的要求或者目的就把原有知识教授的过程变味，这是不应该的。前提应该保证知识传授的完整，在这个基础上再把隐性的课程思政内容贯穿到显性的专业知识里面。另外，课程思政有统一的要求，但教师可以结合不同课程的特色、教学对象特色、地域特色、专业学校定位特色融入里面。

三、总结

现阶段，高校推进课程思政建设中遭遇的困境和现实障碍导致了课程思政教育中的“孤岛困境”和“对比困境”。各级教育主管部门、高校和教师要成为三位一体的有机力量，推动思想政治课程建设，形成教育合力。教育主管部门应尽快制定并实施《实施细则》，设立课程思政建设工作的组织机构，完善课程思政建设工作的质量评价体系，搭建课程思政优质资源共享机制和平台，并具体实施

① 项波、吴仰祺、杨路萍：《高校课程思政建设的“四个维度”》，载《黑龙江高教研究》2020 年第 4 期。

② 王振雷：《论高校课程思政改革的三维进路》，载《思想理论教育》2019 年第 10 期。

③ 顾晓英：《教师是做好高校课程思政教学改革的关键》，载《中国高等教育》2020 年第 6 期。

课程思政建设的其他相关工作。各高校应当健全建立课程思政建设情况健全动态化、常态化评价机制，选树教学典型、建设课程典型，充分发挥教师教学方法改革、教学内容革新的积极性、主动性、创造性，保证课程思政建设取得实效。高校教师应当明确课程思政的教学原则，坚持"方向上旗帜鲜明、方法上润物无声"。一方面课堂教学必须充分发挥所有课堂的内在品格培育功能；另一方面要求做到"专业不减量，育人提质量"，思政元素应与专业知识内容交织交融、相辅相成，起到拨动心弦、引起共鸣的点睛之效。通过上述努力，实现专业课与思政课同频共振、相向而行，确保思政课程入耳、入脑、入心，消减学生的抵触感，真正体会课程思政的乐趣。最终实现课程思政建设常态化，实现课程思政与思政课程形成协同效应，构建全员、全程、全方位的育人格局。

Problems and Countermeasures of Ideological and Political Construction of University Curriculum Under the Background of the Implementation of the Guidelines for Ideological and Political Construction of Curriculum in Colleges and Universities

Li Changchao

Abstract: at present, there are three main problems in the ideological and political construction of curriculum in Colleges and universities. The education authorities generally have not formulated the implementation rules of Ideological and political construction of university curriculum, and the guidance and supervision of the ideological and political construction work of colleges and universities and teachers need to be strengthened; the construction of guarantee mechanism, incentive mechanism and quality evaluation system needs to be further constructed and optimized The consciousness and ability of College Teachers' Ideological and political construction need to be strengthened. It is suggested that the local education authorities should promulgate the detailed rules for the implementation of Ideological and political construction in Colleges and universities as soon as possible, set up the organization of Ideological and political construction work, improve the quality evaluation system of Ideological and political construction, build a sharing mechanism and platform of high-quality ideological and political resources, and implement other supporting mechanisms of Ideological and political construction. Colleges and universities should organize special study activities of curriculum ideological and political construction, establish normal incentive mechanism and guarantee mechanism, take teachers' Ideological and political awareness and ability as important reference factors in recruitment and assessment, formulate detailed incentive mechanism for ideological and political construction of curriculum, and strengthen academic research, theoretical discussion and teaching reform project establishment of curriculum ideological and political construction. Teachers in Colleges and universities should clarify the relationship between Ideological and political courses and professional courses, attach great importance to the significance of Ideological and political courses, improve the ideological and political ability of courses, and deeply implement them in all aspects of teaching.

Key words: ideological and political construction of university curriculum ideological and political ability ideological and political education outline of ministry of education

实证法学

从于欢案到昆山案谈正当防卫制度的反思与重构

——以浙江法院712份裁判文书为视角展开

■ 袁继红* 赵一鸣**

[内容摘要] 于欢案和昆山案的相继出现使正当防卫制度再次活跃在大众的面前,激发了民众与不法侵害作斗争的维权意识。随着最高人民检察院发布于海明正当防卫案(昆山案)等指导案例用以明确正当防卫界限标准,可以窥见正当防卫制度正随着有关个案的不断发生而有效地被激活。本文通过对近十年以来浙江法院司法实践中相关712份判例的实证调研来观测正当防卫的适用问题,发现有对不法侵害的认识偏差、对防卫不适时的裁判争议较大等特点。为破解该现实困境,本文结合地方司法实践和比较法中有关正当防卫制度的适用,期待正当防卫制度能够被进一步激活。

[关键词] 裁判文书 正当防卫 司法异化 防卫限度

* 袁继红:浙江大学城市学院法学院教授。

** 赵一鸣:浙江大学城市学院法学院2016级学生。

正当防卫一直是刑法当中的一项重要出罪事由。但实务中对正当防卫制度的理解和适用仍缺乏更为清晰明确的标准,争议颇大。尤其在正当防卫案件造成人员伤亡的情况下,对于正当防卫有关制度的理解和适用,司法机关和普通民众的立场也往往是不同的。在防卫限度的理解上,理论界①普遍认为司法实践中存在严重的“唯结果论”倾向,即一旦防卫人在制止不法侵害的过程中造成对方重伤或死亡,就会被认定为防卫过当,进而构成故意伤害罪。而在这种争议的背后,则可以窥见我国相关司法裁判已经逐步脱离了公众的认知。但是,在2018年的昆山案和2019年的赵宇案中都令人惊喜地看到,正当防卫制度正随着个案的推动逐渐地被激活。因此,本文将以于欢案和昆山案为切入点,辅以浙江省关于防卫过当的相关判例作为样本进行实证分析,并运用比较法视野对正当防卫逐渐被激活的过程作进一步的分析,对防卫制度做学理梳理,同时也有利于解决实践当中的疑难问题。

一、从于欢案到昆山案:正当防卫条款的苏醒

由于这些年来正当防卫条款一直因种种原因处于“休眠状态”,司法实践对其适用极少,致使正当防卫制度未能充分发挥鼓励与犯罪作斗争、保护见义勇为者的作用。山东聊城发生的于欢案更是将这一制度异化适用的情形突出地摆到了公众面前。而对比昆山案,虽然当地警方一开始对反杀者于海明也予以刑事立案并拘留,但其后经过认真调查研究,大胆认定为正当防卫并撤案释放,赢得了舆论一片赞誉。通过该案的大量宣传报道,表明面对严重危及人身安全的暴力犯罪,可进行致死防卫的无限防卫制度。故笔者对昆山案与于欢案进行对比分析,希望寻找出正当防卫制度在个案推动中不断完善的原因。

(一)结合侵害人的主观恶性判断防卫紧迫性

我国刑法通说往往认为,防卫紧迫性来自故意杀人、强奸等即成犯场合,对非法拘禁或虐待等持续犯场合未作深入研究。如在于欢案中,一审法院便以该种僵化适用法律的思维判断防卫紧迫性,以“派出所已经出警,于欢母子被继续侵犯的可能性较小”为理由,认为当时不存在不法侵害的紧迫性。② 该种观点明显有失偏颇。结合现场情况和前后案情来看,讨债团伙对母子的非法拘禁行

① 在于欢案判决后,最高人民法院沈德咏法官也撰文反思实务中这种“唯结果论”的做法。

② (2016)鲁15刑初33号刑事判决书中写明:“……被告人于欢持尖刀捅刺多名被害人腹背部,虽然当时其人身自由权利受到限制,也遭到对方辱骂和侮辱,但对方均未有人使用工具,在派出所已经出警的情况下,被告人于欢和其母亲的生命健康权利被侵犯的现实危险性较小,不存在防卫的紧迫性,所以于欢持尖刀捅刺被害人不存在正当防卫意义的不法侵害前提,辩护人认为于欢系防卫过当以此要求减轻处罚的意见本院不予采纳。”

为仍然具有继续非法侵害的可能性，讨债人主观不具有停止侵害的意愿，应当认定对其不法侵害的持续性；即使在当时警察进入调解的情况下，不法侵害之可能性大概率存在，那么就不能认定紧迫性消失，而是可以防御非法入侵。因此，我们可以判断于欢的防卫行为应当是处于不法侵害的正在进行时。[①] 二审法院也认可这一观点，并在判决中纠正了一审法院对于不法侵害紧迫性的判断："……当民警到达现场后，于欢和苏某欲随民警走出接待室时，杜某2等人阻止二人离开，并对于欢实施推拉、围堵等行为，在于欢持刀警告时仍出言挑衅并逼近，实施正当防卫所要求的不法侵害客观存在并正在进行。于欢是在人身安全面临现实威胁的情况下才持刀捅刺，且其捅刺的对象都是在其警告后仍向前围逼的人，可以认定其行为是为了制止不法侵害。"

而在昆山案中，于海明用刀捅刺刘海龙两刀后，刘海龙倒地，于海明又砍击数刀。最后，刘海龙转身朝汽车方向跑，于海明追砍两刀（未砍中）。昆山警方的撤案决定中写道："刘海龙的不法侵害是一个持续的过程，因为刘海龙被刺伤后仍没有放弃侵害的迹象。于海明夺刀后，7秒内捅刺刘海龙5刀，尽管时间、空间上有距离，但这是一个连续行为。"该撤案决定表明当地警方采取了正确的判定标准，主要是从三个方面（见表1）即"当场性""侵害人的继续侵害能力""侵害人主观的继续侵害故意"进行判断。首先是对"当场"的准确把握。于海明反击行为在空间上处在案发现场，同时其捅刺、砍击刘海龙的五刀仅仅用时7秒。防卫人的反击显然是极短时间内在现场完成的，因此，该案不存在侵害人已经脱离现场的问题。其次是认定刘海龙仍然存在侵害能力。在中了五刀后，刘海龙跑向了曾经从中取出砍刀行凶的宝马汽车。即使事后查明该汽车内并无其他凶器，但是从处在案发现场的一般人的事中视角来看，无法排除刘海龙从车内取出其他凶器再度反扑的可能性。最后是刘海龙又被追砍两刀跑离汽车后，又持续跑了30余米，才最终倒地。这也说明，刘海龙在被追砍当时，没有表现出完全失去反抗和攻击能力的状态。因此，可以认定不法侵害紧迫性仍然存在，可以对不法侵害人继续进行正当防卫。

---

① 阮齐林教授也认为："正当防卫紧迫性的核心是公民遭到侵害不能得到公权力救济时，允许公民武力自救（自卫）。报警求助且警察已到，但无济于事。想借警察到场之机继续求助受到阻拦，此时诉诸武力自救，具有紧迫性。自对方而言，自始自终对于欢母子实行非法拘禁侮辱殴打逼债，且看不到结束和逐步升级正在进行中，对此不法侵害之徒，实施打击是对不法侵害的打击，也符合防卫的前提条件。不法侵害人人数众多，处于绝对优势，所以导致被侵害方更加激烈的反击。"

表1　于欢案一审、二审与昆山案对于正当防卫紧迫性的判断差异

判断标准	于欢案一审	于欢案二审	昆山案
反击行为是否具有当场性	√	√	√
侵害人是否具有继续侵害能力	裁判文书未阐述	√	√
侵害人是否具有继续侵害的主观故意	裁判文书未阐述	√	√
是否存在允许正当防卫的紧迫性	×	√	√

（二）脱离机械的事后判断防卫限度与鼓励反击之提倡

于欢案二审判决中对防卫限度的论证中提到："……杜某2一方虽然人数较多，但其实施不法侵害的意图是给苏某夫妇施加压力以催讨债务，在催债过程中未携带、使用任何器械；在于欢持刀警告不要逼过来时，杜某2等人虽有出言挑衅并向于欢围逼的行为，但并未实施强烈的攻击行为。因此，于欢面临的不法侵害并不严重，而其却持利刃连续捅刺四人，致一人死亡、二人重伤、一人轻伤，且其中一人即郭某1系被背后捅伤，应当认定于欢的防卫行为明显超过必要限度造成重大损害。"笔者认为，该裁判存在些许瑕疵，因为二审裁判依照我国通说进行判断，认为正当防卫中双方法益损害应当在法律上表现公平，比如最朴素的"一命换一命"，好比防卫行为与侵害行为被放置于天平的两端，天平倒向哪方，哪方就属于过当。但是，该种观念显然违背了正当防卫制度的立法本意，如车浩教授就认为，"防卫行为并非是故意为之而是被动卷入，缺乏相互侵害的主观心态"。而在如今发生的许多案例中都表明，处于相对弱势的一方，根本无法判断对方是否会继续加强侵害的手段；相对应地，侵害人主动实施侵害时就应当预料到遭受相应程度的反击，而非依照该种观点在事后进行过于机械的判断。

而在昆山案中，司法机关对于防卫限度的认定标准发生了改变，即不再采取原有的平衡观念，而是适用了"足以使侵害人丧失侵害能力"的标准。当地警方在撤案决定中认为："……不能苛求防卫人在应急反应情况下作出理性判断，更不能以防卫人遭受实际伤害为前提，而要根据现场具体情景及社会一般人的认知水平进行判断。"这一决定体现了司法机关对防卫限度判定标准的良性转变，即从机械式的"天平理论"到鼓励"反击侵略"，这既是对见义勇为者的保护与鞭策，同时也是对那些无视法律、恣意妄为者的有效警告与震慑。

二、近十年浙江省法院判例样本的多维度实证调研分析

(一)梳理过程

笔者在"中国裁判文书网"中以"正当防卫""防卫过当"为关键词,以"刑事案件"为案件类型,以"浙江省"为地域筛选条件进行案例检索,显示共有712个相关案件(截至2019年5月1日)。经过逐一筛查,确定有68例刑事判决认定78名被告人构成防卫过当。本文通过归纳总结案件类型特点、正当防卫在案件中的采纳情况、法院最终裁判意见等实践特征,希望能够更加全面地了解正当防卫制度的实施现状,凭借个案来找寻正当防卫制度从特殊到普遍的实然样态,改革和完善正当防卫在司法实践中的运用。从调研情况来看,过去十年浙江省内涉正当防卫案件类型数量主要集中在故意伤害犯罪,共有635起(见图1)。这一结果反映了"在目前的司法实务中,能进入刑事评价的类似案件都是防卫行为造成相当后果的情形"。但是在另一方面,即使与案件客观事实关联不大,正当防卫也在故意伤害等罪名中作为罪轻或者无罪的辩护意见出现频率较大,这种过度使用正当防卫作为罪轻理由的行为大多未被法官所采纳。也就是说,正当防卫司法实践还没有形成成熟理论与实践相结合的理性认识,还处于探索的初级阶段。

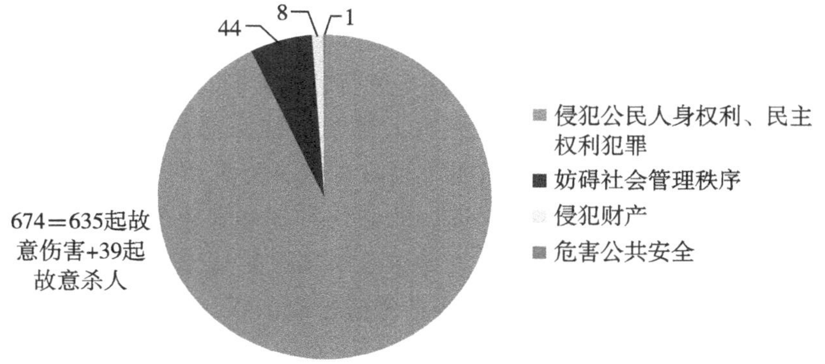

图1 2009~2019年浙江省各级法院出现在以正当防卫、防卫过当作为关词的案件案由分布

(二)正当防卫判定标准适用的实然样态剖析

1. 司法机关多因起因不法否认防卫性质

在调研中笔者首先发现,对于绝大多数法理上容易梳理的案件,因为司法人员对行为的性质发生了错误认识,将本属正当防卫的案件认定为防卫过当,对本应认定为无过当防卫而宣告无罪的案件作出有罪判决。通过对案例进行归纳,本文认为主要存在以下5种情况(见图2)。

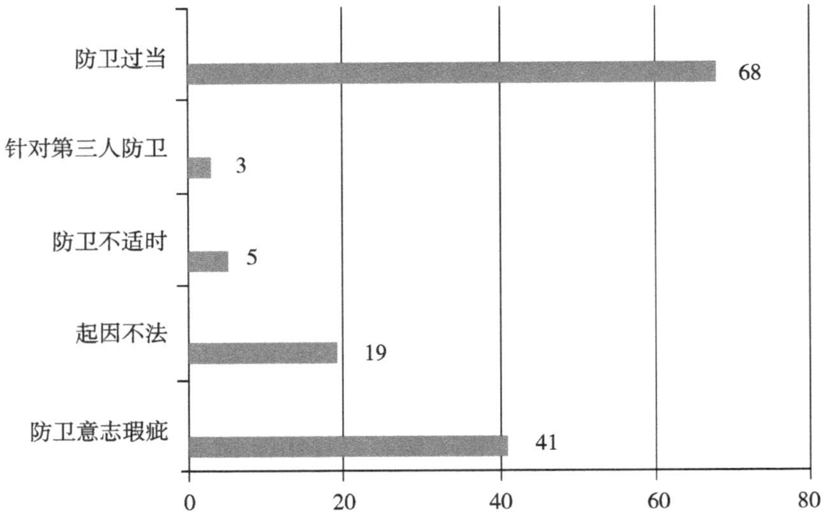

图2 2009～2019年浙江法院案例中否认防卫性质的原因

究其原因，首先是涉及正当防卫的案件大多数案情复杂，犯罪的具体细节难以全面把控，在案件中不法侵害人多受重伤或者死亡，司法机关对于正当防卫构成要件在法律使用上存在一定的偏差。尤其是在相互斗殴的案件当中，双方主观心态无法得到客观事实很好的印证，导致裁判者很难把握认定正当防卫的尺度。例如，在曾某康故意伤害案中，被告人与被害人汤某2等人因琐事发生口角、互相推搡并引发争打，在打斗过程中，被告人在后遭受攻击后拾起地上的一根木棍将被害人汤某2的头部及腹部打伤，致被害人左侧额颞顶部硬膜下血肿等损伤。法院在判决意见中否定防卫过当的成立，认为被害人在起因上有过错，遂以故意伤害罪对葛某军判处有期徒刑3年，缓刑4年①。该案法官简单地因为斗殴中起因的过错而否认后续行为中正当防卫的可能性，陷入单纯进行法益价值衡量的误区，从而导致刑法没有严守谦抑性。这种思维使许多正当防卫的案件被定性为防卫过当或者直接作故意犯罪处理。

2. 防卫不适时的认定争议较大

在对防卫时间的分析中，笔者在对相关案例的分析当中，发现被认定为事前防卫的案件较少，约为事后防卫数量的十一分之一（见图3），防卫时间出现了滞后的情况。

① 参见浙江省永康市人民法院（2016）浙0784刑初1492号判决书。

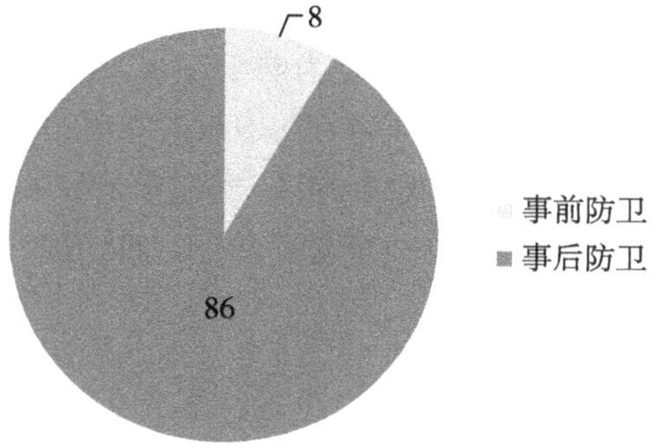

图 3　2009～2019 年浙江省法院案例中认定为事前防卫和事后防卫的比例

通过梳理案例，笔者发现，事后防卫占多数的情况绝非偶然，因为防卫人在遭受不法侵害之后情绪定然有波动，会不顾及紧迫性是否存在而实施正常的反击行为。在吴某云、吴某 1 故意伤害案中，吴某云发现自己妻子遭到吴某 1 强奸，用柴刀砍吴某 1，导致其颅内损伤，右顶骨粉碎性骨折，骨碎片刺破硬脑膜。①法院认定上诉人吴某云的供述、被害人吴某 1 的陈述、被性侵证人吴某 3 的证言等证据相互印证，证实上诉人吴某云持柴刀砍击被害人吴某 1 的时间系在性侵停止后的逃跑途中，实施防卫不适时，依法不属正当防卫，应承担相应的刑事、民事责任。故有关正当防卫和不负刑事、民事责任的辩解和辩护意见均不能成立，不予采纳。

司法裁量的困惑往往集中于如何判断不法侵害的结束，从而界定行为是事后防卫还是正当防卫。在与此案类似的许多情形中均存在同样的问题，即不法侵害（通常是犯罪既遂）结束之后实施的反击行为通常不认为是正当防卫。但是笔者认为，对于事后防卫的认定，应当抓住防卫权的立法本意，而并非简单套用某罪的构成要件和既遂标准即可。值得注意的是，在非持续犯的场合，如同前文所提到的故意伤害案中，被告人发现自己的妻子被他人强奸而进行反击，依照通说该强奸行为已经既遂，但是在被告人到达现场之后，依据社会一般的认识仍然不能够排除继续侵害的可能性，应当允许其实施一定限度内的防卫行为以保护自己的人身安全。因此笔者认为，司法机关对于该案的裁判有一定程度上的瑕疵，应当先区分即成犯与持续犯，有条件地将不法侵害结束时间适当后置，在最大限度上给予防卫人保卫人身权的空间。

3. 司法实践中对防卫人的防卫意志掌握过严

从近年的司法实践来看，对防卫意志掌握过于严格体现在两个方面：一是对

① 参见浙江省台州市中级人民法院（2016）浙 10 刑终 1135 号判决书。

于正当防卫制度的适用仍趋保守，将案件认定为故意伤害或者是寻衅滋事、斗殴等；二是将本属于正当防卫的行为认定为防卫过当。《刑法》第 20 条关于正当防卫制度的规定，尤其是第 3 款关于特殊防卫权的规定，大多因为各种原因而处于长期沉睡的状态，是不折不扣的僵尸条款，也没有显示对防卫人应有的保护作用。在对过去十年内的案件整理中，笔者发现，正当防卫最终被法院采纳的案例寥寥无几，如图 4 所示。

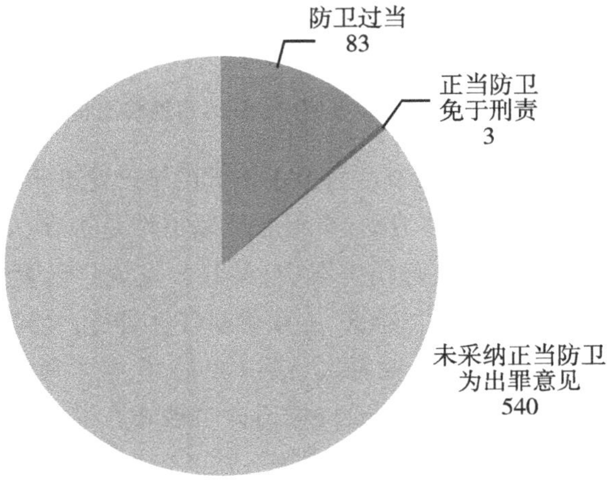

图 4　2009～2019 年浙江省出现正当防卫作为辩护意见的案例中的适用情况

我国法官在判决时对防卫意志的成立具有严格的要求，要求实施正当防卫时防卫人的主观意思必须为去除侵害，一旦防卫人在防卫时存在故意伤害侵害人的意图，则正当防卫难以成立。关于防卫意识的唯一性，早在行为无价值论与结果无价值论的论辩中产生了很大的争议，我国司法人员在适用时坚持的是行为无价值论转化的防卫意思必要说；同时，由于许多外部因素的干扰，导致学术界和实务界进一步对防卫的保守适用，将防卫意思前置化，从而无法最大层面地保护防卫人的合法权益。

比如在黄某某故意杀人未遂案中，被告人黄某某携带枪支至 KTV 包厢内因债务纠纷与潘某等人发生争执，继而潘某等人对其进行殴打。在被殴打过程中，黄某某拿出随身携带的枪支，指着潘某开枪，却因子弹卡壳而击发未果，随后手枪被潘某等人打落。该案就涉及防卫意志的非法性，黄某某因落下风即掏出枪支射杀对方，主观上持杀人故意而非防卫意图，客观上是犯罪行为而不具有防卫性质，不成立正当防卫。[①] 该案黄的行为分别构成非法携带枪支危及公共安全

① 参见浙江省温州市中级人民法院（2017）浙 03 刑终字第 687 号判决书。

罪、故意杀人罪，应予数罪并罚。但是笔者认为，虽然其起因涉及非法的赌资，但并不能因为防卫起因的违法性而否定黄的防卫意思和正当防卫。在这些起因不法导致防卫意志瑕疵的案件当中，我国司法实务人员往往会主观地加入自己对该案起因不法的伦理判断，从而认为被告人在实施反击行为时带着强烈的仇恨，对被害人的伤亡结果存在着间接或直接故意的态度。

4. 司法实践过度以结果为导向衡量防卫限度

陈兴良教授说："正当防卫只有控制在必要限度内才是正当的，因此防卫限度是正当防卫理论的核心。"学术界普遍认为，防卫过当的认定应当结合"明显超限"和"重大损害"来综合考量；而司法实践中的逻辑是，"重大损害"是"明显超限"的具体表现，其一定程度上肯定了防卫过当中手段和结果同时过当的整体性。但是在判例分析中不难发现，我国司法机关常常以结果为唯一标准衡量防卫限度。在对裁判文书的分析中可以看到，90%以上的防卫过当案件当中出现了死亡或者重伤结果，而仅有的3起判决认定为正当防卫的案件中仅仅有1起出现了轻伤的后果，其余均未造成具体的实害后果（见图5），这体现了我国实务人员在操作中"将防卫过当的评判简易化为防卫所造成的结果的判断"，简言之，就是法益价值的简单衡量。

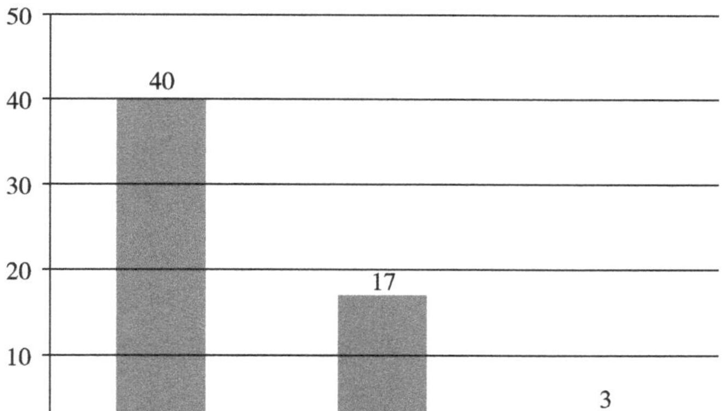

图5 防卫行为造成结果比较

在个案中，由于防卫行为的必要性需要结合许多其他的因素进行复杂的论证，所以常见的是司法机关以双方造成的损害等级作出简易的判断，通过损害结果的比对来简单地判断防卫行为是否过限。比如陈某朋、陈某千等故意伤害案中，双方因琐事发生纠纷，其中侵害方头部受重伤，双下肢受轻伤，综合评定为重伤二级；受害者的损伤程度为轻伤，防卫人腰背部由锐器作用所致其轻伤二级。① 原审法院在简单对比两方受侵害程度之后，认为侵害人权益损害更大，就认定防卫行为过当，构成故意伤害罪。可以看出，裁判中常通过“重大损害”推断出“防卫手段过当”，从而进行简单的法益衡量。这种推断往往没有考虑到现场的实际情况而欠缺实质正义。当案件的定性需要在正当防卫、防卫过当、故意伤害或故意杀人间作出选择的时候，让法官严格依照刑法条文认定并非易事，可能出现的结果是“出现死人结果就是故意杀人”“只要致人重伤就是故意伤害”。总的来看，因为我国尚未出台相关明确的司法解释，也无法要求每位裁判人员对个案的把控标准统一，故只会造成人民“不敢防卫，不会防卫”的后果。

三、进一步激活正当防卫制度：以比较法视野展开

在实证调研当中，笔者发现，立法和司法层面的对正当防卫作为法定出罪事由的适用十分谨慎，常常出现司法妥协的情况。故笔者希望综合这些问题，结合于欢案到昆山案的转变，通过比较法和法教义学的研究方法，在制度与实务操作两个方面提出对正当防卫司法异化的纠偏思路。对此，首先要尽可能根据案件客观情况区分此罪与彼罪、罪与非罪的界限，以及对量刑的轻重正确考量等。同时，从司法统一的角度上看，则需要通过将指导性案例与最高院裁判意见相结合，在最大限度上统一正当防卫制度的法律适用标准。

（一）对行政不法行为能否防卫：结合违法程度和有无公定力判断

阮齐林教授认为：“正当防卫紧迫性的核心是公民遭到侵害不能得到公权力救济时，允许公民武力自卫。”对不法侵害性质的认定偏差在实务中涉及较多的类型是对住宅的侵入展开防卫。我国近年来因为城市农村的土地改造发生了许多对土地和住房的矛盾冲突进而演化为防卫的案例。在2014年的张某反抗暴力强拆人员被认定故意伤害一案中，②法院认定张某的防卫行为明显超过必要限度，系防卫过当，应当负刑事责任，但是依法应当减轻或者免除处罚，判处有期徒刑3年，缓刑5年。由此可见，法院亦肯定了张某的对住宅的救济行为。域外法律对住宅防卫进行了完备的规定。2016年德国联邦最高法院裁定了一起危险伤害的案件，在这起案件中，甲冲入住宅内击打乙致其倒在过道上，此时乙拿刀指向甲让他停止攻击。随后乙对甲刺了两刀，甲请求乙叫救护车，乙立即拨打了急救电话，并使被害人获救。州法院一审法官认定乙

① 参见浙江省温州市中级人民法院(2015)浙温刑终字第1881号判决书。
② 参见辽宁省本溪市中级人民法院(2009)本刑一初字第17号判决书。

构成危险伤害罪但属于正当防卫,[①]而针对是否过当,法院意见是"被告人胸部被打击时的疼痛,这种打击不属轻微攻击,且公民有权利使用暴力保卫自己的住宅"。这种观点在美国刑法中被称为"壁垒原则",即对非法侵入和暴力袭击,主人、租户、委托保管人等,有权使用致命武力来保护其"堡垒"(包括院子和车道)。

在不法行为的特殊情况中,私力救济在一定的情况下具有主导性的优势。对此笔者认为可以在极端情况下,即国家机关的力量无法保障自身权利不受损害时,肯定个人无限防卫权的存在,将合法的私力救济纳入防卫体系并且给予法律明文规定的保障,同时只有在行为属于一般违法且存在有效公力救济的情况下,防卫权才可以被"冷冻"(见表2)。通过对行政不法行为违法程度的分类和有无公定力的判断,可以建立完善的司法和行政体系,避免更多极端救济的出现。

表2 不同类型违法行为中适用正当防卫的情况

违法行为的种类	有无公定力	能否正当防卫
重大违法	×	√
一般违法(缺乏有效事后救济途径)	√	√
一般违法(但存在有效事后救济途径)	√	×
轻微违法	√	×

(二)对防卫紧迫性消失的情况统一标准:区分即成犯与持续犯场合

1.即成犯场合的侵害紧迫性消失——法益侵害状态结束

关于即成犯的情况,张明楷教授认为,在不法侵害结束的情形下,防卫人的人身或财产法益处于一种平和的状态之中,实施防卫行为对于制止不法侵害已无任何意义。虽然在大多数情况下,不法侵害在刑法层面失去紧迫性的原因是此类案件中的犯罪既遂表明犯罪后果已经形成,无法收回;但是笔者认为,如此机械地将犯罪既遂作为即成犯场合中不法侵害结束的标志,不再允许防卫行为,而不论不法侵害行为可能有继续侵害法益的情形,可能会得出有违实体正义的结论。

根据对裁判文书的分析整理,笔者发现,在侵犯财产类犯罪当中,往往在犯

① 德国联邦最高法院第二刑事审判庭2016年4月12日对危险伤害案的裁判意见认为:"被侵害人在对无武器的侵害人使用可危及生命的武器时,通常应预先警告将动用武器或者力图采取危险性较小的不致命的方式,但是依迄今为止的事实认定,并无同样适合的、较温和的手段可供被告人选择。"

罪既遂（对方已经取得财物的控制或者占有）之后仍然存在追赃挽损的可能性，不法侵害的紧迫性不因犯罪既遂而消失，被害人仍然可以对不法侵害人实施正当防卫。因此，针对实际情况，笔者建议司法机关对于不法侵害的结束时间出台明确的解释，将其规定为“不法侵害行为或其导致的危害状态尚在继续中，防卫人可以用防卫手段予以制止或排除”。例如，在2008年女司机撞死劫匪被认定为正当防卫一案中，劫匪劫走财物后仍然在受害者视野范围内，侵害尚未结束，因此，防卫时间适当。① 界定防卫时间可以使防卫人明确自己对“正在进行”的理解，减少事前和事后防卫的出现。同时，司法机关也可以对事前防卫和事后防卫出台相关指导性意见和案例，对防卫不适时的行为进行罪轻考量，作出符合法理和情理的判断。

2. 持续犯场合的侵害紧迫性消失——侵害人主客观均停止侵害

持续犯又称继续犯，是指行为从着手实行到终止前一直处于持续状态的犯罪。判断持续犯中不法侵害紧迫性结束的标志就在于法益层面的不法行为是否终局，而非客观事实层面上的终局。

同样，对不法侵害的开始认定应当结合主观恶意和客观结果两个方面来考量。比如，在遗弃致死中，在行为实施之后仍然持续存在对法益的侵害，应当允许对行为人实行防卫。只有当行为人主观有停止侵害的意愿，同时开始实施救助或者不法侵害结果已经发生时，才视为不法侵害的结束。对时间的认定不仅应当确保法益及时得救的可能性，同时又应避免防卫权的滥用。最典型的持续犯情形是非法拘禁罪。以于欢案为例，一审法院认为当时不存在不法侵害的紧迫性明显有失偏颇，因为结合现场情况和前后案情来看，讨债团伙对母子的非法拘禁行为仍然具有继续非法侵害的可能性，讨债人主观不具有停止侵害的意愿，应当认定对其不法侵害的持续性；即使在当时警察进入调解的情况下，不法侵害之可能性大概率存在，不能认定为紧迫性消失，而可以开展防御，因此，我们可以判断，于欢的防卫行为应当处于不法侵害的正在进行时。

（三）防卫意志的正确衡量：以对侵害人伤害结果和法益保护的主观样态为标准

我国通说认为，诸如相互斗殴以及偶然防卫不仅缺乏防卫意志，还具有故意侵害他人权利的意思，所以，不成立正当防卫，甚至可能构成犯罪。

---

① 广东省佛山市中级人民法院裁判意见认为，在被告人抢劫得手后准备驾驶摩托车逃离现场时，其不法侵害行为属于已经开始、尚未结束的正在实施的状态中，龙女士所实施的防卫符合了正当防卫的时间条件，属适时防卫。综上，龙女士的行为应为正当防卫，不应负刑事责任。

表3 中日对防卫意思内容的构建差异

国 别	对法益保护的态度	对侵害人损害结果的态度	是否成立正当防卫
中 国	追 求	无伤害故意	是
	追 求	间接故意	否
	追 求	直接故意	否
	放 任	不论是否故意	否
日 本	追 求	无伤害故意	是
	追 求	间接故意	是
	追 求	直接故意	附条件认定成立正当防卫
	放 任	不论是否故意	否

从表3中可见，日本刑法中对防卫意思内容把握标准比我国更加宽松，即认为在被告人兴奋或者勃然大怒的情况中实施的防卫行为，虽然不存在防卫的目的和意图，但是存在防卫的认识和对法益保护的积极追求。同时，日本的相关判例也认为，“防卫意识与攻击意识完全可以并存，防卫意识不被攻击意识抵消，故不能因为行为人有攻击意识就否认其防卫意识”。[①] 笔者认为，防卫意识必然包括对于侵害人身体权益结果的损害具有直接或者间接故意，依照日常生活经验和裁判文书，在面对暴力侵害时，防卫行为必须给侵害人身体造成损害后果，才可以有效地防止继续侵害的可能性。日本裁判规则显示，对于一般防卫行为，只要有保护法益的主观认识，一般都可以认定为正当防卫。但是在行为人对损害结果持直接故意的场合，其作出了一定的限制，此种情形下，防卫人一方面为了保护自己或者他人的合法权益，另一方面也由于案前或者案发时的原因而对侵害人持有强烈的愤恨，因此，对其身体的损害后果持有强烈的主观故意。最经典的就是在相互斗殴的情形当中转化产生的正当防卫情形，例如，甲因琐事与乙产生纠纷，后纠集多人来乙家中闹事，甲和其同伙采用拳打脚踢和用水果刀刺乙等方法结果被乙夺取水果刀转而直接刺向其同伙，最终在揪斗中甲与其一名同伙被刺死亡，乙也多处受重伤，检察机关以故意杀人罪对乙提起公诉。该案就属于典型的保护法益和损害侵害人权益意识同时存在的情形，由于不法侵害行为引起了反击致人死亡的后果，法律不应该限制防卫人对侵害人身体权益侵害的直接故意。

总的来说，在侵害行为直接引起反击致损的情形当中，应当坚持给予防卫人

① 参见日本最高裁判所1985年9月12日判决，《日本最高裁判所刑事判例集》(6)第39卷第6号，第275页。

防卫意识积极的评价。而在另一种情形中，如与甲有旧仇的丙看到甲追杀乙，为了报复甲，丙便果断将甲射杀，笔者支持行为无价值论和日本刑法的观点，由于丙对侵害人的损害结果与不法侵害行为无因果关系，属于“借口防卫”即防卫意识存在瑕疵，应当认定为故意杀人罪。

（四）防卫过当的准确把握：防卫行为与结果双重过当之提出

虽然在我国通说中对防卫过当的判断采用了“防卫行为明显过限加造成重大损害后果”的整体过当论，但是，实务中裁判者对于防卫限度仍然执着于“唯结果论”或“衡平原则”。在前文对于裁判文书的分析当中可以看出，在实践中“造成重大损害结果”往往吸收了“行为明显过当”，即只要出现了重大损害，[①]司法机关就会直接认定构成防卫过当或者构成故意犯罪。这一做法导致 1997 年刑法典出台至今正当防卫条款的异化适用，其被称作“僵尸条款”，未能够有效地鼓励公民与违法犯罪作斗争。

表 4　防卫过当的逻辑判断

行为是否过当	结果是否过当	判断结果
√	√	防卫过当
√	×	正当防卫
×	√	具有期待可能性的场合成立防卫过当
×	×	正当防卫

对此，笔者认为，应当厘清防卫行为与防卫结果之间的关系，先判断行为是否过当，只有当行为明显过当之后，才能进入下一步骤，判断结果是否过当（见表 4）。判断防卫行为是否过当一直是实务操作中的难题，故可以引入期待可能性理论，综合全案案情，站在案发时防卫人的立场，同时结合侵害的性质，双方力量对比和情节基础上进行综合判断，只有在防卫人有采取比当时行为更小的防卫工具与力度的可能性但没有采取时，才能够将防卫行为评价为明显过当。例如，在赵宇案中，赵宇为制止李某对邹某的伤害行为，致其摔倒在地。起身后，李某又要殴打赵宇，赵宇随即将李某推倒在地，并朝倒地的李某腹部踩了一脚。经法医鉴定，李某伤情属于重伤二级，邹某伤情属于轻微伤。虽然赵宇对李华造成了重伤后果，而受害人邹某仅仅受到轻微伤，从结果来看明显失衡，但从案发时的

① 此处的“重大损害”指重伤及以上结果，参见最高人民法院、最高人民检察院、公安部、司法部于 2015 年 3 月 2 日公布的《关于依法办理家庭暴力犯罪案件的意见》第 19 条第 1 款规定：“……防卫行为造成施暴人重伤、死亡，且明显超过必要限度，属于防卫过当，应当负刑 事责任，但是应当减轻或者免除处罚。”

情况分析,赵宇在防卫时除了赤手空拳还击之外并没有其他方法来制止不法侵害,故其行为并无不当。检察机关对赵宇认定防卫过当从而相对不起诉的结果仍然值得商榷。

对于防卫限度的认定,德国刑法中也认为,应当不必衡量受攻击的法益和受反击的法益孰轻孰重,只有在防卫造成的法益损害和轻微攻击造成的法益损害明显比例失衡时,才可以认定这种失衡导致对正当防卫权的限制。因为正当防卫成立的关键在于权利和不法侵害之间的冲突,并不要求防卫人在实施防卫行为时做两种法益的比较。

正当防卫制度法律适用需要考虑的方面较多,涉及对不法侵害的判断、防卫时间的把握和防卫意志的考量等具体问题。在出台和完善相关司法解释时,应当通过将裁判意见和典型指导案例结合,在裁判指导意见作出规定的基础上,充分发挥个案针对性强和通俗易懂的特点,用个案指导同类案件的裁判,让正当防卫制度的适用从特殊到普遍,再由普遍到特殊,减少法官的"唯结果论",进而有效规范自由裁量权,使类似案件的法律适用基本统一、裁判尺度基本相同、处理结果基本一致。只有坚持程序和实体正义的司法审判,才能营造良好社会氛围。

Reflection and Reconstruction of the Justifiable Defense System from the Yu Huan Case to the Kunshan Case

—From the Perspective of Zhejiang Court's 712 Judgment Documents

Yuan Jihong Zhao Yiming

Abstract: The successive appearances of the Yu Huan case and the Kunshan case make the legitimate defense system active again in front of the public, which stimulates the public's awareness of defending their rights in the struggle against illegal violations. With the guidance issued by the Supreme Prosecution in the Haiming Justifiable Defense case to clarify the standard of justifiable defense, it can be seen that the justifiable defense system is being effectively activated as the relevant cases continue to occur. This paper observes the application of legitimate defense through empirical investigation of 712 jurisprudence in the judicial practice of Zhejiang courts in the past ten years. It finds that there are characteristics such as misunderstanding of illegal infringement and large disputes in adjudication when defense is not appropriate. In order to solve this dilemma, this article combines the application of the legitimate defense system in local judicial practice and comparative law, and looks forward to the further activation of the legitimate defense system.

Key words: referee documents legitimate defense judicial alienation defense limits

四川藏区基层法官队伍建设机制实证研究*

■李　凯**　黄　婷***

［内容摘要］　对四川藏区基层法官队伍建设问题进行实证研究，并提出有关对策建议，不仅有利于加强四川藏区基层法官队伍建设，也将为我国其他民族地区的司法队伍建设提供参考借鉴，最终推动我国民族地区的法治进程，有效服务于民族地区的脱贫攻坚和社会经济建设工作。研究表明，四川藏区基层法官队伍还存在专业水平不够、职业积极性不高、办案效率不齐、队伍凝聚力不足等问题，故应构建起以培养"爱岗敬业、审判专业、安居乐业"的法官为工作指引，以"线上线下一体化、培训学习体系化、考评考核本土化、薪酬待遇差异化"为工作指南的立体法官队伍建设机制，方能切实推动四川藏区基层法官队伍建设机制的不断完善。

［关键词］　四川藏区　基层法官　队伍建设

---

*　基金项目：2017年度四川省社科规划项目法治专项项目（项目编号：SC17FZ024）。

**　李凯：法学博士，西南民族大学法学院副教授，硕士研究生导师。

***　黄婷：成都师范学院外国语学院副教授。

一、前言

（一）研究背景简介

四川省是多民族聚居大省，其中甘孜州和阿坝州是藏族自治州，是该省主要的藏区所在地。① 如何在四川藏区推动、实现法治，并最终为脱贫攻坚、社会经济发展保驾护航，是四川省乃至全国的重要课题，这也必然要对司法人员特别是基层法院法官提出更高的要求。但四川藏区还普遍存在基层法官水平不够、素质不齐、办案效率不高、队伍凝聚力不足等现状和困境。要走出上述困境，亟需提高基层法官的整体职业素养，理顺上级主管部门与藏区基层法院以及藏区基层法院与员额法官之间的关系，解决法官队伍建设中的结构性矛盾。因此，针对如何提高基层法官的整体素质素养，建立健全基层法官的选拔和培养机制，保障基层法官队伍的稳定性等具体问题的实证研究也显得尤为必要。

（二）实证研究整体设计

1. 实证研究实施方案

本研究共分三个部分（步骤）进行：座谈研讨、问卷调查和实地走访。其中第一部分的主要目的是了解四川藏区基层法官队伍建设的整体现状，梳理突出问题，明确后续研究的方案和关注点，为后两部分研究提供基础和依据，使后续工作有的放矢，更具针对性。第二部分和第三部分是整个实证研究的重点。第二部分针对第一部分梳理的突出问题，有针对性地进行问卷调查，进一步发现问题，找准症结，指引后续工作。第三部分则针对问卷调查中显现的突出问题进行实地考察、集体座谈、个别访谈等，结合四川藏区基层法院实际情况，搜集建议与意见，查缺补漏，旨在提高研究的完整性、系统性、针对性和实效性。

2. 问卷调查概况

调查问卷是在上述第一部分工作梳理总结出的问题基础上制作的。调研对象为四川藏区基层法院员额法官，共计发放问卷400余份，收集有效问卷352份，其中阿坝州193份，甘孜州159份。

问卷主要从两大方面展开，即法官的职业素养和法官队伍的稳定性。第一方面包括法官职业伦理（第2、第3题）、业务水平（第4、第6、第9题）和学习培训状况（第5、第7、第8题）三个板块；第二方面包括法官人员职业现状（第1、第10、第11题）和职业保障机制（第13、第14、第15、第16、第17、第

① 一般认为，四川藏区包括阿坝藏族自治州、甘孜藏族自治州和凉山州木里藏族自治县，本研究报告所涉地域为阿坝藏族自治州和甘孜藏族自治州。

18、第19题）两个板块。问卷共20道问题（其中第1～19题为单选闭合式问题，第20题为开放式问题，主要征集被调查者对建设藏区基层法院法官队伍的意见与建议）。

3. 实地走访基本情况

研究人员实地走访了四川甘孜州、阿坝州两个藏族自治州的四个县市，分别包括两个州府所在的康定市及马尔康市人民法院，以及甘孜州泸定县和阿坝州理县人民法院。研究人员考察了以上基层法院的文化建设情况，与员额法官进行了面对面座谈，以及一对一个别访谈，全面、深入了解了各藏区基层法院法官的队伍建设情况，广泛听取了有关建议与意见。

4. 特别说明

（1）实证研究针对的地域范围未包含四川省除甘孜、阿坝两州以外的其他藏区，但相关调研成果于其他藏区及民族地区仍具有可借鉴性。

（2）实证研究的调查对象仅指向四川省甘孜、阿坝两州基层员额法官，并不包括司法辅助人员以及在法院工作的其他人员。

（3）由于诸多主客观因素的限制，研究人员仅能根据已采集到的数据和信息进行研究分析，收集到的藏区基层法官的意见和建议将在本报告中如实、客观反映。

（4）四川藏区基层法官队伍建设中的问题与其他地区的相关问题既具共性，也具个性，在后文中将一并提出。

二、实证研究

（一）法官整体职业素养

1. 法官职业伦理建设

毫无疑问，法官职业伦理应该被理解为社区道德的一部分，所以加强其建设也是社会综合治理的重要部分，而“职业角色创建真正的职责，且除特殊情况外都应该遵守，而不只是在实践推理中考虑的考量”。[①] 所以，一个好法官必然在内心构筑起其法官职业伦理，并在实际工作中不断践行。为了探究两州基层法官职业伦理建设情况，研究人员通过问卷调查和实地走访，形成如下数据（见图1、图2）和有关对策建议。

① ［美］W. 布拉德利·温德尔：《法律人与法律忠诚》，尹超译，中国人民大学出版社2014年版，第17页。

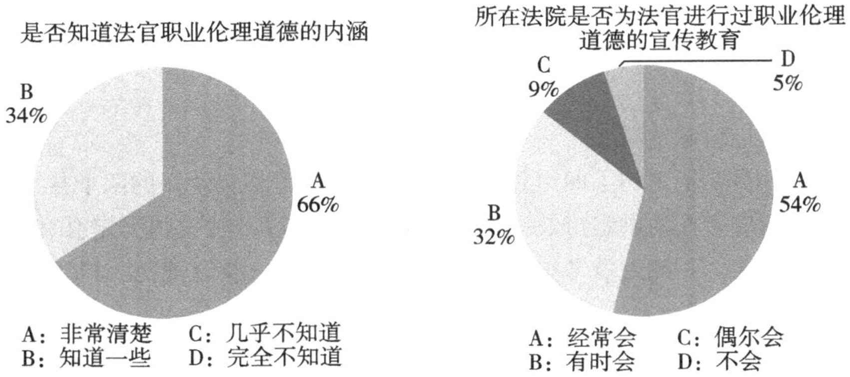

图1　阿坝州基层法官职业伦理数据

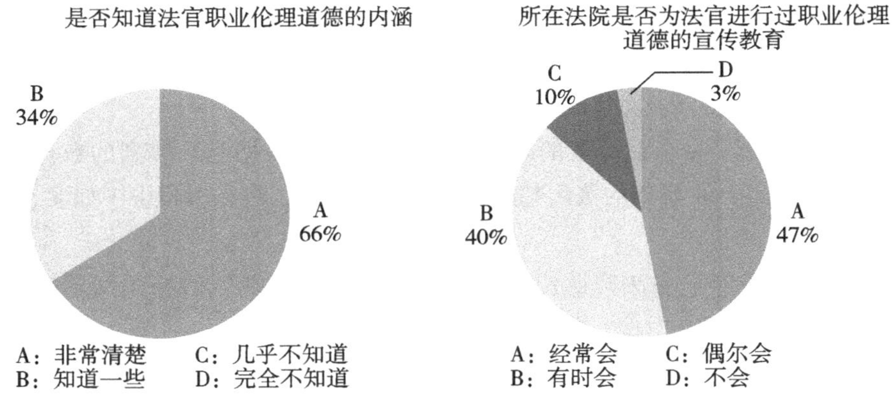

图2　甘孜州基层法官职业伦理数据

两州基层法官对职业伦理内涵非常清楚的比例较高，其中阿坝州为66%，甘孜州为65%，但仍有一部分法官只“知道一些”，两州占比均为34%，还有个别法官“几乎不知道”法官职业伦理。数据说明，两州基层法院似乎在法官职业伦理的教育和培训工作取得了一定成效，但仍有较大提升空间。为探究有关问题成因，研究人员对两州基层法院“是否为法官进行过职业伦理道德的宣传教育”进行了调查。数据显示，阿坝州各基层法院“经常会”“有时会”“偶尔会”“不会”对法官进行职业道德宣传教育的比例分别为54%、32%、9%、5%；甘孜州的对应比例则为47%、40%、10%、3%。由此可见，两州个别基层法院还存在不太重视法官职业伦理建设的情况，这项工作还没有常态化、制度化。

研究人员在实地走访中发现，有关基层法院对法官的职业伦理宣传以及作为宣传平台和手段的法院文化建设的实施效果参差不齐。做得较好的基层法院（如泸定县人民法院）精心打造了具有浓郁法院文化特色的“文化长廊”“廉政文化园地”“党员活动室”“荣誉室”等,在审判大楼各楼层围绕不同的主题进行宣传、教育,并且辅以各类图片资料,反映审判业务和队伍建设成绩。有的法院(如理县人民法院)还修建了“职工之家”“文体活动中心”等,为法院干警营造了温馨、整洁的休闲环境。但个别基层法院在这方面还略显不足,这可能是碍于个别基层法院办公场所的种种限制等客观因素,也可能是有关领导对这项工作不够重视所致。笔者认为,对于法院文化建设和职业伦理道德建设平台的搭建,可采取“线上线下相结合”的做法,在充分利用、整合现有实物平台的基础上,充分利用互联网平台(如在法院网站、内网、微信公众号等线上平台开辟法院文化建设专栏、法院微博等,动态展示法院文化建设情况并进行法官职业伦理道德宣传教育)。这既拓展了宣传形式,又突破了时空局限,也可更好地将对内宣传和对外展示相结合,相辅相成、相得益彰。

2. 法官业务水平

法官的业务水平通常成为衡量某地区的法治化水平的标准之一,为探究四川藏区基层法官的业务能力状况,研究人员进行了“您如何评价自己的办案业务能力”(第6题)的调查分析。

调查结果显示,阿坝州基层法官认为自己能“完全胜任”工作的占比为24%,“基本胜任”工作的占比为75%,“不太胜任”工作的占比为1%;甘孜州基层法官的对应占比则分别是18%、79%、3%(见图3、图4)。

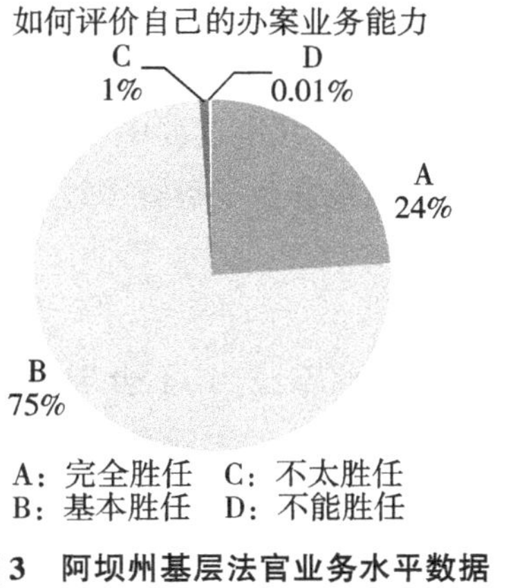

图3 阿坝州基层法官业务水平数据

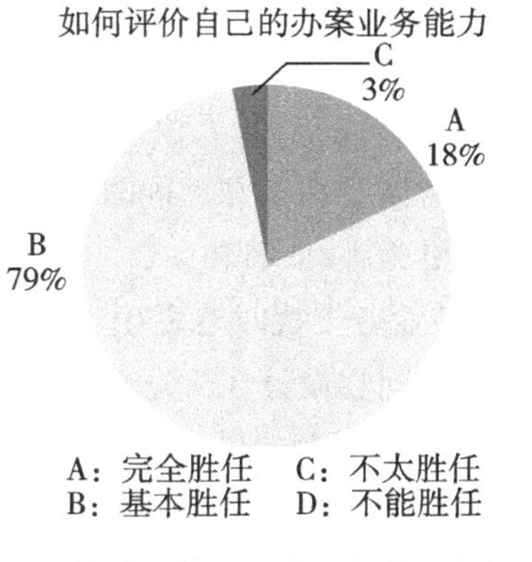

图4 甘孜州基层法官业务水平数据

据此可知,两州基层法官的职业能力总体基本能满足岗位要求,但仍有相当大一部分法官认为自己只能基本胜任工作(阿坝州占比75%、甘孜州占比79%),且还有少部分法官自认不太能胜任工作(阿坝州占比1%、甘孜州占比3%)。这说明,法官员额制司法改革在实现司法的专业化、职业化和精英化方面取得了较好成效,但在四川藏区仍有亟需改进之处,特别是由于藏区的地域、民族、宗教、语言等各方面的特殊性对基层法官的业务水平提出了不同的挑战和要求。结合实地走访和调查问卷中的相关问题（第9题、第4题），研究人员发现，导致四川藏区基层法官认为自己不能完全胜任工作的主要原因有以下两方面：

(1)双语工作能力有限。

研究人员对四川藏区基层法官的双语工作进行了调查（第9题），但结果不容乐观，如表1所示。

表1 四川藏区基层法官双语工作能力数据

选项		完全可以	基本可以	基本不行	完全不行
阿坝州	人数	20	37	47	89
	比重	11%	19%	24%	46%
甘孜州	人数	27	24	44	64
	比重	17%	15%	28%	40%

数据显示，在阿坝、甘孜两州“完全可以”用双语开展工作的法官占比均未超过20%，“基本不行”和“完全不行”的占比却分别高达24%、46%和28%、40%。这必然导致法官在司法过程中经常出现不能翻译或者错译的情形。为了更好地在藏区凸显法治宣传效果，维护法治权威，有必要统一翻译规范和标准，加大双语工作力度。

在走访中研究人员还发现，即使会说藏语，但由于没有规范的藏文翻译，司法实践中错译法律法规的现象也时有发生。藏汉双语司法工作在藏区的深入推广，既可以帮助当事人快捷、有效地了解法律，也避免了庭审过程中因语言不通而造成的误会和错判。同时，双语审判有利于当地藏族群众了解庭审过程，让普法工作更为生动、具体。

(2)业务干扰时有发生。

调查问卷设计了“关于在办案过程中是否会遇到不正当、不合理的干扰”（第4题）的问题。结果显示，这方面的问题较为突出，已经影响到司法改革的进行以及法官依法独立审判。

数据表明，阿坝州基层法官“经常会”遇到不正当、不合理的干扰比例高达14%，“有时会”占比为41%，“偶尔会”占比为30%，“不会”占比为15%；甘孜州的数据则分别是4%、33%、34%、29%；如图5、图6所示。

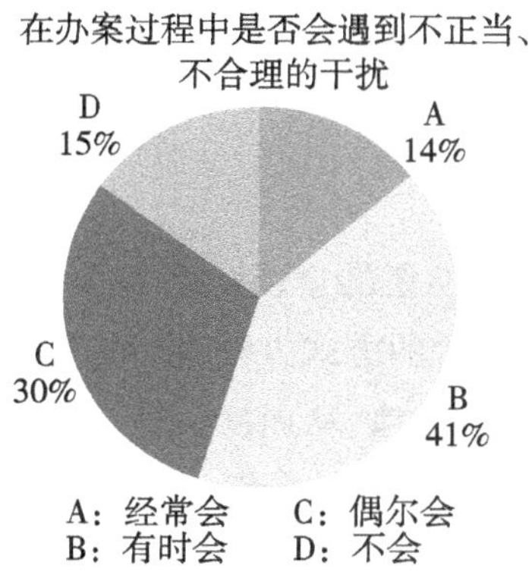

图 5 阿坝州基层法官业务受干扰数据

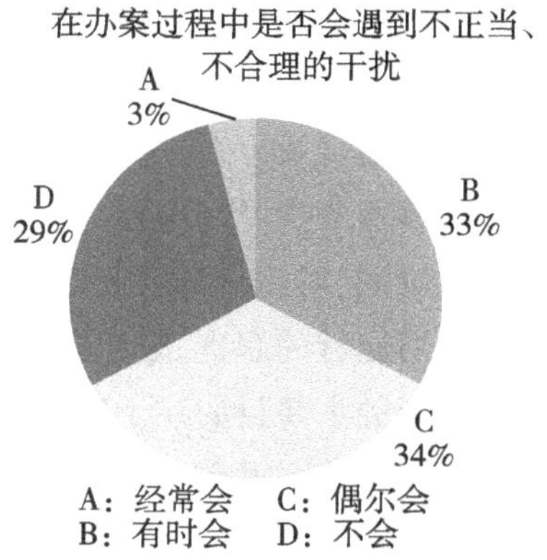

图 6 甘孜州基层法官业务受干扰数据

研究人员在走访中发现，导致藏区基层法官面临较突出的业务干扰的原因主要有：(1)“由于历史和自然环境的限制，四川藏区生产生活方式相对封闭，社会整体发育程度较低……四川藏区人民文化水平不高，思想观念比较落后。”①故藏区民众普遍法律意识较为淡薄，遇到纠纷仍然比较依赖通过法律之外的传统风俗和宗教习惯解决。(2)个别律师和家属利用当事人少数民族的特殊身份设置障碍。(3)因接触和办理较多“中心工作”，②当地基层法官和其他行政等部门工作人员来往更为频密，也间接造成了对司法权的不当干扰。

笔者认为，正所谓“外因通过内因起作用”，要减少外界对藏区基层法官审判业务的不当干扰，首先要从内因方面加强藏区法官职业伦理建设，具体可由各基层法院政治处牵头，每半年或根据自身工作安排定期开办法官职业伦理讲座、组织民族地区法官典型人物学习活动、开展法院文化建设的宣传教育等。同时，通过业务培训、交流学习、疑难案件研讨、继续教育等手段提升法官业务水平，提高其进行法律判断时的职业自信。其次，针对业务干扰的外部因素，基于法律形式主义和现实主义的结合需要，③

① 杨莉芸、徐晓宗：《四川藏区城市发展：现状、原因及制度保障》，载《四川民族学院学报》2018 年第 2 期，第 58 页。

② 据悉，藏区的中心工作是指以发展、稳定、民生为根本所开展的诸如精准脱贫、藏区维稳、生态保护等一系列工作的统称。

③ 根据波斯纳的总结，法律形式主义认为法官的工作就是分析和运用法律的内在逻辑，法官只是一个解释者，对自己的解释在真实世界产生的后果无所谓或近乎无所谓。而法律现实主义特别看重司法判决的众多后果，这些后果包括某教义或某决定产生的影响，对法律的可预测性，对案件总量，对法院的管控度，对政府其他部门的工作量，以及对个人和公众的合理期待等。参见[美]理查德·波斯纳：《波斯纳法官司法反思录》，苏力译，北京大学出版社 2014 年版，第 6 ~ 7 页。显然，法律形式主义和现实主义并非有不可逾越的鸿沟，而是可以通过特别的途径融合，在此方面，我国建立并不断发展的人民调解员制度做出了十分有益的贡献，笔者认为，基于四川藏区的特殊情况，可以在法律允许的框架下，引入更多的社会力量参与法院业务工作，一方面可以减轻基层法官的工作压力，另一方面有利于促进纠纷解决的法律效果和社会效果。

可考虑邀请通晓当地语言、文化、风俗以及宗教的社会人士参与纠纷的解决。同时，加强对藏区基层法官的法律“话术”培训，帮助他们用当地藏族群众更能理解和接受的语言及方式进行有效沟通。

3. 法官业务学习及培训

毫无疑问，对法官进行业务培训和学习，于法官队伍的建设至关重要，而“法律为社会所履行的职责，必然要求对培训法律工作者的方式方法进行控制。如果法律制度的主要目的在于确保和维护社会肌体的健康，从而使人民过上有价值的和幸福向上的生活，那么就必须把法律工作者视为‘社会医生’，而他们的工作则应当有助益于法律终极目标的实现”，[①]但目前来看，四川藏区还存在基层法官业务学习及培训工作落实不够到位的情况。

（1）关于法官学习及培训的机会及意愿问题。

调查问卷就四川藏区基层法官所在的业务庭室外出培训、学习机会设置了相关问题（第5题）（见图7、图8）。

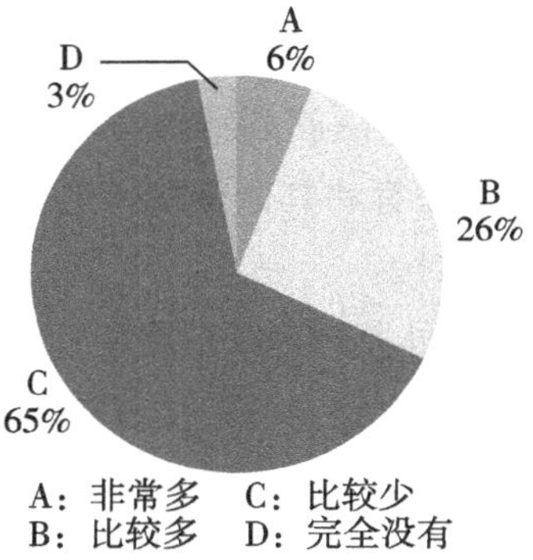

图7 阿坝州基层法官外出培训学习数据

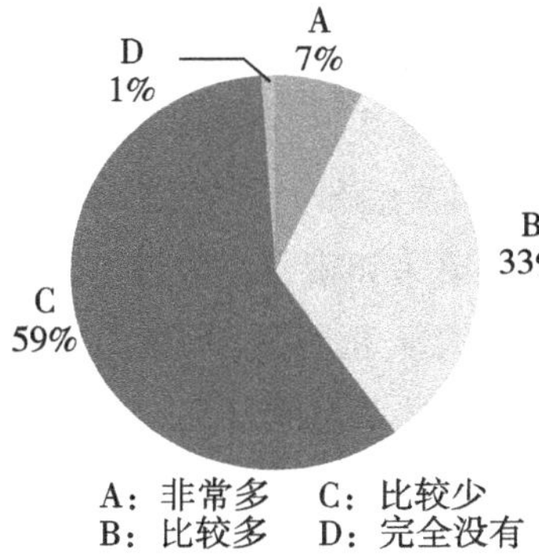

图8 甘孜州基层法官外出培训学习数据

数据显示，阿坝州基层法官外出培训、学习机会“非常多”“比较多”“比较少”和“完全没有”的占比分别为6%、26%、65%、3%，甘孜州基层法官的对应数据分别为7%、33%、59%、1%。“比较少”和“完全没有”外出培训学习的比重过高，对法官进行培训学习的现状亟待改变。

“培训不足既带来了许多法官身上表现的那种被动消极，也导致他们常常缺乏良好的管理技能。”[②]为进一步了解四川藏区基层法官外出学习、培训的主观

① ［美］E. 博登海默：《法理学 法律哲学与法律方法》，邓正来译，中国政法大学出版社1998年版，第505页。

② ［美］理查德·波斯纳：《波斯纳法官司法反思录》，苏力译，北京大学出版社2014年版，第376页。

意愿,探究基层法官培训、学习较少的主客观原因,问卷设置了关于四川藏区基层法官是否愿意到其他较发达地区深造学习的问题(第7题)。其中阿坝州合计调研193人,“非常愿意”的有87人,占比45%;“愿意”的有91人,占比47%;“不太愿意”的有14人,占比7%;“不愿意”的有1人,占比1%。甘孜州合计调研159人,“非常愿意”的有70人,占比44%;“愿意”的有79人,占比50%;“不太愿意”的有8人,占比5%;“不愿意”的有2人,占比1%。

由此可见,四川藏区基层法官具有强烈的培训学习愿望,其中“非常愿意”和“愿意”的合计占比阿坝州和甘孜州分别高达92%和94%。但是结合法官培训、学习机会“非常多”和“比较多”的数据分析,两者却出现了倒挂现象。据此可知,学习培训机会不多主要受制于客观而非主观原因。研究人员在走访中发现,出现这种倒挂现象的主要原因有:法院培训机制不健全、基层法官“中心工作”任务较多、员额法官、法律辅助人员不足导致审判任务相对繁重等。为提高藏区基层法官专业素养,研究人员建议:首先,要考虑商请当地或上级党委政府合理调配法院参与“中心工作”任务的人员数以及时间。例如,每次参加“中心工作”的人员占比不可太高,时间上应充分考虑法官现有工作安排,尽量以轮训形式保障法官在某一时间段内可以安排外出培训学习。其次,在时段上,要充分考虑到藏区的“虫草季”和“松茸季”等季节因素,适当将外出培训学习安排在上述接收案件、审理案件工作相对宽松的时段。另外,鉴于时空限制,可充分利用高科技手段和互联网进行远程学习与培训,有学者认为,“这种形式要比常规讲授更好。授课者的平均质量非常高,因为对‘出席’授课的学生人数没有限制,有第一流的授课者,交流起来就比课本交流更有效”。[①] 但是,对四川藏区基层法官的线上业务培训可能需要考虑到当地的民族特质、传统文化、宗教信仰等特殊情况,这也为培训提供者提出了新的挑战。

(2)法官学习及培训的实施。

结合调研数据,下文将简要分析四川藏区基层法官培训前、培训中和培训后三个阶段存在的主要问题并尝试提出有关对策建议。

首先,培训前的主要问题是没有考察前置的需求调研,“法官继续教育需要聚焦于帮助法官应对复杂性,这与试图把这些复杂性问题转交打半工的科学家、医生、统计学者和工程师是不同的……他们需要有人知道,如何避免推理谬误;如何选择和管理法官助理以及其他工作人员,以保证法官在处理技术性争点时能得到足够帮助;有关科学探讨和证明的修养而不是其细节,以及普通人的直觉

① [美]理查德·波斯纳:《波斯纳法官司法反思录》,苏力译,北京大学出版社2014年版,第394页。

与以经验数据方式验证假说之间的区别”，①显然，随着藏区社会经济的发展和生活水平的不断提高，仅仅依靠传统的法律教义讲授，是无法满足藏区基层法官的实际需求的，而当培训教师和受训法官都不太清楚培训的具体目的、需求以及要达到的可量化目标时，就势必影响到培训的针对性、实效性。研究人员建议，在进行法官培训前可进行前置需求调研，只需数个问题就可帮助培训教师了解藏区基层法官对培训的期待，收集他们在工作中亟需解决的问题和困惑等，这当然也能在选择培训专家及设置培训板块、内容中起到十分重要的指引作用。

其次，培训中大量的集中学习仍然占据主导地位。集中的单向培训模式限制了藏区基层法官与培训专家的互动交流，当然就不太可能做到有的放矢，这也使培训效果大打折扣。研究人员建议，可采取集中加分散，单向变双向，以法官为中心、以案件为依托的新型培训模式。另可留出时间让受训法官分组讨论当日或当周学习心得与收获，与培训专家共同研讨有关实务问题等。还可将每次培训活动制作成简报，及时记载学习点滴，定期分享，将学习和培训效果固化。②

最后，针对培训后的情况，调查问卷设置了关于法官外出培训学习后是否要求回本院进行交流报告的问题（第8题）。结果显示：阿坝州基层法官外出培训学习后“总是”“经常”“偶尔”“从未”要求回院进行交流报告的比例分别为14%、41%、37%和8%；甘孜州的对应数据则分别为21%、37%、31%和11%。仍有近一半的基层法官反映只是偶尔甚至从未有回院进行交流报告的要求，如图9、图10所示。

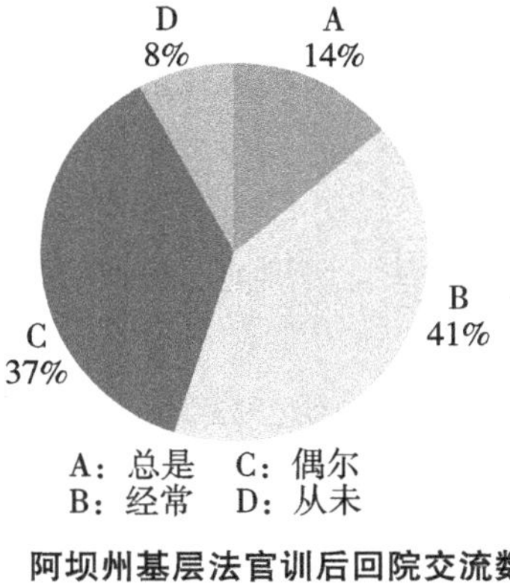

图9 阿坝州基层法官训后回院交流数据

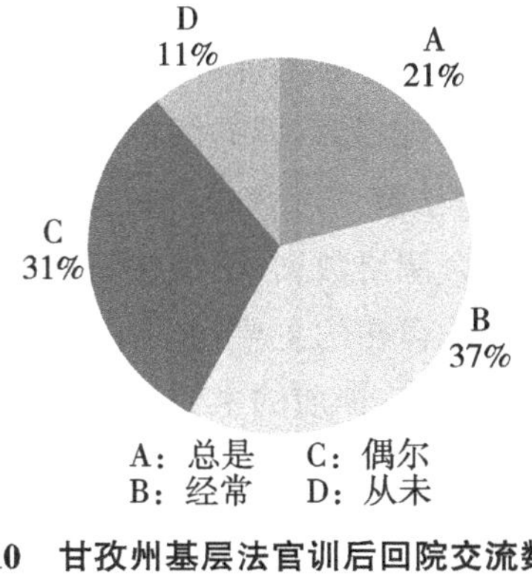

图10 甘孜州基层法官训后回院交流数据

法官培训后的交流报告既能体现法官所在单位对法官继续教育的重视程

① ［美］理查德·波斯纳：《波斯纳法官司法反思录》，苏力译，北京大学出版社2014年版，第390页。

② 上述工作可由各基层法院根据本院实际情况加以制度化。

度,也是由个别培训向全院普及、辐射、传导的重要途径,是最大限度发挥培训效用的有效手段。研究人员建议,针对仍未开展培训后交流的藏区基层法院,应尽快建立健全培训后的交流制度,以点带面、以个带全,并可将训后回院交流情况纳入年终考评体系。针对已有回院交流报告制度的基层法院,应继续完善和优化现有交流汇报形式。例如,培训结束后进行过程性评价和形成性评价相结合的评估方式,定期评选并表彰优秀培训学员和优秀培训专家等,形成激励机制;将培训中的简报汇编成册,制作成展板等对外展示;以案例为中心,线上线下等多种形式深入讨论,共同参与,迁移培训成果;跟踪、回访培训对象,持续性考察培训成效,及时发现问题,动态完善后续培训方案等。

(3)四川藏区基层法官双语培训问题。

与其他非民族地区法官不同,藏区基层法官在实务中面临着较大的语言问题,这既非新问题也非偶然性问题,学界对该问题的不乏研究,但这些研究通常要么偏重高等院校的法学教育教学,要么偏重双语法官短期集训模式,上述做法均难以在实质上解藏区双语法官严重短缺的燃眉之急。对语言障碍问题,四川藏区基层法院目前的普遍办法是,如果法官或司辅人员中有能翻译的就充当翻译,或者找当地公安局、检察院的干警协助,或者请退休的老法官担任翻译,或者找附近藏文中心的老师担任翻译,甚至到当地群众中招人翻译。这样,虽能解一时之急,但结构性问题也很突出。一方面,本院可以进行双语工作的法官并非“双语法官”单独序列进入,在完成自身工作的同时还要承当双语审判或翻译工作,长此以往会导致其分身乏术,滋生不满情绪。另一方面,这种“抓壮丁”式地找非法律专业人员进行翻译,易出现翻译水平参差不齐,懂语言却不懂法律,懂法律却不懂法言法语的情况,难以保证翻译质量,进而影响裁判质量。此外,各地外聘翻译人员的酬劳也不尽相同,翻译人员缺乏稳定性、可持续性。换言之,这种做法导致翻译人员的流动性、临时性太强,无法有效防范翻译人员不尽职履责,甚至导致重大失误和其他严重失范行为的发生。

鉴于此,研究人员根据实地走访调研的情况,提出以下建议,以求能为务实地解决藏汉双语法官短缺问题献计献策:

①各基层法院在招聘司法辅助人员时,要尽量考虑藏区特点,尽可能在当地选拔懂当地语言的人才,关注法律人才的本土化、本地化。[①]

---

① 全国人大原人大代表、内蒙古政法委副书记陶建同志就此问题曾指出:“应当关注边远地区少数民族本土化、本地化、本民族干部的培养。现在逢进必考,对少数民族和边远地区不公平,因为他们受的教育程度落后于先进地区,一考试就考不上。外地考上以后分到边远地区工作又不甘心,这样的话队伍不稳定。我认为,应该根据不同地区设定不同的考试标准,不能拿一把尺衡量。应该考虑考试制度的改革,对边远地区和少数民族地区给予一定关照。”参见《人民法院报》2010年3月16日,第5版。

②各基层法院在遴选员额法官时，可考虑将合格的双语法官以单独序列进行考核、考评，并在待遇提升和职级晋升时有所倾斜。

③在对藏区基层法官进行双语培训前要进行人员筛选，尽可能选择年轻的、学习能力较强的且有一定藏语基础的法官进行培训，尽可能达到预期效果。

④采取“集中+分散”“线下+线上”相结合的模式。参加了双语培训的法官回到本院后，可与其他法官进行相应的培训交流，特别是针对一些常用法律术语的运用。这当然并不是要求其他法官也能用双语从事实务工作，但可让他们了解一些法律术语，进行一些简单的法律藏语表达，也为后续参加双语培训储备了法官。同时，可利用线上平台和其他科技手段，让没有实地参加培训的法官能观摩学习，并根据自身情况，考虑下一步是否有意愿、有条件参加双语培训，并争取成为双语法官。

⑤法官双语培训要遵循前文提及的培训前、培训中、培训后相结合的方式。培训前做好需求调研，了解该批次受训法官来源，使用哪种语系的藏语，有针对性地选拔具有相应一线翻译经验的藏区语言、法律专家进行培训。还可对本批次受训法官进行语言考评，因材施教，以学定教，提升培训实际效果；在培训中要多展示案例，多锻炼受训法官的听说能力和翻译技巧，要对受训法官进行过程性评估，随时监控培训成效，安排访谈，了解培训效果，及时调整培训方案、方式和内容；在培训后，要多让受训法官反思、总结，提出意见和建议，进行回访调查，评估受训法官在实际双语工作中的表现，发现问题，作为双语培训后续不断改进的基础。对培训过程可全程录音录像，并上传到网络供法官们总结学习，也可将各类资料结集出版，拓展培训空间，积累培训资源。

⑥根据翻译水平和培训效果及反馈，对培训专家进行评估，择优形成双语培训专家库，形成激励机制。同时，鉴于培养合格的双语法官殊为不易，合格的双语法官十分难得，也可让优秀的法官学员进入培训专家的序列，薪火相传，保障双语培训的效果。此外，对每期培训合格的学员可以建立双语法官资源库，在可能的情况下让双语法官跨法院进行工作援助，并在绩效待遇上予以体现。这样既变相拓展了双语法官队伍的人数，也能让双语法官通过更多的实践锻炼，更好地成长，胜任双语实务工作。

⑦四川藏区法院要特别重视与西南民族大学、四川民族学院等民族高等院校结对合作，因为这些大学有较多的人才储备和学术资源。此外，藏区法院可在有关院校学生的实习、就业等方面开辟绿色通道，给予其政策上的倾斜、照顾，吸引优秀双语人才服务藏区、扎根藏区。

⑧在双语法官短期内还无法完全满足双语工作的情况下，除严格筛选翻译人员外，可对案件翻译的全程进行录音录像，这可作为双语培训的第一手培训资

源，在以后的双语培训中分享、研习。

⑨研究人员发现，我国至今还没有权威的双语法律辞典。有关部门应与高等院校、科研院所联系，并组织编纂藏汉法律大辞典、法律术语手册等翻译工具书，用以规范法律术语以及法律表达的准确藏语表达，避免翻译过于主观以及不统一等现象。同时，在该类工具书的编纂过程中要充分考虑到藏语各语系的不同，并注意多以例句和案例的形式帮助使用者理解和运用。

（二）法官队伍稳定性问题

1. 员额法官职业现状

（1）员额法官老龄化趋势明显、年龄断层现象较为严重。

通过问卷调查、实地走访，研究人员发现，四川藏区基层法官队伍老龄化趋势明显、年龄断层现象较为严重，如图11、图12、表2所示。

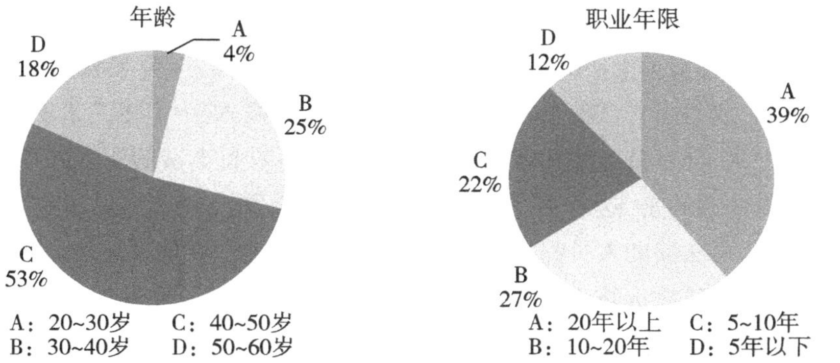

图11 阿坝州基层法官年龄及职业年限数据

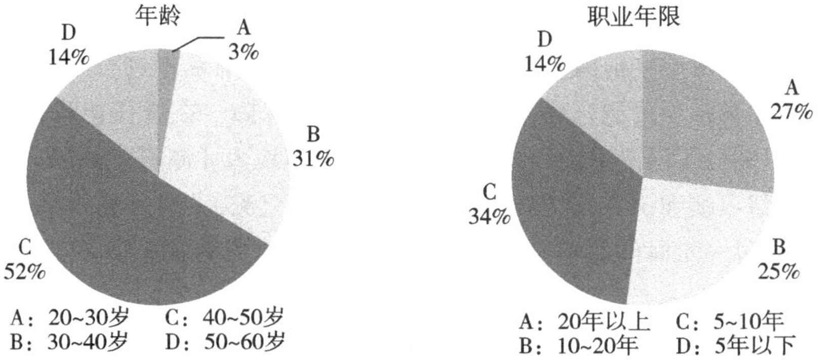

图12 甘孜州基层法院法官年龄及职业年限数据

表2 两州基层法官职业年限数据

地区 年限	20年以上	10～20年	5～10年	5年以下
阿坝	39%	27%	22%	12%
甘孜	27%	25%	34%	14%

由以上数据可知，四川藏区基层法官年龄分布主要集中于30～39岁和40～49岁之间，其中阿坝州基层法官20～29岁人员占比仅为4%，30～39岁人员占比为25%，40～49岁人员占比为53%，50～60岁人员占比为18%；甘孜州基层法官的对应占比分别为3%、31%、52%和14%。结合职业年限，可看出两州基层法官的职业年限主要分布于20年以上、10年至20年和5年至10年之间，5年以下的占比较少。研究人员在走访中发现，有的藏区基层员额法官30岁以下的人数为0，有的全院员额法官最小年龄为37岁。由此可知，目前四川藏区员额法官的年龄普遍偏大，30岁以下的员额法官占比非常小，年龄断层现象较为明显。当然，这与法官员额制改革实行后必然会提高入额“门槛”紧密相关，从某种意义上讲，现有员额法官有相对较长的职业年限和丰富的职业经验是好事情。但值得注意的是，这一情况也严重影响到了员额法官队伍的可持续发展。另外，现在的司法辅助人员都是统一向社会招聘，内地和其他发达地区的考生在考分上占优，容易被选拔上，但被分配到藏区工作后，由于地处偏远、条件较艰苦，收入较低，很难留住人才。很多司法辅助人员将到藏区工作作为跳板，考到法律职业资格证并积累了一定职业经验后，在规定工作年限届满时就选择离开，这也是导致藏区基层法官老龄化趋势和年龄断层情况严重的重要因素。

就以上问题，并结合实地走访信息反馈，研究人员建议，在遴选员额法官的时候应适当考虑年龄因素，对每个年龄段的员额法官名额进行合理分配，使法官队伍年龄梯度更趋合理，可持续性问题得以保障。在选任司法辅助人员的时候，以划分不同分数线等方式，适当向藏区本地人才倾斜。藏区人才更熟悉当地风俗习惯和语言，更便于与当地群众沟通交流，更容易扎根藏区、服务藏区，在经过一定时间的学习和历练后，更有可能成为藏区基层法院的优秀后备人才。

此外，考虑到年轻法官由于职业年限相对较短，审判经验相对不足等，可以采取以老带新、结对帮扶的形式，在考虑年龄的同时，充分保障实务工作质量。结合案件繁简分流的司法实践模式，可以让年轻法官承担相对多的简单案件审判工作，资深法官承担相对多的复杂疑难案件审判工作，以此实现基层法官队伍梯队建设，有效解决法官队伍断层和工作质量之间的结构性矛盾。此外，针对藏区基层优秀法官相对紧缺，新晋员额法官后备力量不足等现象，可适当增加员额法官名额的预留，经验丰富的员额法官可以从司法辅助人员中择优培养接班人，鼓励他们努力学习，积极实践，早日入额。

(2)法官离职倾向凸显。

近年来，四川藏区基层法官离职倾向日益明显，为了探究四川藏区法官思想状况，分析其产生离职倾向的原因，调查问卷对是否有离职想法和如果离职后的去向设置了问题(第10题、第11题)，研究人员在实地走访中也充分听取了员额法官的意见和建议。问卷调查情况如表3、图13、图14所示。

表3　两州基层法官离职想法数据

地　域	经常有	偶尔有	几乎没有	从来没有
阿坝	44%	21%	23%	12%
甘孜	34%	27%	28%	11%

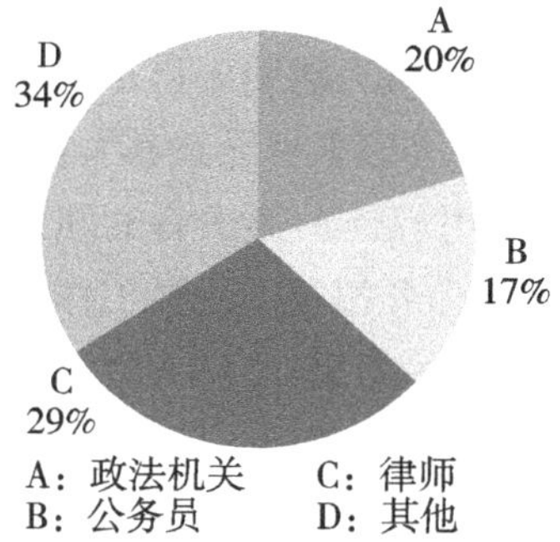

图13　阿坝州基层法官离职设想数据

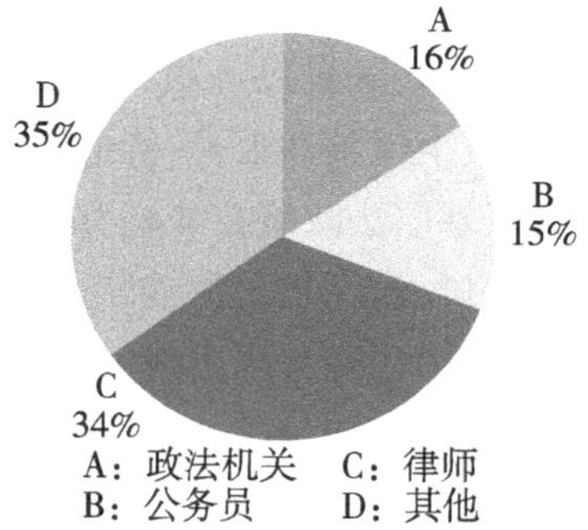

图14　甘孜州基层法官离职设想数据

数据显示，四川藏区基层法官队伍存在相当数量的离职想法，其中“经常有”和“偶尔有”的占比阿坝州和甘孜州分别高达65%和61%。同时，有离职倾向的法官在离职后多数会选择从事其他政法机关工作、公务员工作、律师工作和其他工作，其中选择“律师”和“其他”工作的比重总体更大。通过问卷数据，并结合实地走访分析发现，导致四川藏区基层法官离职的主要原因有以下几点：

①工作任务繁重。

首先，虽然藏区基层法官的人均办案数比内地或沿海地区少得多，但各种藏区特殊因素导致了员额法官实际人均工作量较大，且藏区各市县基层法官之间的办案量也有较大差别。一方面，四川藏区多实行的是“以岗定额”而非“以案件数定额”的员额制度，这是充分考虑到该地区与内地和沿海发达地区案件数量差异巨大的客观因素所制定的政策。但即便是藏区，由于地域差异，案件数量也存在较大差异。法官员额制改革后，有的离内地较近的藏区基层法院由原来的40多名办案法官锐减至18名员额法官，而随着藏区经济的发展，案件数却在逐年递增，有的法院从2016年全院300件至400件案件上升到2018年的600件至700件。在员额法官人数锐减的情况下，案件数却成倍增长，这导致分摊到每位员额法官手上的案件数成倍增长。另一方面，在一些更偏远的藏区，案件总数仍较少，法官员额制改革后，有的法院从以前的13名办案法官变为11名员额法官，法官的工作量基本没有增加。在个别藏区甚至还出现了法官一年办两件案件却拿到了2万多元的绩效奖金，这显然是不太合理的。对此，研究人员建议，可以考虑在四川藏区推行“以岗定额”和“以案件数定额”相结合的方式，既充分考虑到四川藏区基层法院的总体案件数量，又体现出藏区各市县之间的实际差异。

其次，四川藏区的案件总数虽不如内地或沿海地区，但办案成本（人力和物力）却较高，“一审、一助、一书”的比例在绝大多数藏区基层法院无法达到，有的法院甚至出现了个别庭室仅有庭长一人的“光杆司令”现象，大量司法辅助人员的工作只能由员额法官承担。这是由于藏区地方财力有限，缺乏足够经费支付公开招聘的司法辅助人员的相关工资、津贴等，另外，司法辅助人员系对外公开招聘，藏区生活条件艰苦、待遇相对较低、晋升空间小等因素也导致其大量流失。有些藏区基层法院所在地是“国家级贫困县”，地方财政连员额法官的绩效都难以全额兑付，何况是司法辅助人员。所以，有的法院公开招聘书记员工作至今无法开展，有的法院甚至出现没有一名正式在岗书记员的情况。

再次，由于四川藏区普遍缺乏专业的律师队伍，有的县市仅有的几位律师也都是政法编制的公职律师，律师队伍的缺失导致员额法官需要承担大量和当事人及家属进行沟通、解释的工作。

最后，四川藏区基层法官还承担着大量维稳、扶贫等“中心工作”任务，普遍感觉分身乏术。

对此，研究人员建议，在计算四川藏区基层法官工作量和绩效时，应充分考虑上述特殊情况，不能把工作量和案件数量简单画等号，要让案件的特殊性作为变量在评估体系中占有相应权重。当地党委和政府在安排各项“中心工作”时应充分考虑到法官司法工作的安排，适当采取轮班制、轮休制，尽可能不影响正常的审判工作。此外，可将法官承担的“中心工作”算作加分项，适当在绩效中予以体现。加快加强藏区律师队伍建设，鼓励内地律所到藏区开办分所，让律师成为法院和当事人之间的桥梁，疏解法官办案压力，提升其办案的效率和效果。

②员额法官责任重大，却压力过大。

司法改革之后实行的法官“案件终身负责制”无疑使藏区基层法官像戴上了“紧箍咒”。藏区员额法官普遍入职门槛较低，通常只需拿到法律职业资格C

证，加之随着经济社会发展以及与发达地区接触的日渐频密，案由越来越多，案件越来越复杂，藏区员额法官需要一定时间的学习、培训、实践来逐步适应新的挑战。但"案件终身负责制"使一些法官望而却步，不少资深法官不得以选择了不入额，甚至产生离职想法。这种责任追究制度的设立初衷当然是好的，但在追责时除了要充分考虑导致错案的主客观因素外，还应有专门的组织机构（如法官惩戒委员会等）进行审查，给出让人信服的调查结果。此外，一些基层法官反映，诸如庭审直播、文书上网及科技法庭等考核指标也对其工作造成了较大困扰。为了避免出现问题，本就"身兼数职"的藏区员额法官还要亲自审核大量的法律文书、校对文字。毫无疑问，庭审直播、文书上网以及科技法庭的要求是我国逐步走向法治的必由之路，但考虑到藏区的特殊情况，是否可以考虑渐进式的分阶段改革实践也是值得考虑的。

③现有绩效考评指标没有充分考虑藏区的特殊性。

研究人员在走访中发现，有的藏区基层法院在绩效考核时，未能充分考虑地区特殊性，个别考核指标设置不尽合理，给员额法官造成了困扰，影响了其工作积极性，这也成为影响藏区基层法官队伍稳定性的一个重要因素。具体问题如下：

a）办案数量指标考评问题。

在办案数量指标方面，除由于前文提及藏区特殊性导致的藏区基层法官实际办案工作量较大之外，这里主要就案件标的额与案件具体分配之间的关系等进行分析阐述。

就案件标的额而言，藏区整体经济不发达，涉案标的额普遍相对较小，这就容易导致绝大部分案件的审理工作都落在了基层法院。笔者认为，考虑到藏区的特殊性，可以适当下调藏区基层法院收案案件标的额的数额标准。

研究人员在走访中还发现，藏区基层法院在案件分配上，有行政职务的员额法官在分案比例上要小于没有行政职务的员额法官。当然，这一做法是为了最大限度保障具有行政职务的法官能够兼顾审判业务和行政事务。但与内地和沿海地区不同的是，藏区员额法官总数偏少，且没有行政职务的员额法官数偏少，这就容易造成少数没有行政职务的员额法官分配到了多数案件，而多数有行政职务的员额法官仅分配了少数案件的"倒金字塔"现象。我们认为，藏区可根据各基层法院的具体人员比例，适当浮动分案比例，尽量兼顾各类员额法官的实际工作量。

b）办案质量和效果等指标考评问题。

办案质量和效果指标考评主要包括发改率、服判息诉率、实际执结率等。研究人员在走访中发现，藏区基层法官对服判息诉率指标的质疑相对较多。

首先，藏区基层法官全年的办案总数与内地或沿海地区法官相较要少很多。其次，由于藏区维稳需要及民族习惯等原因，大量案件都是通过调解、和解等方式来解决，有的基层法院民事案件调解率达 80% 以上，真正裁判的案件相对较少。换言之，藏区基层法院服判息诉率的计算基数（分母）很小，相较于其他地区，在有相同数量上诉案件（分子）的情况下，藏区基层法院的服判息诉率指标表现会较差。而随着经济的发展和当地公民法律意识的增强，上诉案件必将越来越多，这对藏区基层法官造成了较大心理负担。藏区基层法官普遍建议调整甚至废除服判息诉率的考核，更多地以发改率等指标进行考核。

此外，法官们对科技法庭的考核指标意见也较为集中。首先，在硬件设施方面，藏区基层法院要远滞后于内地和沿海地区，如果“一刀切”地要求将科技法庭作为考核指标，实有“巧妇难为无米之炊”的困难。其次，科技法庭对员额法官也提出了新的、更高的要求，他们也需要时间来逐步提升、逐渐适应。另外，一些藏区群众对庭审公开等也存有抵触情绪，不愿配合。我们建议，可以根据藏区实际情况，适当减少诸如科技法庭等指标的权重，逐年、逐步提升其权重，充分给藏区基层法官缓冲、适应新设备、新制度的时间和空间。

c）办案效率指标考评问题。

办案效率考评指标主要包括收结案均衡率、法定审限内结案率、长期未结案数、平均审理（执行）效率、当庭裁判率等。研究人员发现，首先，四川藏区地广人稀，交通、通讯欠发达，加上有“虫草季”和“松茸季”等季节性因素和大型基础设施建设集中开工、阶段性施工等因素，法院收案数难以均衡，结案数就更难保障了。其次，藏区案件更讲求社会效应，注重调解和撤诉，有的维稳案件可能客观上无法保障在法定审限内结案，这些都影响了相关考核指标的公正和公平性。此外，由于各种历史、地理等因素，藏区在一些刑事案件中还存在公安、检察人员业务能力相对欠缺的情况，案件的补侦情况较为突出，这也导致了办案周期的延长。就此，藏区各地基层法院在制定相关考核指标和细则时，可以灵活处置，将调解结案、撤诉的案件和在公告期的案件等排除后再计算结案率。

④绩效待遇问题。

按照相关规定，司法改革后员额法官的收入应高于同级地方公务员 50%。但是，这一计算的基础尚不明确，实际操作中大都是按地方公务员的平均工资为基数计算的。结果，一些资深法官本来收入就已经比地方同级公务员高，计算后，他们的收入实际涨幅仅 20% 左右，相较年轻员额法官的增幅偏小太多。另外，这一待遇在藏区基层法院很难实际兑付。藏区与内地和沿海地区不同，大都属于“老少边穷”地区，藏区基层法院很多地处国家级贫困县，地方财政紧张，无力全额保障这部分经费。截至 2018 年 8 月，有的藏区基层法院上半年 40% 的绩效奖金发放工作还未启动预算,绩效奖金更无从落实。研究人员建议,在核定绩效时可考虑统一标准,将同级别公务员的平均工资作为核算基础更为合理。另外,考虑到地区财力拮据的实际,主管部门可考虑商同财政、社保等部门,将员额法官和司法辅助人员的部分经费和绩效考核奖金等纳入省级财政预算予以保障。

⑤员额法官的进入、退出机制尚不健全。

首先,就入额机制而言,由于对性别没有设置任何限制,女性法官相较男性法官考试成绩往往更好,这就导致了一些藏区基层法官男女比例失调,有些法院一个庭室全是女法官。这种情况对于藏区基层法院的工作带来了较明显的负面影响。藏区是少数民族聚居地,地广人稀,加上交通、通讯欠发达等因素,很多时候需要法官送法下乡——送达、调查、调解、开庭等。此外,藏区还有较繁重的维稳、扶贫等中心工作任务,加之藏区人民群众法律意识相对淡薄,律师队伍缺乏,案件审理过程中法官承担了较重的沟通、解释、协调等工作,女性法官承担此类工作相较男性法官更为吃力。

其次,如前文所述,四川藏区员额法官年龄断层情况较为严重,且定额后,司法辅助人员晋升渠道狭窄,在一定程度上影响了一线历练了多年的优秀年轻人才的积极性,也间接加重了法官队伍断层现象。

最后,员额制改革前,四川藏区基层法院遵循职级并轨原则,在阿坝、甘孜州等地执行的是正科级满 10 年,退休后享受副县级待遇。但是员额制改革之后,员额法官只有评上了四级高级法官,退休后才可以享受副县级待遇,否则,退休后则面临着无法根据职级并轨享受副县级待遇的窘境。这让很多想“让贤”的老法官不敢“让贤”,只能持观望态度,年轻人才又因为没有员额指标而看不到希望。同时,一些达到退休年龄的法官的待遇却低于了员额制改革之前能够享受的待遇。解决这一困境,同样需要上级主管部门与组织部门、财政部门、社保部门共同研究如何将法官员额制与职级并轨制有效衔接。

2. 法官职业保障机制

研究人员就收入情况、收入满意度、人身保护、文化建设、工作对身心影响、心理辅导、工作与家庭生活、休息保障等与员额法官息息相关的职业保障问题展开了调查(第 12 ~ 19 题)。调研内容主要涉及收入保障、安全保障、健康保障三个方面,力求全面反映四川藏区基层法官的职业保障和身心现状。

(1)收入保障问题,结合“您目前的收入情况(含五险一金、补贴、奖金等)”问题分析,“每月 20,000 元以上”“每月 10,000 ~ 20,000 元”“每月 5000 ~ 10,000 元”“每月 5000 元以下”,阿坝州基层法官的占比分别为 1%、10%、81% 和 8%;甘孜州对应数据则为 1%、24%、73% 和 2%。可见,两州基层法官的月收入主要集中于 5000 ~ 10,000 元之间。对此,阿坝州基层法官的满意度分别为

“非常满意”占比8%，“比较满意”占比49%，“不太满意”占比35%，“很不满意”占比8%；甘孜州的对应数据分别为8%、54%、34%和4%，如图15、图16、图17、图18所示。

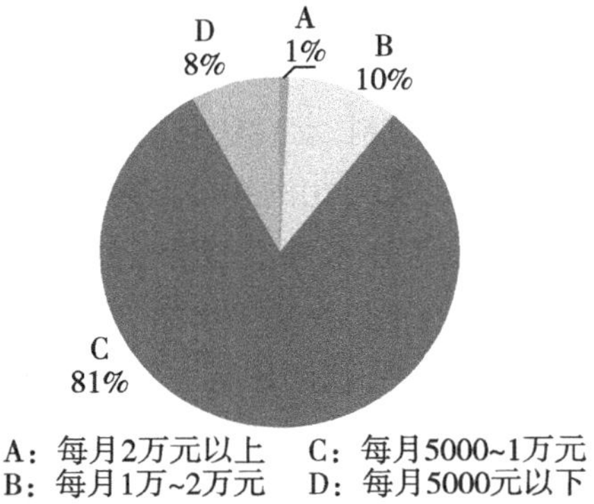

图15　阿坝州基层法官收入情况数据

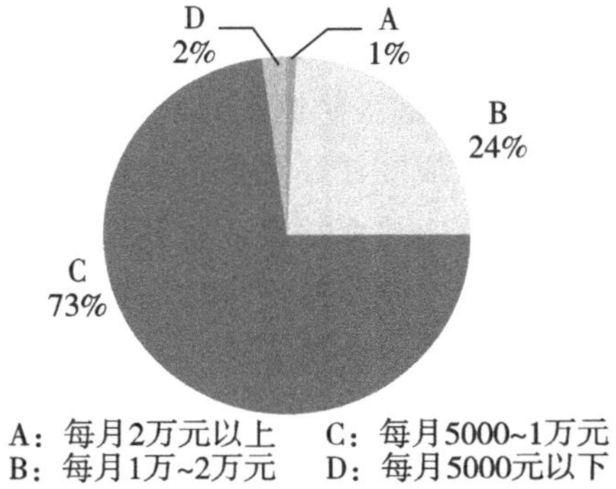

图16　甘孜州基层法官收入情况数据

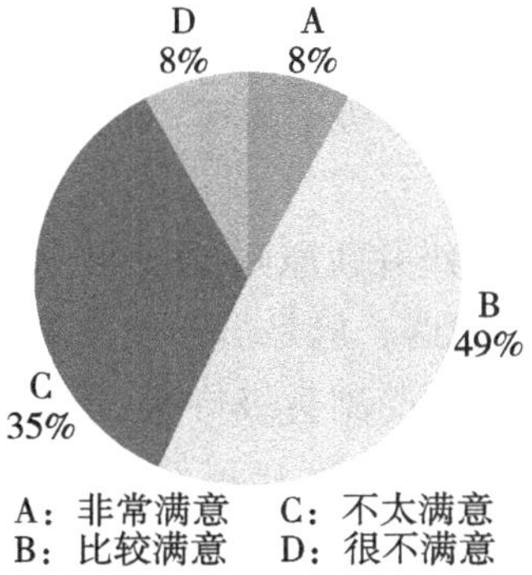

图17　阿坝州基层法官收入满意程度数据

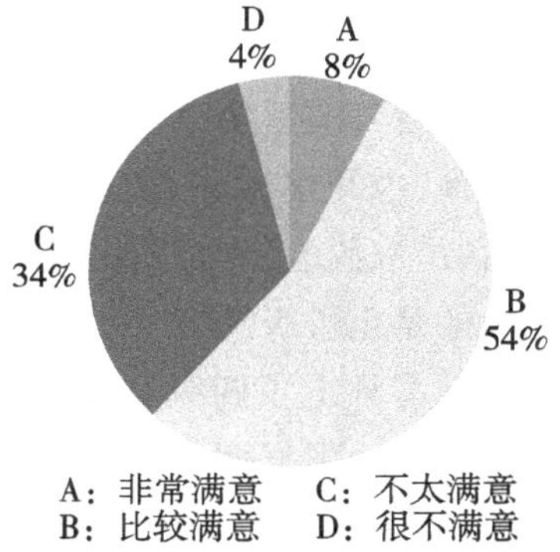

图18　甘孜州基层法官收入满意程度数据

总体来看，藏区基层法官对其收入水平是比较满意的，但分别还有35%和34%的法官表示“不太满意”，8%和4%的法官表示“很不满意”。研究人员认为，这一方面是由于藏区的生活成本并不低于内地，另一方面是由于待遇兑现度较低所导致的。这就要求一方面要尽可能考虑到藏区基层法院人员配比不足、办案条件相对较差，办案成本较高，其他中心工作任务繁重等实际情况，适当提高藏区基层法官收入（如以高原补贴等形式来进行适度提升）；另一方面，如前文所述，要尽力保障员额法官的绩效发放和职级待遇等。

（2）安全保障问题，结合“您如何评价所在法院对法官人身安全的保护力度?”的问题分析，阿坝州基层法官人身安全保障力度“很大”的占比16%，“较大”的占比42%，“较小”的占比36%，“完全没有”的占比6%；甘孜州对应数据分别为11%、35%、47%和7%，如图19、图20所示。

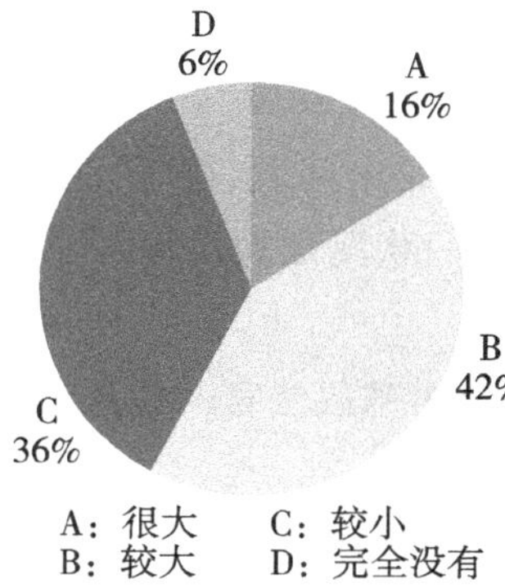

图 19　阿坝基层法官安全保护力度数据

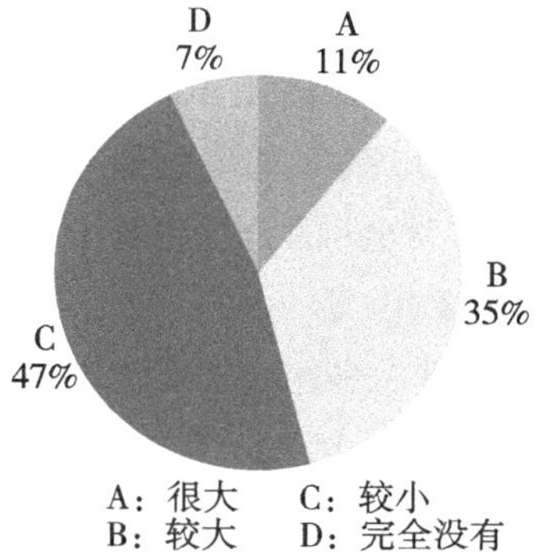

图 20　甘孜基层法官安全保护力度数据

以上数据表明，两州在基层法官人身安全保障方面尚有较多漏洞。研究人员在走访中发现，由于藏区群众的法律意识相对淡薄，对于法院依法公正的裁决仍有不能理解、无法接受的情况。有的案件结案数年后，当事人及家属见到法官还有打骂、吐口水、人身威胁等言行，有的人还扬言要跳楼自杀。加之藏区律师很少，很多时候需要法官直接面对当事人及家属进行沟通、解释，有的案件还因牵涉民族甚至宗教问题而变得十分棘手，导致法官疲于应付。

研究人员认为，除了充实基层法院的司法警力，加强与当地公安机关的协作外，还可如前文所述，邀请通晓当地语言、宗教文化、风俗习惯的社会人士参与案件的沟通与解释工作。同时，加强藏区律师队伍建设，让律师成为藏区基层法官和当地群众沟通的有益桥梁。

（3）健康保障问题，为了深入了解四川藏区法官的身心健康状况，研究人员对他们的身体和心理健康两个方面进行了调查研究。

①身体健康方面。为了解四川藏区基层法官的健康状况，调查问卷设置了题目“您是否会因为工作上的事情而感到身心不适？”，如图 21 所示。

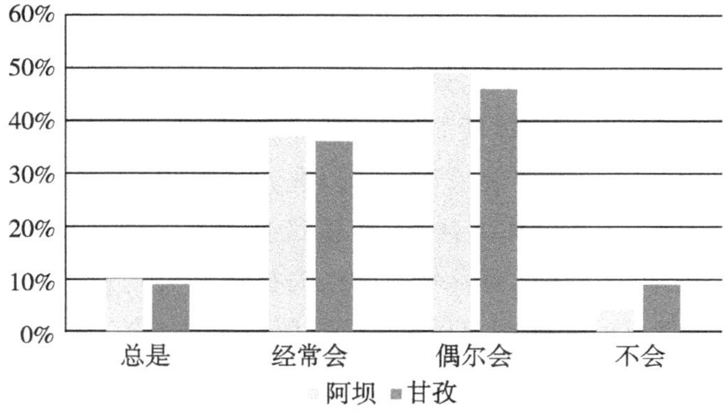

图 21　阿坝州、甘孜州藏区基层法官因工作感到身心不适数据

阿坝州的数据显示，“总是”占比10%，“经常会”占比37%，“偶尔会”占比49%，“不会”占比4%；甘孜州对应数据分别为9%、36%、46%和9%。由此可见，四川藏区基层法官存在较为严重的身心健康问题，身心不适的“总是”和“经常会”的合计占比将近50%，而导致这一状况出现的原因主要来自其法官工作。

为了进一步探究法官健康保障问题，研究人员对基层法官的休息保障情况进行了调研，如图22、图23所示。

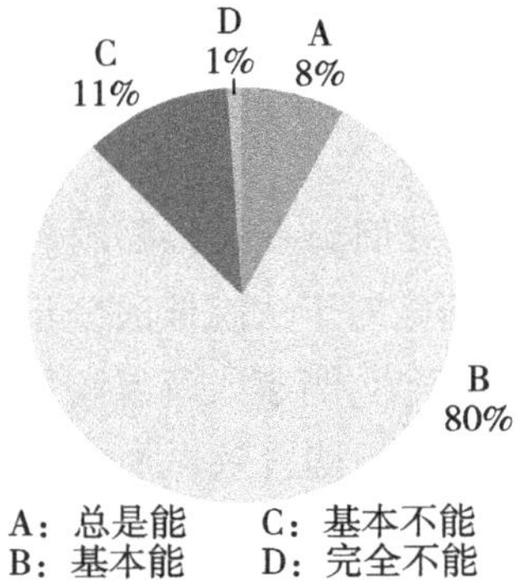

图22 阿坝州基层法官休息权利保障数据

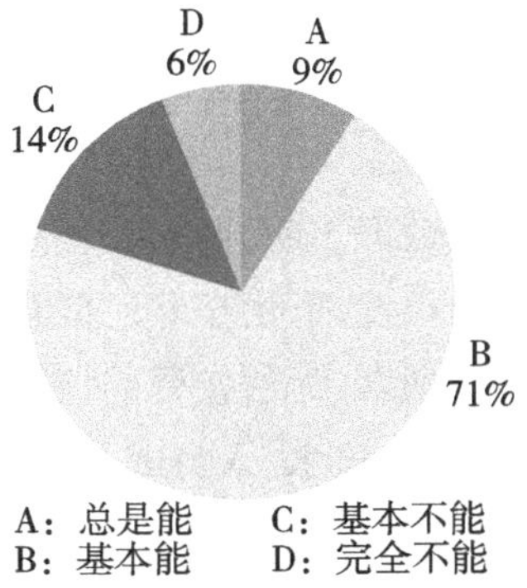

图23 甘孜州基层法官休息权利保障数据

关于“法官休息权利能否得到保障”的问题，阿坝州基层法官的调查数据显示“总是能”占比为8%，“基本能”占比为80%，“基本不能”占比为11%，“完全不能”占比为1%；甘孜州对应数据分别为9%、71%、14%和6%。这说明，法官的休息权益，特别是在四川省推行强制休假制度后，是基本能够得到保障的。研究人员在实地走访中发现，导致藏区基层法官出现身心不适或处于亚健康状态的主要原因有如前文所述的职业伦理学习不够、法院文化建设较弱、业务培训不足、人员配比不够、晋升渠道狭窄、进出机制不健全、工作任务繁重、安全保障缺失等。此外，由于四川藏区存在生产、生活等季节性因素以及法院收案不均衡等特殊性，如果休假制度不能顾及这些特殊因素，即便让法官强制休假，也会出现为休假而休假，反而影响了手中工作等问题——休假时仍然要为工作挂心，休假效果不佳。研究人员建议，在考虑藏区基层法官休假制度的时候，应关注其特殊性，给藏区基层法官一定的选择自由。另外，也有藏区基层法官建议每一年或两年安排他们到内地医疗条件更好、医生业务水平更高的医院进行年度体检，避免由于条件有限而贻误病情情况的发生。

②心理健康方面，通过“法官工作是否会影响到您的家庭生活？”的问题

分析，可以折射出藏区基层法官的生活和工作之关系的互斥现象，如图 24、图 25 所示。

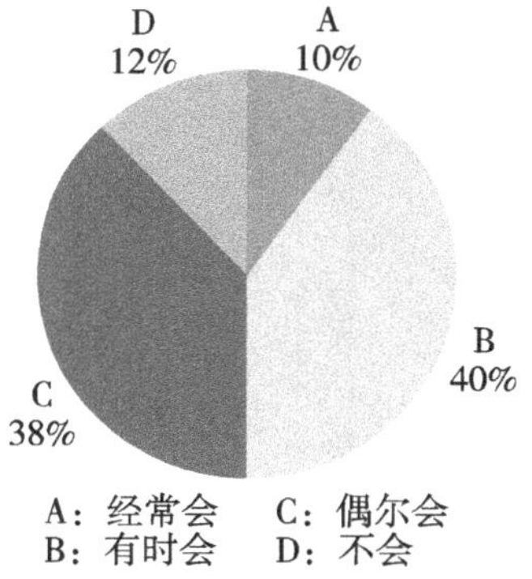

图 24　阿坝州基层法官工作对家庭影响数据

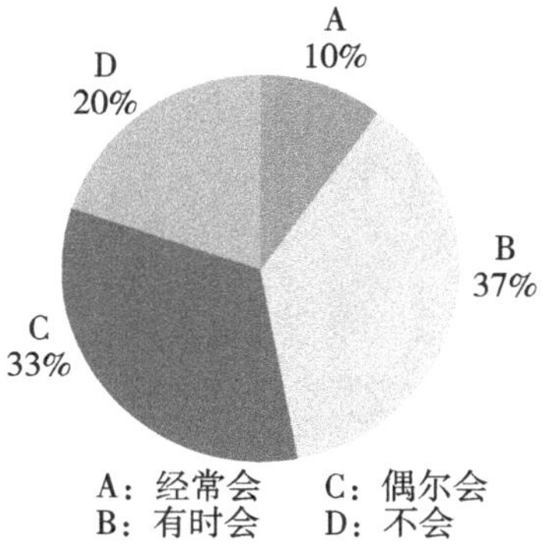

图 25　甘孜州基层法官工作对家庭影响数据

关于工作是否影响生活问题，阿坝州基层法官认为“经常会”与“有时会”的合计占比为 50%，甘孜州基层法官的合计占比则为 47%。这充分说明法官的工作压力和面临的困难已经传导并影响到其正常的家庭生活，这无疑是十分危险的现象。

为了进一步探求四川藏区基层法院对法官的心理疏导力度，研究人员调查了藏区基层法院在心理疏导和文化建设的工作情况，如图 26、图 27 所示。

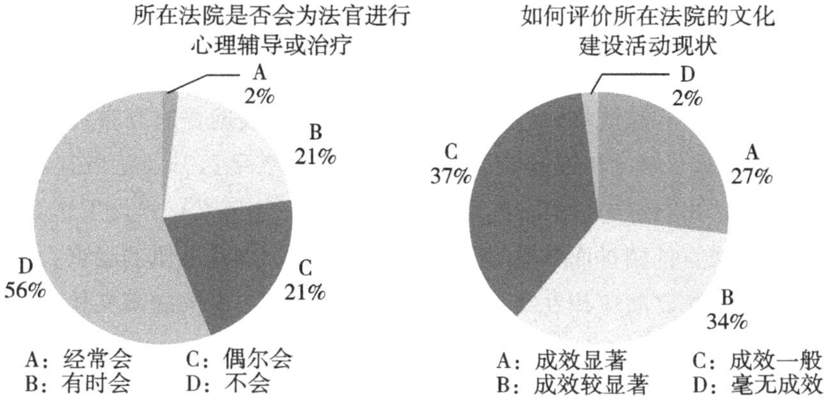

图 26　阿坝州基层法院心理疏导及文化建设数据

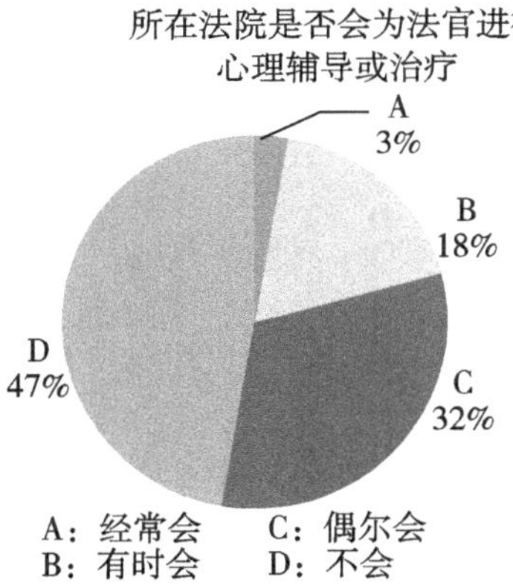

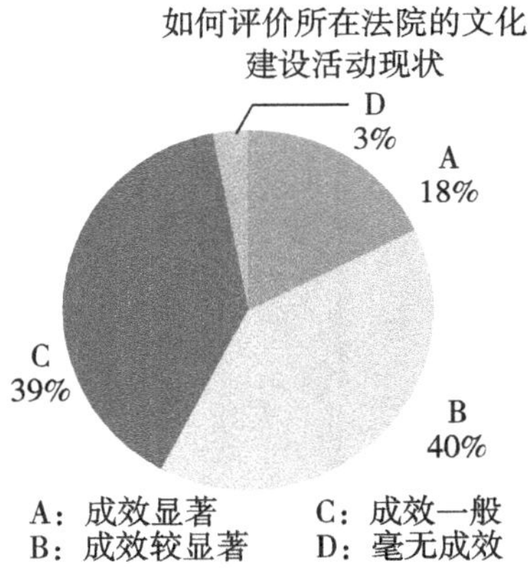

图 27　甘孜州基层法院心理疏导及文化建设数据

结合“所在法院是否会为法官进行心理辅导或治疗”的问题分析，阿坝州“经常会”的占比为2%，“有时会”的占比为21%，“偶尔会”的占比为21%，“不会”的占比为56%；甘孜州的对应比例分别为3%、18%、32%和47%。而针对“如何评价所在法院的文化建设活动现状”问题，阿坝州基层法官认为“成效显著”的占比为27%，“成效较显著”的占比为34%，“成效一般”的占比为37%，“毫无成效”的占比为2%；甘孜州的对应比例分别为18%、40%、39%和3%。基于以上数据，并结合实地走访的情况，研究人员认为，各藏区基层法院对法官的心理疏导和治疗工作还有进一步提升的空间，各院可考虑将心理疏导、治疗等工作制度化、常态化，并与该院的文化建设工作相结合。具体而言，可以定期邀请心理专家或医生为法官们开设讲座，一对一交流，利用在线平台提供心理疏导和治疗等。此外，在法院文化建设方面，两州的问卷数据普遍反映较好，但与研究人员实地走访了解的情况还有距离。具体来说，各藏区基层法院还存在法院文化建设两极分化较严重的现象，而根据调查表明，法院文化建设工作做得好的基层法院，其法官的精神面貌更好、工作积极性更强、法官队伍的凝聚力也更强。据此，藏区各法院之间应相互学习、借鉴，更好地促进本院的法院文化建设工作。

三、结尾

综上所述，研究人员认为，四川藏区基层法官的队伍建设，应以培养“三业法官”为目标，以“四化原则”为指引。

“三业法官”是指“爱岗敬业、审判专业、安居乐业”的法官；“四化原则”是指在制定相关政策和法官队伍建设中，力求做到“线上线下一体化、培训学习体系化、考评考核本土化、薪酬待遇差异化”。

“线上线下一体化”要求注重将互联网和高科技手段运用到法院文化建设和双语法官培养等工作中去；“培训学习体系化”要求构建培训前需求调研、培训中双向互动、培训后报告交流的体系化机制；“考评考核本土化”要求在制定有关考核考评指标时，关注四川藏区存在的特殊生产生活季节、工作设施设备条件相对落后、藏区法院案件基数较小且收案难以均衡等因素，做到“因地制宜”；“薪酬待遇差异化”要求考虑到藏区生活成本较高、气候条件恶劣、维稳扶贫等“中心工作”任务繁重、司辅人员配比不足等特殊情况，适当提高藏区基层法官的待遇。此外，因藏区各县市普遍存在地方财政困难的情况，需上级主管部门会同组织人事、财政、人社等部门共商协力解决藏区基层法官薪酬待遇发放不及时、不到位的问题。

An Empirical Study on the Construction Mechanism of Grass-roots Judges in Sichuan Tibetan AreasAn Empirical Study on the Construction Mechanism of Grass-roots Judges in Sichuan Tibetan Areas

Li Kai　Huang Ting

Abstract: Empirical research on team construction of the judges in Tibetan basic people's court, as well as the related countermeasures and suggestions, can not only strengthen the team construction of the judges in Tibetan basic people's court, but also provide reference for team construction of the judges in other ethnic minority areas in China. This can finally promote the progress of the rule of law in ethnic minority areas in China, and serve effectively in the work of poverty-alleviation and economic construction. The research shows that, insufficient professionalism, low occupation positivity, uneven case handling efficiency, and the lack of team cohesion are the most prominent problems. Therefore, a work guide should be constructed to cultivate judges that "love and devoted to work, possess professionalism in judgments, live and work in contentment", accompanied by guidelines that "integrate on-line and off-line resources, systematize training and education, localize evaluation and assessment, differentiate salary and welfare". These measures are believed to push forward the team construction of the judges in Tibetan basic people's court.

Key words: sichuan tibetan areas　judges in basic people's court　team construction

公平竞争审查制度的实证分析与进路优化*

■ 罗 娟**

［内容摘要］ 制度实践必然伴随制度困境，走出困局势必需拟定制度优化方案。公平竞争审查制度在我国生长的时日不长，而地方局部调研分析结果却显现了突出的制度实践难题，集中于适用对象之存量政策的公平竞争性质、增量政策的审查程序、审查后绩效评估体系等层面。究问其根，与地方政府对政策的选择性执行、政府声誉与民众信任度、地方政府经济增长手段受抑制密切相关。经由优化判断标准、性质判定模式、审查方式、审查主体与制度实践效果监督形式等因子，或许是优化公平竞争审查制度实施路径的方略，或可实现公平竞争审查制度的法治化。

［关键词］ 公平竞争审查制度 存量政策 增量政策 成本收益 优化

* 基金项目：四川省科技厅软科学研究项目“市场体系建设中公平竞争审查制度实施路径实证研究——以科技创新政策的公平竞争审查为中心”（2018ZR0352）。

** 罗娟：法学博士，西华大学法学院讲师。

一、问题的缘起

改革开放四十年,我国法治建设取得了丰硕成果,尊享经济宪法地位的《反垄断法》也实施了十年,而公平竞争审查制度作为"放管服"改革推进中规制行政垄断的新制度,设立于我国市场经济转型期,党的十九大部署全面实施市场准入负面清单,增强市场活力,建构并完善公平竞争的市场机制。政府着力于发展社会主义市场经济,但市场上的排除、限制竞争行为仍屡禁不止,成为我国经济转型的绊脚石。公平竞争审查制度作为党中央协调政府与市场关系的顶层制度设计,针对政府干预过多或监管不到位领域,对我国经济体系改革起重大指导作用。①

公平竞争审查是指竞争监管机构或其他机构通过分析、评价拟定中(或现行)的法律法规和政策可能(或已经)产生的竞争影响,提出不妨碍法律法规和政策目标实现而对竞争损害最小替代方案的制度,②也即审查已出台或即将出台的法律法规、政府政策是否公平,判断其是否存有破坏市场竞争秩序的条款,并及时采取措施,以破除行政垄断、营造干净的市场环境。为完善公平竞争审查制度,解决前期制度实践中显现的问题,国家发改委、国务院法制办等五部门于2017年末联合印发《公平竞争审查制度实施细则(暂行)》(以下简称《实施细则》),就公平竞争审查制度的审查程序、审查标准、社会监督和责任追究作出细致规定。然而,存量政策公平竞争性质的判断、增量政策审查程序、绩效评估体系等在实施过程中产生的困境,一度使地方政府实陷入制度危机。

市场经济国家几乎都存在类似制度,西方学者对这一制度早已有所关注,将之称为竞争评估机制(Competition Assessment)。经济合作与发展组织(Organisation for Economic Co-operation and Development,OECD)将竞争评估的对象确定为"laws and regulations",并制定了一套评估机制以指导各成员国的竞争评估行为。"创新"要素在国外竞争评估机制中占据核心地位。欧盟委员会总干事 Johannes Laitenberger 在布鲁塞尔会议上解释了创新在竞争评估中所扮演的效率和反威胁双重角色。③ Rachel Brandenburger 详细分析创新在竞争评估中不可或缺的作用。④ 在竞争评估机制的具体适用形式上,David T. Scheffman

---

① 国务院《关于在市场体系建设中建立公平竞争审查制度的意见》(国发〔2016〕34号)的出台,标志着我国正式确立"公平竞争审查制度"。

② 参见孙晋、袁野:《论公平竞争审查在我国政府采购领域的适用》,载《湖北行政学院学报》2016年第5期。

③ See Johannes Laitenberger, "CRA Annual Brussels Conference: Competition and Innovation", Dir.-Gen. of DG Competition, 2015, http://www.docin.com/p-1512126131.html.

④ See Rachel Brandenbuger, Logan Breed, Falk Schöning, "Merger Control Revisited: Are Antitrust Authorities Investigating The Right Deals?", *in Antitrust*, Vol. 15, No. 2, 2017, p. 32.

和 Mary Coleman 阐述了竞争评估的常用方法，即定量分析和实证分析结合法，运用该方法并结合单边效应理论和单边模型问题对合并的潜在竞争效应进行评估，将对市场将产生积极影响。① 就竞争评估机制的绩效评估方法，William E. Kovacic 比较了竞争机构的两种绩效衡量形式，即评价产出贡献和评价过程，得出事后竞争评估是竞争政策部门提高绩效的合理方式。② 此外，Claus-Dieter Ehlermann 考察了国家援助控制制度（State Aid Control）在欧盟的实施情况，指明独特性、合宪性、自然垄断性等制度因素是其运行关键，先评估再援助是其必需程序，重申严格的国家援助控制是国内市场有序竞争的基本要素并提出了国家援助控制司法化问题。③

国内学者聚焦公平竞争审查制度进行深入探讨。黄勇等人以竞争政策作为研究视角，分析了公平竞争审查制度在处理政府与市场关系中起到的重要作用。④ 侯璐指出了我国公平竞争审查制度的缺陷，并设计了一套包括立体结构、操作标准、模式选择在内的完善的制度框架结构。⑤ 刘继峰教授阐释了公平竞争审查制度在规制范围和方法上的创新，但也指明了实施机制存在的程序形式化问题。⑥ 朱凯借鉴了国际经验并结合我国国情，提出建立以政策制定机关自查为主、反垄断执法机构监督指导为辅的公平竞争审查制度。⑦ 时建中教授提出，确保公平竞争审查制度向前推进的最佳方案是将公平竞争审查审查制度写入《反垄断法》。⑧ 张守文教授从经济法视角探寻审查主体及其审查权的配置和行使层面存在的问题和解决路径，将公平竞争审查制度解读为一个“大制度”，肯定其重大价值。⑨ 王晓晔教授认为，公平竞争审查制度与规制行政垄断关系密切，引入公平竞争审查制度不仅在于规范政府不合理的限制竞争行为，更有必要促使修订《反垄断法》中行政垄断的规定。⑩

---

① See David T. Scheffman, Mary Coleman, “Quantitative Analyses of Potential Competitive Effects From A Merger”, *George Mason Law Review*, Vol. 20, No. 1, 2003, p. 323.

② See William E. Kovacic, “Using Ex Post Evaluations to Improve the Performance of Competition Policy Authorities”, *Journal of Corporation Law*, Vol. 12, No. 2, 2006, p. 506.

③ See Claus-dieter Ehlermann, “State Aid Control in the European Union: Success or Failure?”, *Fordham International Law Journal*, Vol. 15, No. 4, 1995, p. 1214.

④ 参见黄勇、吴白丁、张占江：《竞争政策视野下公平竞争审查制度的实施》，载《价格理论与实践》2016 年第 4 期。

⑤ 参见侯璐：《我国公平竞争审查机制的构建及其完善》，载《价格理论与实践》2016 年第 7 期。

⑥ 参见刘继峰：《论公平竞争审查制度中的问题与解决》，载《价格理论与实践》2016 年第 11 期。

⑦ 参见朱凯：《对我国建立公平竞争审查制度的框架性思考》，载《中国物价》2015 年第 8 期。

⑧ 参见时建中：《强化公平竞争审查制度的若干问题》，载《行政管理改革》2017 年第 1 期。

⑨ 参见张守文：《公平竞争审查制度的经济法解析》，载《政治与法律》2017 年第 11 期。

⑩ 参见王晓晔：《推动公平竞争审查 大力遏制行政垄断》，载王先林主编：《竞争法律与政策评论》（第 2 卷），上海交通大学出版社 2016 年版，第 4 页。

现有研究需要从以下维度进一步拓展:(1)现有研究多着眼于制度内容的补强,很少涉及对审查对象进行公平竞争性质判断的普适性标准,进而影响地方政府的执行绩效;(2)现有文献对公平竞争审查制度适用对象的分析较为模糊,而适用对象是确保制度实施要件之一;(3)制度建构亟待设计完善,尤其是审查中对各利益相关方的行为制约;(4)地方政府的实施动机与实施成本勾连,成本的高低及中央政府的惩罚压力致使两级政府展开博弈,影响制度实施绩效。因此,对地方现实情况进行"解剖麻雀"式分析有助于制度优化,也能更好地对制度问题作出回应。本文拟结合C市W区的实证调研情况,找寻公平竞争审查制度在地方实施的难点,剖析其背后的理论症结,进而提出优化方案。

二、公平竞争审查制度的调查问卷分析

位于我国西南地区的C市W区多种经济体并存,经济增长值逐年上涨,市场竞争主体众多,市场机制较为完善,GDP名列前茅,且W区作为该省公平竞争审查制度的试点区域,其实施情况具有代表性。因此,笔者选取C市W区作为重点调研对象,通过实地走访并进行问卷调查等方式,就公平竞争审查制度在C市W区的实施情况对各相关职能部门进行调研。其中,实地走访了W区发改局、工商局等职能部门,访谈及对数位一般工作人员、执法人员和部门领导进行问卷调查。问卷设计遵循李克特量表法,以多种陈述对公平竞争审查制度的不同侧面进行描述,每一陈述分设"非常同意""同意""不确定""不同意""非常不同意"五个选项,每一选项对应5、4、3、2、1不同分值。共计发放问卷200份,收回有效问卷174份,其中一般工作人员83份,执法人员62份,部门领导29份。通过对问卷调查进行分析,笔者发现C市W区落实公平竞争审查制度存在诸多难点,这些问题虽然在一个地方凸显,但问题的普遍性、散发性也见诸其他地方媒体报道,若任其肆意,很大概率将会演变为制度"毒瘤",进而危害整个制度的施行。笔者拟以小见大,以C市W区的情况为主要分析对象,以期窥探制度实施的普遍性问题。经笔者归纳,实施公平竞争审查制度可能存在的难点如下:

(一)适用对象之存量政策的公平竞争性质判断

笔者拟考察地方行政机关对公平竞争审查制度的理解程度,遂统计C市W区政策制定机关人员对公平竞争审查制度陈述的问卷的得分情况(总分为80分)。受调查人员分为单位领导干部、执法人员和一般工作人员三种类别,受调查人员对制度的理解程度分为高、中、低三种情形,其中得分为70~80分归入高理解度,表示受调查人员充分了解制度内涵并对制度的实施有相当深厚的认识;得分在50~70分的纳入中理解度,表示受调查人员大致了解制度内容,采取文本主义的实施策略,对复杂问题的处理仍表示困难;得分在50分以下的视为低

理解度，表示受调查人员只知制度的存在，不知制度内容，甚至完全不知制度为何物。笔者将问卷情况进行了统计，结果如表1所示。

表1

受调查人员类别	对公平竞争审查制度的理解程度		
	高（70～80分）	中（50～70分）	低（50分以下）
单位领导干部	20人	9人	0人
执法人员	24人	34人	4人
一般工作人员	6人	21人	56人
合　计	50人	64人	60人

从纵向层面分析，仅有50位受调查人员对公平竞争审查制度的理解程度呈高级水平，占总人数的28%，而人员类别主要由单位领导干部和执法人员组成，一般工作人员分量很少；64位受调查人员的理解程度属于中级，占总人数的37%，以执法人员的基数最大；60位受调查人员的理解程度位于下级，占比为23%，此项几乎全由一般工作人员这一类别构成。从横向维度看，单位领导干部对公平竞争审查制度的理解程度呈中高级水平，说明领导干部对制度的重视程度偏高；大多数执法人员对公平竞争审查制度的理解程度呈现中级水准，因执法是最具实践意蕴的环节，执法人员对制度的理解程度决定了执法绩效，也与执法人员的职务要求相契合；而一般工作人员对公平竞争审查制度的理解位于中低级水平，多数表现为"只知其名，不知其为何物"的情景。此外，笔者还发现，被调研机关存在执法部门的工作人员将治理市场主体垄断行为的经济垄断与公平竞争审查制度下的事前预防性质的行政垄断相混淆的现象。

正是由于政策制定机关人员对公平竞争审查制度的理解程度参差不齐，且大多呈中低水平，致使在审查数量浩瀚的存量政策时，无法准确判明存量政策的公平竞争性质。根据国务院《关于在市场体系建设中建立公平竞争审查制度的意见》（国发〔2016〕34号）的规定，公平竞争审查对象为效力层级较低的规章、规范性文件和其他政策措施领域。① 从法律位阶的角度看，公平竞争审查的法规规章和政策的位阶次于宪法、全国人民代表大会制定和修改的基本法律以及全国人大常委会制定和修改的法律，位于第四及以下位阶，属于各级人民代表大会和行政机关都可制定的数量庞大的法律规范性文件。这类规范性文件具有体

① 国务院34号文件关于审查对象的原文规定为"行政机关和法律、法规授权的具有管理公共事务职能的组织制定市场准入、产业发展、招商引资、招标投标、政府采购、经营行为规范、资质标准等涉及市场主体经济活动的法规规章、规范性文件和其他政策措施"。

量巨大、制定主体众多、制定时间无规律、或存在冲突等特征,为维护法律的稳定性和权威性,完善中国特色社会主义法律体系,理应对此类法律规范性文件进行公平竞争审查。

公平竞争审查制度与市场主体反垄断分列为竞争政策的两大分支,前者针对以政府为代表的行政机关,后者主要规制以公司企业为主的一般市场主体。进行公平竞争审查时已制定完成的政策文件为存量政策,对存量政策进行公平竞争审查首先应当明确具体政策文件的性质,判断其是否具有排除、限制竞争的规定。判断依据、判断标准等事项以审查机关对制度的理解程度为依托,理解不足将在首要的定性问题上形成制度缺陷。制度出台时对制度制定的深层意旨、审查方案等细微事项未有规定,致使制度实施主体的具体实施行为存疑。根据"谁起草,谁审查"原则,判断存量政策竞争性质的主体为政策制定机关,"谁制定,谁清理"原则要求政策制定机关对有违公平竞争的存量政策进行清理。地方政策制定机关尝试对存量政策进行定性,同时碍于理解程度与制度条文的宏观性,审查标准缺乏地方要素,地方政策制定机关很难准确判断存量政策的竞争性质。

(二)适用对象之增量政策的审查程序

调研情况表明,C 市 W 区增量政策的公平竞争审查程序大致为:政策制定机关起草→起草部门自查→审查无误后发布施行。看似流畅的程序,却隐含制度危机。从审查程序看,政策制定机关的职能有二:一是依法制定相关政策文件,二是对政策文件进行公平竞争审查。国家确立公平竞争审查制度后,地方政府出台增量政策必须进行公平竞争审查,经审查确认无排除、限制竞争内容才可施行,而这种既当运动员又当裁判员的政府行为,将可能致使所审查的政策文件欠缺公平、公正性。从自行审查后出台的政策文件的实施情况看,确实存在由于政策原因导致的实施效果不佳。

"谁起草,谁审查"原则要求地方政策制定机关对本部门已出台或将出台的政策文件进行公平竞争审查,而"起草政策→公平竞争审查→正式出台"这一过程均在政策制定机关的控制范围内。地方政策文件多是理念化的产业政策与政府传统惯性思维结合的体现,而地方政府是一个利益主体,其行为的做出必然受自身利益驱使,利益的自身倾斜将忽视社会整体公共利益。同时,地方保护主义过于趋向促进局部地区的经济增长,长远上却可能破坏全国范围内市场竞争体系的有序性;即使短期内取得了可观的经济效益,长此以往将会抑制市场内生动力;即使以地方行政权力扶持个别企业,但抑制了市场自由竞争下优胜劣汰制度的作用,其形成的"劣币驱除良币"最终将导致产能过剩。不可否认,政策制定机关的自我审查具备的二次审查程序纠错功能在保障增量政策最终出台的准确性上确实具有一定优势,然而政策制定机关的审查能力有限,缺乏反垄断、反不正当竞争的专业知识储备，觉察政策问题异常困难，由政策制定机关对增量政策进行自我审查欠缺程序客观性，很大概率使公平竞争审查形式化，也可能因外部监督的缺乏，进而阻却政策制定机关自我改进提升。

（三）绩效衡量之评估体系

C 市 W 区的调研结果表明公平竞争审查制度的评估体系在政策制定机关中形同虚设，甚至某些部门根本未曾设置。某些职能部门在本部门实施细则中明确对公平竞争审查后政策文件的实施效果进行定期评估，若评估不合格，所涉及政策文件将重新进行公平竞争审查，待整改审查合格后方可实施。而在实际操作层面，这一规定几乎不存在实施痕迹。某局领导提到："公平竞争审查制度实施时间不久，需要进行审查的政策文件为数甚巨，而部门专职进行审查人员很少，与政策文件数量配比相差太大，能完成审查任务已相当不易，再进行评估，对人、财、物来说都是一个大难题。"

评估是考量制度实践效果的客观制度工具。《实施细则》对经审查的政策措施的评估有原则性规定，明确定期评估的合法性、确立政策制定机关为评估主体以及每三年一次或不定期的评估时限。① 即使法律法规条文要求确立定期评估体系，鉴于评估对象广泛、具体评估方式缺失等因素，制度化的绩效评估体系尚未构建起来。意义模糊的条文未能充分发挥对地方实践的指导作用，各地不重视对审查后政策文件的评估，中央无法接收制度实施绩效的反馈，进而缺失对制度进行优化的信息基础。此外，绩效评估成本的耗费可能是地方政府"不能承受之重"，可能异化地方政府的激励结构，致使地方政府对评估制度的隐形或显性规避。

三、公平竞争审查制度的运作机理

公平竞争审查制度是中央提出的一项顶层制度设计，意图完善我国市场经济法律体系，建立公平开放透明的市场规则。基于我国集权制的国家架构，中央在立法上占据绝对地位，地方也可以进行立法，但不得与中央立法冲突。分税制改革确立了央地经济分权，但此后中央仍利用政治权力进一步实现经济集权。土地制度、房地产调控、环境保护等问题中体现的央地矛盾更为激化，中央政策不得不面临失灵和约束软化的困境。地方政府衡量成本收益，"折中"落实中央

① 《公平竞争审查制度实施细则》第 12 条规定："对经公平竞争审查后出台的政策措施，政策制定机关 应当对其影响全国统一市场和公平竞争的情况进行定期评估。经评估认为妨碍全国统一市场和公平竞争的，应当及时废止或者修改完善。定期评估可以每三年进行一次，也可以由政策制定机关根据实际情况自行决定。自行决定评估时限的，政策制定机关应当在出台政策措施时予以明确……"

政策,仅实施一部分于己有利的政策内容,而其他不符合地方发展规划或高成本低收益的政策内容则置之不理。公平竞争审查制度的实施涉及强独立意识的地方政府利益,并引发其与中央政府的博弈。

(一)地方政府对政策的选择性执行

经济分析的成本论说明了成本无处不在,理性人往往会选择成本较低的方式运作。科斯理论认为,不管是公民还是政府,都乐于追求得大于失的行为。但是,在各自为政决策的前提下,面对各种社会格局进行选择时,将导致某些决策改善现有制度,也可能会导致其他决策恶化。而且,必须考虑到各种社会格局(包括市场机制和政府管理机制)的运行成本,以及转化成一种新制度的成本。[①] 地方实施公平竞争审查制度具有相应的成本,包括但不限于运行成本和转化成本,而各地实情不同,所耗费的成本亦不同。尤其是对存量政策的公平竞争审查,因存量政策已施行,对其进行公平竞争审查会产生试错成本,一旦发现有违公平竞争再进行纠错,则会产生纠正成本。[②] 此外,公平竞争审查制度对地方而言是一种新制度,新制度的实施必然会面临"排异性",很可能会受到地方政府原有政策的排挤,若强行实施中央政策,地方政策的作用会被削弱,甚至已实施的地方政策前期的投入成本将被沉没。成本的缺失和消耗由地方政府自行承担,因此,地方政府在实施中央新政策前,首先要进行成本权衡,若实施中央新政策将消耗地方过多成本,地方政府可能会搁置。此外,如果地方政府能以更低的价格提供类似的"产品"或以同样的价格提供更好的"产品",那么中央政策就可能被部分或全部取代。加之中央政府对违反其政策规定的地方政府施加的惩罚并不严厉。换言之,地方政府违反中央政策所需成本较低,从另一个侧面激励了地方政府违反不利于己的中央政策。与此同时,地方政府还可以继续施行原来地方创收政策。收益与惩罚相抵,甚至可能会产生盈余。概言之,地方政府全面落实中央基于普遍国情制定的政策所耗费的成本可能较高,各地可能存在也可能不存在中央政策所涉问题,也即中央政策在某些地方没有实施基础,如果为实施中央政策而强行调整原本稳定增收的地方经济政策和地方产业结构,不仅会增加政策的运行成本,甚至可能破坏地方的经济政治平稳。

(二)政府声誉与民众信任度的正向关系

声誉机制与政府信任度挂钩,对政府行为具有约束作用。不论是中央政策

① 参见[美]罗纳德·H.科斯:《社会成本问题》,载[美]罗纳德·H.科斯等:《财产权利与制度变迁》,刘守英等译,格致出版社2014年版,第52页。

② 参见雷振斌:《科斯定理的悖论与公共选择的成本》,载《光华法学》编委会编:《光华法学》(第五辑),法律出版社2010年版。

还是地方政策，最终的落脚点都是个体，即个体是政策的承担者，政策服务于个体，但政策产生效用还需要得到个体的支持。而个体之所以支持政策，源于对政府的信任。如果个体对中央政府的信任度高，则会支持中央政策，反之则会支持地方政策。研究显示，在中国传统专制政治、儒家文化、差序格局及当前政府体系的交织作用下，民众对级别越高的政府信任度越高，对级别越低的政府信任度越低。声誉机制的基础在于信息，掌握第一手信息的往往是地方政府，其相对于中央政府而言拥有较完全的信息，因此，具备信息优势的地方政府实际上有能力创造并维护良好声誉以获取更多信任。[①] 中央政府担任公平竞争审查制度的“总设计师”，而民众基于对中央政府的信任度最高，无条件支持中央政策。一旦政策实施效果不佳或损害多数人利益时，民众倾向于将此损益归咎于具体实施的地方政府而非制定政策的中央政府，地方政府立即会被贴上“无能”的标签，民众的不良评价也随之而至。地方政府基于掌握地方信息的优势，为挽回民众信任度，仔细权衡后，若认为该制度存在明显的信息加工偏差，全盘施行可能影响民众对地方政府的信心，则在很大程度上可能选择制度规避，进而导致公平竞争审查制度在地方的实施目标落空。

（三）地方政府经济增长的手段受抑制

中央简政放权激励了地方政府发展地方经济。地方政府致力于因地制宜自主发展地方经济，实现地方增收，而公平竞争审查制度的实施在一定程度上抑制了地方经济增长的潜在动力，且与一些领域固存的地方保护主义相悖。其中隐含中央政府与地方政府的利益博弈，而从博弈论的角度看，为获取胜利，博弈双方在观察对方行为后，各自作出对自己最有利的策略决定。

因此，可以用长期动态博弈来解释地方政府与中央政府在公平竞争审查制度上的关系。根据博弈的基本要素——参与方、策略与收益，[②]可作出如下假设：地方政府为博弈参与方，中央政府为博弈相对方展开博弈，两者的效用数量均为5。假定地方政府先行动，中央政府视地方政府的战略后再行动。地方政府在决策时有执行和不执行两种战略选择，中央政府进行决策有惩罚和不惩罚两种战略选择。若地方政府选择执行，则需支付的成本为2，中央政府选择惩罚支付的成本也为2。若地方政府选择不执行，则不用支付成本，但由于可能会受到中央政府的惩罚，收益为0；中央政府选择不惩罚也没有收益。基于上述假

① 参见樊志斌、周林彬：《合同违约金的比较研究与法律经济学分析——以违约金的补偿性为中心》，载《光华法学》编委会编：《光华法学》（第一辑），西南财经大学出版社2007年版。

② 参见陈光：《我国区域立法得以实现的理论分析与制度改进》，载《光华法学》编委会编：《光华法学》（第五辑），法律出版社2010年版。

定,可得出表2的结果:地方政府的最优战略是执行,在支付成本后可获得的收益为3,同时中央政府也可达到最大收益;如果地方政府选择不执行战略,无论中央政府惩罚与否,其收益均为0。

面对多项选择策略的博弈方,除非信息错误,一般偏好选择在其看来对己最有利的策略。表2显示了博弈结果:地方政府利益最大的决策是执行中央政府下发公平竞争审查制度,但此时中央政府无论作出惩罚或不惩罚的决策,其收益都相同。若依利益最大化原则进行决策,地方政府会面临两难境地,因中央政府惩罚与否的收益均等,其惩罚与不惩罚的概率相同,故其可能会进一步考量地方政府执行的程序、效果等因素,再决定惩罚与否。如果中央政府在地方政府执行中央政策的情况下,仍作出惩罚决策,地方政府的收益可能会少于选择不执行策略时的收益。因此,地方政府在衡量是否执行中央政策时,并非一定选择最优博弈策略,也即地方政府并不会一定执行中央的公平竞争审查制度。换言之,公平竞争审查制度在地方实施可能受到阻碍,而强制地方政府落实制度将会使得原有多元经济增长手段受到抑制。

表2

	地方政府	
中央政府	执　行	不执行
惩　罚	(5,3)	(3,0)
不惩罚	(5,3)	(0,0)

四、我国实施公平竞争审查制度的优化进路

推进地方全面实施公平竞争审查制度,必须要处理好制度的地方化问题。实证分析揭示了地方政府不仅对公平竞争审查制度的系统性认知不足,还缺乏将基础认知成果有效转化为实践的可操作性技术。因此,地方政府推广公平竞争审查制度,可以从解决地方普遍问题、改善制度内生缺陷、充分发挥联席会议制度①的协调指导功能、平衡相关方利益等维度着手。

(一)判断标准及性质判定的优化

公平竞争审查工作部际联席会议第一次全体会议指出,我国清理存量政策应坚持"稳妥有序、分类处置、不溯及既往"的原则,对于诸如地区封锁、地方保

① 国务院办公厅在2016年12月22日的第109号文件中同意由发展改革委牵头,会同财政部、商务部、工商总局、交通运输部等多部门建立公平竞争审查工作部际联席会议,并号召在省、市级单位分别成立公平竞争审查工作联席会议。

护、指定交易等突出问题必须进行重点清理。公平竞争审查的地方法规、政策文件的数量庞杂且法律位阶较低，若不进行清理，可能会扰乱市场经济的合理竞争秩序。

部分地方政策制定机关无法准确判定存量政策的竞争性质，致使公平竞争审查实施第一步遭遇阻碍。即使国务院第 34 号文件从维护全国统一市场和公平竞争的角度确立了四大层面、18 个维度的审查标准，列明了负面清单，《实施细则》又对上述四层面的审查标准逐一进行解释，形成若干二级标准。然而，国务院所制定的标准立足于全国普遍情形，由于地方的特殊性，存量政策个性化特征明显，难以适用共性化的全国统一标准，多项二级标准仍不能全面涵盖运用政策措施排除、限制竞争的具体行为类型。分析表明，国家发改委通报的 48 起公平竞争审查的典型案例中适用最多的审查标准为“不得限定经营、购买、适用特定经营者提供的商品和服务”，而实践中限定商品和服务的类型、方式一经变形或重组，政策制定机关进行实质性公平竞争审查的难度颇深。[①] 因此，根据地方实情细化政策竞争性质的判断标准是公平竞争审查制度落地的首要条件。依据唯物辩证法共性与个性辩证统一观，地方判断标准的细化不能完全脱离国务院制定的全国统一审查标准，但也要结合地方的经济发展实情，不排除有条件地适用少部分限制竞争措施，如为扶持地方事关经济发展水平的支柱产业，或在地方开展新经济形式时可适当适用差异化待遇，以维护地方经济的稳定。针对不同地方不同行业的特殊性，须实行不同的公平竞争判断标准，以确保行业发展的可持续性。

细化各地公平竞争审查判断标准后，对存量政策性质的具体判断还应引进双重性质判定机制。首先，遵从中央“谁制定，谁审查”的原则，由政策制定机关对存量政策的竞争性质进行初次判定。鉴于政策制定机关浓厚的主观色彩和专业知识储备的缺乏，为确保公平竞争审查的客观性，再由作为监督机关的地方工作联席会议进行复审。若政策制定机关在初审时不能准确把握，可向联席会议求助，联席会议有义务随时抽查政策制定机关的初审结果。从主客观上分别对存量政策的竞争性质进行判断，能有效减少错判概率。

（二）审查方式与审查主体的优化

欲使制度具备充足的公平公正性，对增量政策的公平竞争审查应全权交由专业且独立的机构进行，该机构出具的审查报告具有主体、程序上的公正性。而中央为规范地方性法规和政策，规定增量政策的公平竞争审查由政策制定机关

---

① 参见陈灿祁、叶蜜：《公平竞争审查制度的优化路径》，载《中国价格监管与反垄断》2018 年第 2 期。

自查。《实施细则》重申了自我审查,显示了自我审查的可操作性,减轻制度实施阻力,促进政府部门自发行动。如果在自我审查阶段认定增量政策存在排除、限制竞争效果而不予通过,甚至能节约行政成本。

从制度设计上看,自我审查的主观性在很大程度上将导致制度缺陷,而鉴于我国当下国情,公平竞争审查制度的生根发芽仅两三年,自查是一种兼顾效率与制度目标,从而保障制度顺畅实施的次优方案。即使我国地方政策制定机关进行自我审查的弊端已暴露,如成本高、缺乏足够的必要配备、对信息和资源的把握度不高、竞争分析能力较弱等,政策制定机关制定者身份和监督者身份重合,且多数政策制定部门欠缺对反垄断知识的准确理解和掌握相关原理的能力,自我审查颇受争议,但自我审查在我国依然有存在的必要性。韩国公平贸易委员会(KFTC)对管制政策的初步评估,大大减轻了竞争执法机构的评估压力。但韩国所采取的评估机制是“初步评估 + 深度评估”,即管制机构初步评估后,再由竞争执法机构进行深度评估,最终判定政策的竞争性。韩国的这一制度措施与我国的自我审查相契合,值得我国政策制定机关学习、改进后借鉴。自我审查仍是一项必备程序。执法者受时间和精力的限制不能亲自审查每一个政策文件,加之资源局限,无法将审查权统一到专门部门,由政策制定机关进行自我审查是当下实况所提出的制度要求。然而,执法者应当意识到自我审查的缺陷,并有针对地加强政策制定机关审查人员的培训,通过典型执法案例进行警示教育可以成为弥补缺口的方法。对于未经政策制定机关自我审查仍实施的政策文件,执法者即使不能对执法区域内的所有政策文件逐一审查,也可充分适用反推原理,一旦接到举报,则立即查验该政策文件是否经过政策制定机关的自我审查,若无,则从重处罚。此举对政策制定机关的威慑力极大,有益于反向促进政策制定机关自觉履行自我审查。

弥补自我审查的缺陷,保障公平竞争审查的结果客观性,还可以向第三方借力。执法机构参与到审查程序中,与政策执行机关共同审查或许能从执行的视角重新客观审视增量政策的公平竞争性。囿于政策制定机关和执法机构均为该增量政策的利益相关方,可能无法摆脱主观性缺陷,引入第三方进行审查或许能补强缺口。第三方审查机构应与待审查的增量政策无利害关系,还应取得民政部门或有权国家机关核准的相应资质。政策制定机关可以委托有资质的第三方审查机构对政策文件进行审查评估,亦可在召开联席会议时,邀请第三方审查机构参加,请其提出建议对策,以确保审查的客观性、有效性和公正性。

(三)制度实践效果监督的优化

消解制度实践难题理应回归制度建构,避免“治标不治本”的恶循环。制度绩效评估体系是评价制度实践成效的主要工具,经由评估力量重现审查过程中未发觉的排除、限制竞争问题，予以纠偏，并监管实践效果，最终实现“有则改之无则加勉”的治理目标。合理借鉴相关领域行之有效的制度实践，能有效减轻制度建构成本。早在2004年，立法绩效评估事务已逐步在我国展开，《信访条例》《个人存款账户实名制规定》《劳动保障监察条例》等法规文件相继确立立法后绩效评估制度，①这一制度实践对公平竞争审查制度绩效评估体系的建构具有积极的借鉴意义。同时，美国政府问责局（Goverment Accountability Office，GAO）、英国国家审计署设立的竞争评估制度绩效评价体系对我国建构公平竞争审查制度绩效评估体系具有启发作用。

具体制度建构应着力从评估主体、评估对象、评估方法、评估工具、评估后果等维度努力。评估主体在《实施细则》中已被确定，在此不过多赘述。评估对象可分为重点评估对象和一般评估对象，前者涉及对国民经济和社会稳定有重大影响的政策文件，应重点评估，对此类政策文件的实践过程以及实践绩效予以重点把控；后者涉及规定常规经济、政治等事项的法规政策，对此类政策文件可进行抽查评估，只要抽查结果不合格则转入重点评估。同时，实行定性评估与定量评估相结合评估方法，充分运用统计学、经济学、社会学等学科的知识进行评估作业。联席会议的指导作用和协调功能应当予以重视，但由于联席会议涉及部门众多，②且每个部门均有大量本职工作需完成，不宜随时召开，若召开频次过于频繁则与经济学成本原理相悖。对此，若评估机关遭遇评估困境，可先向反垄断执法机构提请咨询，反垄断执法机构有义务进行解答，正常情况下执法者的回应会使得多数问题迎刃而解。若执法机构也不能给出合法合理的解决方案，再提交联席会议讨论。

五、结语

制度优化事关国家整体规划，公平竞争审查制度是中央在经济建设新时期提出的国家经济重大改革方案，在事实上确立了竞争政策的优先地位。在相关层面，也可将公平竞争审查制度视为对反垄断法的一种补充，特别是在规制行政垄断上。虽然央地关系矛盾丛生，地方政府推行公平竞争审查制度屡遭困难，但本着于法周延、于事有效的原则在地方实施公平竞争审查制度，拟定新的政策文件、补强既有法律法规、摒弃不适恰的法律法规，推进公平竞争审查制度朝着法

---

① 参见吴元元：《信息能力与压力型立法》，载《中国社会科学》2010年第1期。

② 公平竞争审查制度部级联席会议由国家发展改革委、国务院法制办、财政部、商务部、工商总局会同有关部门组成。四川省公平竞争审查制度省级联席会议由省发展改革委、省经济和信息化委、教育厅、科技厅、民政厅、财政厅、国土资源厅、环境保护厅、交通运输厅等28个部门（单位）组成。

治道路迈进,使其上升为条例或在反垄断法实施细则中确立,进而方可促进我国经济发展引擎转换。

Fair Competition Review System's Empirical Analysis and Approach Optimization

Luo Juan

Abstract: System growth is inevitably accompanied by institutional dilemma, and the optimal way out of the dilemma is inevitably related to institutional optimization. The fair competition examination system has not been growing for a long time in China, but the local and local investigation and analysis results show outstanding institutional problems, which are concentrated in the competitive nature of the stock policy and in the incremental policy review process and performance appraisal system. Tracing to the source, the difficulties are closely related to many factors, including the selective implementation of policies by local governments, the positive relationship between government reputation and people's trust, weakening local governments' initiative to generate revenue. It may be a strategy to optimize the implementation path of the fair competition review system and or can achieve the rule of law of fair competition review system by elaborating the judgment standard and double nature judgment, self-examination mainly supplemented by third-party review and construction of system performance evaluation system.

Key words: fair competition review system stock policies incremental policies cost benefit optimization

学术动态

诉讼法学研究的想象力及其展开
——《方法与改革：社科刑事诉讼的理论路径》书评

■ 汪祖兴*

在司法改革进行“精装修”的背景下，民事诉讼法学与刑事诉讼法学一样，研究范式和理论更新亟待突破现有研究范式的束缚和学科“专业槽”的局限，需要积极拥抱“社会科学”的理论资源和学术供给。值得注意的是，由西南财经大学法学院的青年研究人员杨继文，历时数年撰写完成的《方法与改革：社科刑事诉讼的理论路径》近日由中国政法大学出版社出版发行，引起了很好的反响。该书的研究视野开阔，结构逻辑精巧，研究方法科学，内容观点丰富，是一部具有良好学术品格和学术标识的力作。

美国著名知识社会学家 C. 赖特 · 米尔斯，在其名著《社会学的想象力》中提出了“社会学家应如何想象？”的经典命题，并通过试图直面时代，承担时代的文化转换责任，发挥相应的公共职能等，来赋予社会学的转译和赋权技艺。在我看来，《方法与改革：社科刑事诉讼的理论路径》一书，是作者在“社会学的想象力”启发和借鉴之下，

* 汪祖兴：西南政法大学法学院教授、博士生导师。

体系性地研究“作为科学理论研究范式”的刑事诉讼法学研究创新之作，在以下三个方面进行了富有想象力地、较为有益地研究与探索，取得了良好的理论创新价值与实践操作效益。

第一，研究进路的创新。作者对于社科刑事诉讼法学的研究，并不局限于传统的法学研究范式与研究视角，而是采用了一种从方法到改革、从技术到制度的研究进路。正如本书作者所言，这种新颖的研究路径集中于——中国刑事司法改革向何处去？中国刑事诉讼的理论路径在何处？答案在于“超越刑事诉讼”，形成“社科刑事诉讼法学”研究范式，要使得当前的刑事诉讼研究更加接近社会科学和科学，进而形成中国学者自己的独创性的学术贡献。

第二，研究方法的创新。作者采用了实证研究方法，尤其是对于检察官、法官进行了较为科学而详尽的访谈调查研究，使得本书的内容更加立体、翔实和生动。而这种刑事司法改革实践中主体建构规律的发现、总结与提炼，需要研究者的勤奋与勤劳。作为一位年轻的研究学者，本书的作者从问题、实证出发，其“扎根中国本土、发现中国问题”的精神难能可贵。书中诸多第一手资料的收集、整理与使用，也使本书的研究方法明显区别于传统的刑事诉讼法学的研究著作。

第三，研究内容与理论主张的创新。作者从方法改革、法际改革和主体改革的三重视角出发，明确将方法、技术及方法论引入刑事司法改革和刑事诉讼实践运行中，在具体案件的司法审判和程序运行中，明确的是基于刑事诉讼而又超越刑事诉讼的法际关系之理论反思及其交错适用。在刑事司法改革和具体证据事实的判断和证明过程中，注重的是公民、法官、检察官，以及警察等的主体建构和改革自觉。这些理论主张和学术观点，不仅加深了整部论著的理论深度，而且明确了具体刑事诉讼制度的改革构想和完善方案，使本书在内容观点和理论阐释方面更加丰富与饱满。

探索民营经济法治发展的基本学理*

——西南财经大学法学院主办的"促进民营经济发展的法律保障机制"第三届博士生创新论坛综述

杨继文** 赖虹宇*** 刘秀华****

2018年11月1日,习近平总书记主持召开的民营企业座谈会,是在全面建成小康社会决胜阶段、改革开放40周年的重要节点,党中央围绕促进民营经济发展召开的一次高规格会议,在中国民营经济发展史上具有里程碑意义。在新中国成立70周年的重要时刻,总结回顾我国法律促进民营经济发展的宝贵经验,探索依法平等保护民营企业家合法权益,切实维护民营企业家人身和财产安全,为企业家创新创业营造良好法治环境,探讨促进民营经济发展的法律保障机制,开展创新研究可谓恰逢其时。博士

---

* 基金项目:四川省哲学社会科学重点研究基地中国金融法研究中心2019年度规划项目之阶段性成果。

** 杨继文:法学博士,西南财经大学法学院师资博士后。

*** 赖虹宇:法学博士,西南财经法学法学院师资博士后。

**** 刘秀华:西南财经大学法学院诉讼研究生。

研究生是当前法学研究的重要新生力量，搭建高起点、多领域的学术交流平台，有利于丰富广大博士生的知识储备，促进优秀研究成果的交流，拓宽学术视野，激发学术钻研的热情，启迪科学思维，培养创新能力。2017 年、2018 年，西南财经大学法学院分别以“供给侧结构性改革背景下法律制度的创新”和“新时代财经法律制度的创新发展”为主题成功召开第一届和第二届博士生创新论坛。

2019 年 11 月 3 日，由西南财经大学主办，西南财经大学法学院承办，西南财经大学法学综合实验教学中心、《光华法学》编辑部协办的“促进民营经济发展的法律保障机制”第三届博士生创新论坛在柳林校区腾骧楼 101 成功举行。来自北京大学、中国人民大学、中国政法大学、中央财经大学、上海财经大学、贵州民族大学、贵州大学、四川大学、香港大学、苏州大学、西南政法大学等科研院校的法学博士生提交了 14 篇论文，并与到会博士生共计 40 余人参与了现场讨论。

论坛开幕式由法学院师资博士后赖虹宇主持，法学院院长鲁篱教授在开幕式上致辞。鲁篱教授对与会代表表示欢迎，并寄语青年博士生要发挥学术批评的精神，希望论坛能产生学术争锋、引起学术讨论。随后，全体与会嘉宾合影留念。

论坛第一阶段由法学院师资博士后赖虹宇主持，《现代法学》副编审邵海老师、法学院博士生导师吴元元教授点评。

北京大学法学院博士生王英州以“国有资产转让的界定为例就国有资产转让交易中合同相对人的保护”为主题作了报告。他提出，国有资产转让交易中的合同相对人面临法定程序的适用情形不明与违反法定程序的转让合同效力不确定两种风险，而面临风险的原因是法律缺少明确规定。界定国有资产转让这一概念即可明确是否适用法定程序。他通过实证研究，分析国有资产转让交易中合同相对人的风险等，提出《企业国有资产法》应明确规定应适用法定程序的国有资产类型且对法定程序的适用加以限制，并将抵押、质押与以其他方式处分纳入法定程序的适用范围。上海财经大学法学院博士生岳金禄、西南财经大学法学院博士生宋雨作为与谈人就这一主题阐述了自己的观点，并与发言人展开交流。

上海财经大学法学院博士生梁汪洋以“独立保函的适用争点与判别——兼评最高人民法院独立保函司法解释”为主题进行分享，提出独立保函因其自身属性，在国际商事贸易中地位显见。我国《最高人民法院关于审理独立保函纠纷案件若干问题的规定》的颁布施行虽然激发了国内独立保函金融市场活力，对独立保函提出了全面规整的内容，但在具体适用上依然面临独立保函性质认定、独立保函有效期与保证期间和诉讼时效适用关系以及欺诈例外情形判定的三点争端。依次判别的方法应当是在回归意思表示解释的路径之下对担保文本中的诸多要素逐一考量，进行个案自足的判断；独立保函的有效期则在无明确约定的情况下还需受到保证期间和诉讼时效的限制；另在欺诈情形的认定上，人民法院对于各列举条款的适用不应限于文义，而应当运用方法论进行不一的解释适用。于此，独立保函司法解释适用中的矛盾争点才能予以妥适周当的化解。对于这一主题，西南财经大学法学院博士生何柯、四川大学法学院博士生吴朝纲作为与谈人，与发言人进行了深入的探讨。

中国人民大学法学院博士生游伟围绕“我国财产权社会义务之反思”的主题，对我国既有的财产权社会义务学说作了理论反思，认为我国社会主义条件下的财产权相较于西方具有其特殊性，并从我国财产权的历史沿革和价值预设两个角度，阐释我国限制财产权的正当性在于“实现特定的国家目标”和“恪守特定的宪法原则”两项宪法原理。四川大学灾后重建与管理学院博士生廖静一、上海财经大学法学院博士生胡荣荣作为与谈人，就这一主题发表了意见。

四川大学法学院博士生张洪亮以“双重改革引发的法官惩戒机制自洽性风险及其防范——以程序自然法理论为分析轨迹”为主题进行了报告，提出法官惩戒机制改革对于全面落实司法责任制，实现有效监督审判权与保障审判权依法独立行使有着重要意义。近年来，我国的法官惩戒机制改革实际上交织于国家监察体制改革与司法责任制改革双重改革之间。其中，国家监察体制改革催生了法官惩戒的二元模式，司法责任制改革催生了法官惩戒委员会。虽然这两项改革已经通过《监察法》《法官法》上升为法律制度并已在全国推广，但是改革后惩戒职责的配置、惩戒机构的设立、惩戒程序的开展以及三者之间关系上是否符合自洽性需要进一步检视。经过进一步的分析的基础上，提出以理顺参与惩戒的各方主体的关系为基础，提出防范法官惩戒机制的自洽性风险。中央财经大学法学院博士生刘学涛、西南财经大学法学院博士生罗娟就前述主题作为与谈人发表了自己的看法。

论坛第一阶段主题发言与研讨环节结束后，《现代法学》副编审邵海老师、法学院博士生导师吴元元教授作为点评人，分别就上述四个议题发表了自己的点评意见，提出了具有前瞻性的思考意见，就法学研究方法与论文写作提出了有益建议，并以自身研究的实际经历为例，与参会代表进行了坦诚深入的交流。

论坛第二阶段由法学院师资博士后杨继文主持，张怀岭副教授、毛快讲师点评。

中央财经大学法学院博士生刘学涛以“新时代民营经济高质量发展语境下的政府机构改革：功能定位及路径分析”为主题进行了分享与交流，提出我国正面临经济转型升级的挑战，面对高质量发展的要求，在经济发展新常态的大背景下，政府机构改革能够通过提高市场监管绩效、维护市场自由竞争机制和提升有利于降低市场交易成本的公共服务体制来助推民营经济环境的优化和高质量的发展，其具体路径是通过机构改革推进市场监管方式创新，优化市场规则研究与颁行机构职能，强化市场规则维护与监管的机构职能，整合政府信息公开、互联网+与大数据运用机构的职能，缩减行政事务审批机构及队伍。围绕这一主题，上海财经大学法学院博士生梁汪洋、北京大学法学院博士生王英州作为与谈人也发表了独到的见解，为发言人提供新的思考方向。

上海财经大学法学院博士生岳金禄以“香港金融纠纷调解中心的运作及其反思”为题，在论坛上进行了报告。他通过分析香港金融纠纷调解中心（FDRC）的实际运作中发生的受理投诉少、运行成本高、财务不可持续等问题，得出这些问题是FDRC制度设计中的对消费者收费、采取“调解+仲裁”模式，消费者对仲裁结果没有选择权、采取行政管理主导的治理结构这三大制度设计缺陷所导致的，基于此，提出中国大陆地区在大力发展金融消费纠纷替代性解决机制时应以FDRC为警戒，并从四个方面完善相关的制度设计：一是采取“调解+裁决”的方式解决金融消费纠纷；二是践行消费者投诉免费原则；三是保证运行经费来源的多元化；四是从行政管理主导模式逐步过渡到业务管理主导模式。针对这一主题，四川大学法学院博士生毛鹏杰、罗超凡肯定了这一问题的研究价值，并基于现有研究成果提出了新的思考。

上海财经大学法学院博士生胡荣荣就“生态文明建设的公共参与研究——以环境决策机制为中心”这一主题进行了报告，提出要厘清公众参与生态文明建设的行动逻辑，分析公众参与的权力结构与互动机制，结合域外立法经验的基础上探寻我国生态文明建设中公众参与的法律保障机制。以解决我国当前公众环境参与面临的知识壁垒、信息不对称、政府权力垄断和信任危机等困境。与谈人中国人民大学法学院博士生游伟、四川大学法学院博士生李松杰二人分别就这一主题与发言人进行深入探究。

中国政法大学法学院博士生邹学庚就“刑事诉讼中当事人民商事权益保护——以会见制度为视角”这一主题展开交流，阐释了会见制度对刑事诉讼中当事人民商事权益保护具有重要价值和意义。这一制度是在押民营企业家获取企业经营相关信息的重要途径，是在押民营企业家研究和部署企业经营决策事项的制度安排，也是在押民营企业家签署企业经营相关法律文件的制度依靠。但我国现行法存在对于会见制度的程序性规则供给不足，无法有效保障在押民营企业家的合法权益，所以需要平衡犯罪嫌疑人、被告人的会见权与侦查机关侦查权之间的冲突。他还提出会见权的行使应当以不妨害正常侦查为限。贵州大学法学院博士生刘华、上海财经大学法学院博士生胡荣荣作为与谈人分别发表了自己的意见，为发言人提供了新的思路。

贵州民族大学科技学院讲师、博士生徐燕飞以“旅游法庭发展的检视”为题进行了报告，通过在梳理旅游法庭学理概述的基础上，从理论上向度和实践向度两个层面，探寻和证成旅游法庭发展运行的正当性，进而对旅游法庭发展运行的实践样态、现实困境进行审视，并提出旅游法庭作为旅游司法专门化和司法职能现代化的缩影，作为专门性司法审判机构，由于存在机构设计的内在理性失范、机构运行的法定职权越位以及机构改革的价值取向功利等问题，导致旅游法庭运行陷入鲜有人知、无序增长、成效欠佳的实践困局，故必须以塑造优质旅游法庭品牌为目标策略，以建构旅游法庭完善运行机制为价值导向，科学规划旅游法庭布局。中国政法大学法学院博士生邹学庚、四川大学法学院博士生年珂分别就报告论文发表了与谈意见。

论坛第二阶段主题发言与研讨环节结束后，法学院张怀岭副教授、毛快讲师作为点评人，分别对上诉五个议题及现场与谈意见进行了点评，并就法学研究方法及论文写作分享了自己的经验，对与会博士生提出了期望，赢得现场与会人员的阵阵掌声。

本次论坛得到众多高校与科研院所法学博士生的热烈响应，整场论坛学术交锋不断、思想争鸣迭出。与会代表表示，参与本次论坛，不仅对其他博士生的研究视野有了更深入的了解，更对研究方法与研究范式转型有了更直观的感受。通过这一高水平的交流平台，有利于扩大知识储备，启迪科学思维，培养创新能力。

经过一整天的紧张、激烈的研讨，第三届博士生创新论坛圆满落幕。

征 稿 函

《光华法学》是以西南财经大学法学院研究生为主体独立编辑的出版物,《光华法学》感念于“图大学问、治万世平”,以积累知识、解读社会与关涉民生为目标,面向整个学术界,鼓励对于法学的原创性研究,尤其注重对于法律的法理探索和比较研究。致力于回应中国现实需求的基础上不断夯实法学之基础,张扬法学之特质,推动法学研究方法之创新,以提升法学院的研究水准和学术影响,从而对进一步提高西南财经大学法学院的教育水平具有重要的意义。

《光华法学》于 2007 年 9 月创办,于国内公开发行。大 16 开本,读者对象为法学研究人员、政法院校师生及立法、司法工作者。

创刊之初,江平先生挥毫题下“点滴之光,聚而为华”。

这八个字既是对法学同仁寄予的期望,更是对我们矢志于《光华法学》编辑工作的鞭策。自创办至今,《光华法学》逐步自己鲜明的两大特色即一是法律经济学为重点,兼顾制度分析;二是求新务实。所谓求新,是指刻意追求法学基础理论的创新;所谓务实,是指提倡理论与实践相结合,鼓励作者大胆探索法学研究中的“热点”问题,为依法治国的重大决策提供智力服务和理论支持。

来稿体裁、题材和字数不限,举凡论文、译文、评论、述评和书评,均在欢迎之列。文稿一律采用脚注,每页重新编号连续记码,并请附作者简介。所有文稿在分科编委初审通过后,由编辑部聘请一至两位评审人,实行双向匿名评审。文稿最终采用与否,由主编根据评审报告、学术论题的总体设计和本刊宗旨,做最后决定。编辑部将于收到稿件六周内通报评审结果。稿件一经刊用,即致稿酬。

投稿邮箱:guanghualawreview@ 126. com

在栏目设置方面,我们主要分为以下八个栏目:

1. “法经济学”栏目

2. “法律社会学”栏目

3.“法学制度与理论”栏目
4.“实证法学”栏目
5.“定量犯罪学”栏目
6.“比较法与海外法学”栏目
7.“法学译文、书评与文献综述”栏目
8.“专家”栏目

《光华法学》编辑部
二〇二〇年八月二十七日

《光华法学》编辑部
关于执行新的引注标准的公告

为促进法学学术规范化建设，《光华法学》拟从最新一期（第13辑）起，执行《法学引注手册》（北京大学出版社2020年版）引注标准。由此给作者带来的不便，敬请谅解。现将主要内容公告如下：

1. 本刊将采页下脚注形式，全文连续编号；注释标号用方括号标示，置于相关语句标点后的右上角；

2. 同一个文献多次被引用的，每次引用都需提供文献的完整信息，不采用“同X”的格式；

3. 脚注中的信息，应尽量简明准确，以必要为原则，不提倡大段引用；

4. 脚注中作者名后，应标明作者的著作身份，默认为独著，非独著作品，应注明，例如“主编”“编著”“译”；副主编、译著的校对者，一般不标注；

5. 出版社前，不标注出版社所在城市名；

6. 著作类作品，应标明作者、著作名、出版社及出版年，引用信息的页码。直接引用的，标明具体的信息所在页码，非直接、概括性引用的，标明信息出处的具体页码或起止页码。起止页码之间用短横线连接。作品非首次出版的，应标明“第x版”，或者“修订版”等版次信息；多作者（3人或3人以上）作品，只标注第一作者，后面用“等”；

7. 期刊类作品，标明作者、篇名、刊名、出版年、刊期，页码；期刊的总第期次，不标注；集刊类作品引用，可按照实际出版情况，标明出版年、卷；

8. 网络文献应写明作者、文献名、网址及访问日期；

9. 文献的副标题，以必要为原则，副标题之前用破折号；

10. 本刊采用匿名审稿制，如果作者引用自己论著，不采用“拙著”“拙文”等谦称，应和标注其他作者作品一样，标明作者姓名；文中应避免直接或间接透露作者身份信息，以方便匿名审稿；

11. 论文集中析出的文献，篇名后文献来源前加“载”；

12. 涉及法律条文条款的，采用阿拉伯数字标明；

13. 外文文献的标注，尊重各该外文的一般标注法；

14. 来稿请附 300 字左右中英文摘要，3 – 5 个关键词；注明作者真实姓名、职称或职务、所在单位、通讯地址、电子邮箱和电话；本刊保证作者个人信息不泄露。

其他未尽事宜，以《法学引注手册》（北京大学出版社 2020 年版）为准标注。

示例：

著作类：

[德]维尔纳·弗卢梅：《法律行为论》，迟颖译，法律出版社 2013 年版，第 32 页。

期刊类：

张文显：《法治与国家治理现代化》，载《中国法学》2014 年第 4 期，第 18 页。

文集中析出的文献：

陈金钊：《国家治理体系法治化及其意义——兼论法律方法的功能》，载陈金钊、谢晖主编：《法律方法》（第 15 卷），山东人民出版社 2014 年版，第 66 页。

网络文献：

王珏：《第八批全国重点文物保护单位确定》，载人民网，http://politics.people.com.cn/n1/2019/1011/c1001 – 31392850.html，2020 年 7 月 31 日访问。

报纸文章类：

张晋藩：《从古代民事法律中汲取智慧》，载《人民日报》2020 年 7 月 2 日，第 9 版。

外文类：

Hans Kelsen, Pure Theory of Law, translated by Max Knight, University of California Press, 1967, p. 146.

《光华法学》编辑部

二〇二〇年八月二十七日

图书在版编目(CIP)数据

光华法学. 第十二辑 /《光华法学》编委会编. --
北京 : 法律出版社, 2020
ISBN 978 - 7 - 5197 - 4963 - 7

Ⅰ. ①光… Ⅱ. ①光… Ⅲ. ①法学 - 文集 Ⅳ.
①D90 - 53

中国版本图书馆 CIP 数据核字(2020)第 180149 号

光华法学(第十二辑)
GUANGHUA FAXUE(DI-SHIER JI)

《光华法学》编委会 编
杨继文 执行主编

策划编辑 郑 导
责任编辑 郑 导
装帧设计 李 瞻

出版 法律出版社
总发行 中国法律图书有限公司
经销 新华书店
印刷 北京虎彩文化传播有限公司
责任校对 晁明慧
责任印制 张建伟

编辑统筹 独立项目策划部
开本 787 毫米 × 1092 毫米 1/16
印张 14.5
字数 255 千
版本 2020 年 8 月第 1 版
印次 2020 年 8 月第 1 次印刷

法律出版社/北京市丰台区莲花池西里 7 号(100073)
网址/www. lawpress. com. cn
投稿邮箱/info@ lawpress. com. cn
举报维权邮箱/jbwq@ lawpress. com. cn
销售热线/400 - 660 - 8393
咨询电话/010 - 63939796

中国法律图书有限公司/北京市丰台区莲花池西里 7 号(100073)
全国各地中法图分、子公司销售电话:
统一销售客服/400 - 660 - 8393/6393
第一法律书店/010 - 83938432/8433
西安分公司/029 - 85330678
重庆分公司/023 - 67453036
上海分公司/021 - 62071639/1636
深圳分公司/0755 - 83072995

书号: ISBN 978 - 7 - 5197 - 4963 - 7
定价: 65.00 元